撫按、司道與鄉里組織

明代地方國家權力的調整與重組

方志遠 著

中華書局

撫按、司道與鄉里組織：
明代地方國家權力的調整與重組

方志遠　著

責任編輯　李夢珂
裝幀設計　鄭喆儀
排　　版　黎　浪
印　　務　劉漢舉
策　　劃　梁湘陰

出版　中華書局（香港）有限公司
香港北角英皇道 499 號北角工業大廈一樓 B
電話：(852) 2137 2338　傳真：(852) 2713 8202
電子郵件：info@chunghwabook.com.hk
網址：http://www.chunghwabook.com.hk

發行　香港聯合書刊物流有限公司
香港新界荃灣德士古道 220-248 號
荃灣工業中心 16 樓
電話：(852) 2150 2100　傳真：(852) 2407 3062
電子郵件：info@suplogistics.com.hk

印刷　美雅印刷製本有限公司
香港觀塘榮業街 6 號海濱工業大廈 4 樓 A 室

版次　2025 年 5 月初版

規格　16 開（240mm×170mm）

ISBN　978-988-8912-75-9

本書經由中國廣西師範大學出版社授權出版。

目　錄

導論

一、中國古代國家制度的基本特徵及形成道路

六、七世紀來到中國的日本、朝鮮留學生及外交使節，曾經為中國政府的強有力統治和中華民族的璀璨文化而驚歎；但同時期來到中國的波斯商人，窺測到中國皇帝的虛榮心和中國政府的自欺欺人。13 世紀來中國的意大利探險家馬可．波羅，曾經記載了中國的繁榮和強盛；但在十六世紀末、十七世紀初，馬可的同胞利瑪竇教士更多地看到這個天朝大國的愚昧和落後。法蘭西哲人伏爾泰 18 世紀還在大聲讚頌：當我們還漫遊在亞平寧原始森林之中的時候，中華帝國就已經治理得像一個家庭一般。但不到一個世紀，他的國人就夥同盎格魯．撒克遜人的後裔，曾一度佔領了這個有五千年文明史的偉大國家的都城北京。

其實，無論是日本、朝鮮留學生及馬可、伏爾泰看到的和聽說的中國，還是波斯商人、利瑪竇及英法聯軍與之打過交道的中國，它們並沒有什麼實質上的區別，都是在一個皇帝和一大羣官吏的統治之下，都是以天朝大國自居。如果沒有「野蠻」的「胡人」「洋人」的威脅，如果沒有「該死」的「流賊」「亂民」的鬧事，這個國家的君主永遠是「偉大的」，因為在他們的統治下，這塊東方大地曾經有過輝煌的時代和燦爛的文明。即使這樣，這個國家的人民也只是習慣於日復一日地日出而作、日落而息，他們關心的是居家過日子，因為當時的政府只讓他們無條件地承擔義務，但對國家事務，他們沒有任何話語權和參與權。

當西方還在神權統治下的黑暗時代，我們為有一個強有力的政府、一個高高在上的君主「普降甘露」而沾沾自喜；當西方擺脱混亂和愚昧，並建立起發達文明和民主政治之後，我們又不禁埋怨，為什麼中國舊有的政治體制和習慣勢力竟是如此頑固，使我們改革的步履如此艱難，乃至興一

利出百弊，新的問題、新的矛盾層出不窮。於是比較研究之風蔚然而起。經過一段時間的探討，有人豁然開朗：原來，西方之所以能夠建立近代政治制度和經濟秩序，很大程度是因為他們中世紀政治上的分裂割據、經濟上的莊園林立，還有教皇和無數教堂在參與政治鬥爭和經濟生活。於是有人進一步發現，原本作為古代中國繁榮昌盛三大基石的君主制、大一統、小農經濟，竟然是阻礙中國走出中世紀進入近代社會的三大障礙。那麼，中國是否應該退回去，退到那個曾經被詛咒過的西方中世紀，然後再由中世紀進入近代社會？

中世紀的西方人並不願意自己的國家破碎，正如當代中國人不可能接受頭上有一個至高無上、操持生殺大權的君主一樣。西方中世紀的黑暗（儘管黑暗中孕育着積極因素）和近代的進步，中國中世紀的繁榮（儘管繁榮下掩蓋着愚昧痼疾）和近代的落後，都不是有意識的選擇，而是各自歷史發展的結果。如果不將中國和西方進行橫向比較，如果東西方不發生接觸，只是孤立地從各自的發展軌跡來看，不僅僅西方在進步，中國同樣也在進步。誰能不顧歷史事實，認為明清時期的中國比漢唐或宋元時期的中國落後？但又有誰能夠斷定：如果沒有鴉片戰爭，如果沒有西方資本主義的猛烈撞擊，如果中國不被捲入世界經濟發展的潮流之中，清王朝也必然是中國的末代王朝，明清時期也肯定是中國「封建社會晚期」？

既然上帝把東方和西方安頓在同一個星球上，那就無法不讓它們相互影響。我們詛咒西方殖民主義者把東方變為他們的殖民地和半殖民地，給包括中國在內的各國人民造成了巨大的災難；西方也曾經詛咒，東方的「黃禍」，把一個好端端的羅馬帝國折騰得七零八落，從而導致了近十個世紀的黑暗時代。但是，從歷史的進程來看，如果沒有「黃禍」的西進浪潮，也許就沒有西方近代民主制度產生的土壤；如果沒有大航海時代的開啟和全球一體化，或許就沒有近五個世紀以來的現代化過程。

每個民族、每個國家，都有因為自然環境、人文環境和政治生態形成的生產方式和生活習慣、政治體制和權力結構，但是，這些生產方式和生活習慣、政治體制和權力結構，也並非一成不變，它們將隨着自然環境、人文環境和政治生態的變化而變化，隨着全球化時代的到來而日益趨同。

現有的文獻記載和考古發現表明，從我們的祖先由野蠻時代邁入文明時代的這一步起，就決定了此後幾千年的基本政治格局：家天下和君主制。中國幾千年的光榮與恥辱無不與此相關。但如何走到這一步，先賢們卻有不同的看法。

孟子在任何情況下都不忘記宣傳「性善」。他告訴人們，中國的家天下是溫文爾雅地形成的：當年大禹東巡，死於會稽（今浙江紹興），死前將天子之位授予自己的助手益。三年之後，益又主動將天子之位讓給了禹的兒子啟，自己則隱居於箕山之陽（箕山又名許由山，今河南省登封市南）。啟不但是禹的兒子，而且大賢大德，所以天下歸心。（《孟子·萬章篇上》）這是一個美好動聽、令人感動的故事。而且，箕山也是一個很有紀念意義的地方。據稱，當年堯要將天子之位讓給許由，許由為了躲避，就隱居在這潁水之陽的箕山。孟子將益也「安置」在箕山隱居，是有深意的。當然，孟子並非第一個性善論者。最早講述此類「禪讓」故事的是《墨子》：「古者堯舉舜於服澤之陽，授之政，天下平。禹舉益於陰方之中，授之政，九州成。湯舉伊尹於庖厨之中，授之政，其謀得。文王舉閎夭、泰顛於罝罔之中，授之政，西土服。」（《尚賢上》）

與《墨子》《孟子》的看法不同，《戰國策》的作者認為，啟的王位是從益手中奪來的：禹在位時，不斷委以兒子啟重任，臨死前卻又宣佈益為自己的接班人。益的威望不高，在禹身邊的時間也不長，大小酋長不買他的賬。在他們的支持下，啟在禹死後不久即攻殺益而取其位。（《燕策一》）司馬遷《史記》也持這一說法，並畫龍點睛地加了一筆：「天下謂禹名傳天下於益，已而實令啟自取之。」（《燕召公世家》）《荀子》更完全否定有「禪讓」之事：天子至高無上，沒有「與讓」的道理。（《正論篇》）《韓非子》更將舜、禹和湯、武並稱：舜逼堯、禹逼舜、湯放桀、武伐紂，「此四王者，人臣弒其君者也」。（《說疑篇》）

但是，《戰國策》《荀子》《韓非子》的說法不僅為後儒所忌，也不被當代歷史教科書所採用。人們寧願相信有堯、舜、禹溫文爾雅的「禪讓」，也不願看到比比皆是的暴力和陰謀。這樣既可以證明當時確實有「軍事民主制」的存在，也有望為後世留下一個是非標準。但即使是所謂「軍事民主制」，也是以軍事實力為前提的。舜通過輔佐堯而積勢，禹通過多年的治水，名望和實力大增。堯、舜年事已高，兒子無能，故舜、禹得以取而代之。在韓非子的眼裏，這都是篡奪。但從當時的情況來看，可以視之為軍事民主制的傳統戰勝了世襲制的萌芽。在對武力的迷信方面，禹更超過堯、舜。劉向《說苑》有一段很有意思的記載：「當舜之時，有苗氏不服……禹欲伐之，舜不許，曰：『教諭猶未竭也，究教諭焉。』而有苗氏請服。」（《君道》）就算劉向的這個說法比較接近事實，但如果沒有禹的用兵主張的威懾，光靠舜的「教諭」，不知有苗氏會請服否？又據《國語．魯語下》，禹繼位後，大會諸侯於會稽，防風氏後到，禹即殺之，可見其獨斷的威勢已有後世君主的風範。此後啟斷然攻殺益，實有其父之遺風。同時也說明，隨着社會財富的積累和私有意識的加強，世襲的觀念已經在武力的支持下戰勝了軍事民主傳統。

美國著名人類歷史學家摩爾根，在他的那部被馬克思和恩格斯高度評價的《古代社會》中指出，世襲制的最初出現，最可能是由於暴力建立起來的，而不大可能是由於人民的心甘情願。[1] 馬克思在摘錄這段話時，將其推向極致：「世襲繼承制在凡是最初出現的地方，都是暴力（篡奪）的結果，而不是人民的自由許可。」[2] 看來，《荀子》《韓非子》《戰國策》和《史記》的說法，比《墨子》《孟子》更符合馬克思主義的國家學說，也更符合「國家」形成的規律。

如果將視野延伸，還可以從傳說中進一步發現，華夏族的始祖軒轅氏黃帝也是以武力鏟除異己的。黃帝和炎帝本為同胞兄弟，但性格各異，炎帝盛氣凌人，黃帝將各方面關係處理得很好，並加緊訓練軍隊。兄弟反目後，在阪泉連戰三場。由於得到諸侯的幫助，黃帝大敗炎帝，奪了他的部

1 ［美］摩爾根：《古代社會》，北京：商務印書館，1977 年，第 141 頁。

2 ［德］馬克思：《摩爾根〈古代社會〉一書摘要》，北京：人民出版社，1965 年，第 123 頁。

落，佔了他的地盤。(《國語．晉語四》) 後來，黃帝又帶着中原各部落攻滅了三苗首領蚩尤，勢力幾乎擴大到整個黃河中下游地區。

不管經典文獻如何說黃帝及堯、舜、禹、啟的大仁大德，有一點卻是肯定的，他們的地位都是以實力為基礎，或者直接通過戰爭而取得的。後來的湯伐夏桀、武王伐商紂也一樣。如果沒有軍事力量，即使仁德如孔孟，也只能搖唇鼓舌敲邊鼓。可見，「鎗桿子裏面出政權」，乃千古至理。

既然是戰爭，就需要權威和專斷，而一旦國家的形成由軍事征服來實現，一旦部落聯盟或軍事集團轉化為國家政權，一旦部落首腦或軍事首腦轉變為國家首腦，君主專制的局面就形成了。從全球範圍看，早期城邦國家，可能有過國民自治的方式，但我們所看到的中國歷史上國家的雛形，大抵都是戰爭機器。在中國境內，有文獻記載的全國性大帝國的建立，乃至地方性小朝廷的組建，無不通過戰爭的途徑來實現，或者以軍事實力為後盾。因此，這些政權無一例外都實行君主專制的政治體制，其權力結構，也是為維護這一體制服務的。

例外當然也有。秦亡後，項羽搞了大民主，分封十八位諸侯王，並且希望通過和劉邦談判的方式結束戰爭、瓜分地盤，結果弄得身敗名裂。五代時期的南唐後主李煜也是主張中國境內大小政權相安無事、和平共處的，但宋太祖趙匡胤則認為，這塊大地上只能是一人高臥，其餘的只能匍匐在地：「臥榻之側，豈容他人鼾睡！」可見，「天無二日，民無二主」早已成為根深蒂固、深入人心的意識。天上只能有一個太陽，一旦出現十日，不是由其中一個召集會議，討論如何輪流出來，以免禍害人類，而是乾脆造出一位后羿，將多餘的九個一一射落。一個民族、一個國家的集權意識，在傳說和神話中也得到體現。

二、國家權力與明代國家權力結構的演進軌跡

從秦漢到明清的全部歷史表明，在以個體農業為基本生產方式的中國土地上，在無數自耕農像馬鈴薯般散落的中國土地上，建立全國性統一政權的唯一途徑就是戰爭。其間或許有無數次的使節往來和討價還價，但

最終還是要靠武力解決問題。[1] 因而，君主制也成為唯一能夠存在的政治體制。在這一點上，明代與秦漢、隋唐、宋元並無本質的區別。但是，隨着時代的推進、文明的發展、中外交流的頻繁，明代的經濟社會較之秦漢、隋唐、宋元確乎發生了重大的變化，國家權力的構成方式、國家權力與其他社會權力的相互關係，也發生了顯而易見的變化。本套書所討論的，正是在明代的經濟社會中產生並演進的國家權力結構及其運行方式。

國家權力是一種社會公共權力。從社會政治學的角度來說，社會權力包括國家權力、家庭或家族權力、宗教及其他各種社會權力（如社區、社會羣體、社會組織、商會、會館等）、個人權力（如商人、士紳、富民、遊棍、貧民等）等。由於國家權力是社會公共權力，是各種社會權力的集中體現，因而它在各類社會權力關係中起着主導作用，具有協調各類權力關係的功能和責任，但同時又受其他各類權力體系的制約和影響。正如法國學者魏丕信所說，國家行政組織以及與之共同形成一個權力結構的那些社會羣體是不可能截然分隔的，它們緊密地聯繫在一起，而國家只是處於這個權力結構的頂點。[2]

傅衣淩先生在論及中國傳統社會權力結構時指出：「一方面，凌駕於整個社會之上的是組織嚴密，擁有眾多官僚、胥役、家人和幕友的國家系統。這一系統利用從國家直至縣和次於縣的政權體系，依靠軍隊、法律等政治力量和經濟習慣等方面的力量實現其控制權。」「另一方面，實際對基層社會進行控制的，卻是鄉族的勢力。鄉族保留了亞細亞公社的殘餘，但在中國歷史的發展中已多次改變其組織形態，既可以是血緣的，也可以是地緣性的，是一種多層次、多元的、錯綜複雜的網絡系統，而且是具有很

1 中國歷代國家政權的這一形成過程的影響是巨大的，它不僅決定了中國國家體制和權力構成的基本特點，也決定了國民心理的「非此即彼」，其表現是在人際交往和財產紛爭過程中的以權以錢壓人，而不是在平等前提下通過談判和契約的方式來解決矛盾和糾紛。而其極端，則是不斷發生的與錢權對抗的無賴和扯皮。

2 ［法］魏丕信著：《18 世紀中國的官僚制度與荒政》，南京：江蘇人民出版社，2003 年，第 4 頁。

強的適應性。」[1] 而鄉族勢力和國家權力又是相互依存和互為補充的。不僅如此，鄉族勢力還隨着人口的流動而在異域他鄉以新的方式出現，這就是明清時期普遍存在的同鄉「會館」及其他類似的組織，以及由「移民」而為「土著」的新鄉族。

在討論國家權力特別是國家權力結構時，必然涉及國家制度。這是兩個既密切相關又應該有所區別的概念。一般來說，國家權力是體現國家存在並貫徹統治者意圖的強制力量，國家權力結構是國家權力行使主體的構成方式或組織形式；國家制度指的是國家的階級屬性和關於國家權力結構的法律規定。國家制度更多地表現國家的階級屬性問題，國家權力結構則更多地表現國家權力機關的組織形式問題。但二者又是緊密結合在一起的，國家制度中包含着國家權力結構，國家權力結構又體現着國家制度。在討論國家權力結構時，應該包括以下內容：一、國家權力的結構或構成，既包括從上到下的縱向結構，也包括分層權力體系中的橫向結構，以及它們之間的相互關係。二、國家權力結構的變化，以及導致其發生變化的社會的、個人的因素，必然的、偶然的因素。三、國家權力與其他各類社會權力之間的關係，以及影響這一關係態勢的各種因素。四、國家權力的運行機制及其效率，體現國家權力結構自身的關係調整及與其他社會權力協調的過程。

經歷了春秋戰國、兩晉南北朝及宋遼夏金時期的社會動盪與民族融合，又經歷了秦漢、隋唐及元代的大一統與政權重構，中國國家權力結構在明代有了新的特點，更加趨於成熟而富於彈性。隨着社會經濟形勢和統治集團內部各種力量對比的變化，明代國家權力結構經歷了一個初創、定型、調整、再定型的演進過程。這一過程貫穿整個明代歷史。實際上，任何一個有着相當長統治時段的皇朝，都有過類似的過程。因此，研究明代國家權力結構演進，在一定程度上又是在探討中國國家權力結構演變的一般規律。

從明太祖奠基南京，到洪武十三年（1380）廢中書省、升六部，可

1 傅衣凌：《中國傳統社會：多元的結構》，《中國社會經濟史研究》1988 年第 3 期。

視為明朝國家權力結構由初創到定型的時期。在這一時期，明朝中央和地方政權的構成大致上承襲元朝。中央設中書省、大都督府（即元朝的樞密院）、御史台，並稱「三大府」，分掌政令、軍令和監察，分別對皇帝負責。地方設行中書省，既是省級最高權力機關，在體制上又是中央中書省在地方的派出機關。

但是，任何繼承都包含着改革和創新。

早在明朝建立之前，明太祖就已經開始對地方權力機關進行調整。行省一般不設平章，而以左、右丞為最高長官，規制已在降低；而且，明初的行省也並不像一般研究者理解的那樣，統有地方一切權力。在「行中書省」機構之外，各省另有作為中央大都督府在地方派出機構的「都督府」，以及作為中央御史台在地方分支機構的「提刑按察使司」，形成與中央三大府相對應的地方三大權力機關。洪武九年，改行中書省為承宣布政使司，與都指揮使司、提刑按察使司並稱「三司」，地方新的權力結構定型。

隨着統治集團內部鬥爭的激化，中央權力結構更發生了重大的變化，且充滿着腥風血雨。洪武十三年，明太祖以謀反罪殺左丞相胡惟庸、廢中書省，同時升六部品秩，讓其分掌政務，直接對皇帝負責，又將大都督府一分為五，稱「五軍都督府」，分統地方各都司；十五年，廢御史台，設都察院，掌監察。中央新的權力結構也告定型。

這可以說是明朝國家權力結構的第一輪變化，也是中國古代國家權力結構的重大變化。明太祖曾對這一權力結構進行總結：

> 自古三公論道，六卿分職。自秦始置丞相，不旋踵而亡。漢唐宋因之，雖有賢相，然其間所用者多有小人專權亂政。我朝罷相，設五府、六部、都察院、通政司、大理寺等衙門，分理天下庶務，彼此頡頏，不敢相壓，事皆朝廷總之，所以穩當。以後嗣君並不許立丞相，臣下敢有奏請設立者，文武羣臣即時劾奏，處以重刑。[1]

1 《明太祖實錄》卷 239，洪武二十八年六月己丑。

後來，這段話被列入《皇明祖訓》的「甲令」。其要害有二：

其一，將外廷權力機關視為對皇權的首要威脅，這就導致了「以內制外、內外相制」思想的產生，並將最終形成明朝國家權力結構中內廷宦官系統與外廷文官系統並存的雙軌制權力體系，實質上則是通過宦官系統對文官系統進行制裁。

其二，以各部門或各權力系統的相互制衡作為維護皇權的基本手段或方針。這是對皇帝集權而中央各部門分權、中央集權而地方各部門分權的明朝國家權力結構的基本原則的法律規定，並導致了「大小相制、上下相維」的權力格局的形成。

以上是明朝國家權力結構的兩個基本特點或原則，它既是明朝皇權的絕對權威得以維護的根本保證，也是明朝國家權力結構與歷代的區別所在。此後，明朝國家權力結構有過許多變化，但上述兩個特點或原則是不變的。

在明太祖精心設計的明朝國家權力結構中，除文官和武官系統外，還有兩股極為重要的力量，一是上面所說的宦官系統，二是諸王系統。雖然有記載說太祖立有禁令，宦官不得讀書識字、不得干預政務，但洪武時期十二監、四司、八局宦官「二十四衙門」的設置，以及宦官的出使、視軍、偵刺，已經顯示出宦官與外廷抗衡的「以內制外」的態勢。而從洪武三年開始分三批共封的二十四個諸侯王，少者領兵三千，多者統軍近兩萬，不僅足以挾制各省都司，而且負有在緊要關頭起兵「靖難」的「以外制內」的責任，至少最初的願望如此。

因此，明朝的國家權力就其結構來說，可劃分為兩大集羣。其一是中央到地方的行政、軍事及監察等權力機關，這是用以治理國家、管理民眾、鎮壓反抗、抵禦外侮，即主要用以維護國家穩定的權力體系。其二則是內廷宦官和外地諸王，這是專門用以控制文官武將以維繫朱明王室的權力體系，宦官的態勢是「以內制外」，諸王的態勢則是「以外制內」。

在明代的國家權力結構中，還有一個不可忽略的系統，由六科十三道組成的明代言官系統，體制上屬於文官，職能上又具有相對的獨立性。它是明太祖「以下制上、上下相維」治國理念的產物，擁有站在傳統道德和國家利益的立場上，對一切社會問題和官場弊病乃至君主的行為，進行揭露和抨擊的法律性權力。

明太祖在洪武時就已經確立了明朝的國家政治制度和國家權力結構，每次進行權力重新配置時，也總是胸有成竹、振振有詞。[1] 局部的調整也從洪武時開始，以中樞權力為例。廢中書省的當年，洪武十三年九月，明太祖便召幾位山鄉老儒進京，任為「四輔官」，說是為君者不可無輔臣；洪武十五年十一月，又任命幾位官員為「殿閣大學士」，說是為君者不可無顧問。這些措施並無實際意義，卻為後來內閣的形成提供了「祖制」依據，也使後來的一些研究者誤以為明代內閣始設於洪武。[2] 而真正具有意義的則是洪武十四年命翰林春坊官平駁諸司奏啟，這成為內閣基本職責票擬的發端。

1　以分封諸王為例，《明太祖實錄》卷 51，洪武三年四月辛酉條載：「上諭廷臣曰：『昔者元失其馭，羣雄並起，四方鼎沸，民遭塗炭。朕躬率師徒，以靖大難，皇天眷佑，海宇寧謐。然天下之大，必建藩屏，上衛國家，下安生民。今諸子既長，宜各有爵封，分鎮諸國。朕非私其親，乃遵古先哲王之制，為久安長治之計。』」分封諸王，本是明太祖所設計的整個國家權力結構中的極其重要的組成部分，但也是給明朝和中國社會造成巨大災難的制度。就在明太祖發表上述言論的六年後，山西平遙縣學訓導葉伯巨於洪武九年藉星變求言之機上疏，鑒古說今，指出這一制度的潛在危機：「臣恐數世之後，尾大不掉，然後削其地而奪之權，則必生觖望，甚者緣間而起，防之無及矣。」（《明史》卷 139《葉伯巨傳》）葉伯巨的忠告被明太祖視為離間骨肉之言，其人下獄致死。但事情的發展一如伯巨之預言，只是沒有等到「數世之後」。明太祖屍骨未寒，燕王朱棣即起兵南向，開始了長達數年之久的「靖難」之役，並奪取了皇位。作為歷史總結，《明史．諸王傳讚》（「四庫全書」本）對這一制度的演變和後果作了如下評述：「封建之不可行於後世也信矣！明太祖建立親藩，大封諸子，方謂枝葉相維，根本益固，乃一傳而有燕王之變，篡奪之禍，起不旋踵。厥後高煦、宸濠逆謀屢動，非所謂最強則最先反者歟。中葉以來，矯枉過正，防閑之峻，至於二王不得相見，省墓請而後許，識者譏焉。降及末季，盜賊充斥，社稷之危，在於呼吸，而起兵勤王者，且援祖制以罪之。諸王之據名城、擁厚資，束手就戮，所在皆是，其能資捍禦者誰耶？」按整個明朝，實封就藩的親王共 48 位（內太祖諸子 23 王、成祖諸子二王、仁宗諸子五王、英宗諸子五王、憲宗諸子七王、世宗諸子一王、穆宗諸子一王、神宗諸子四王），先後發生過大的宗室動亂四次（建文時燕王朱棣、宣德時漢王朱高煦、正德時安化王寘鐇及寧王宸濠）。

2　《明史．職官志》和現在大學通用的中國古代史教材即有此誤。

明朝國家權力結構的第二輪整體性調整和定型發生在永樂至嘉靖期間。這一時期，明朝的國家權力結構發生了四個方面的重大變化。

第一個變化發生在中央。一方面由翰林院分離出的內閣，始為皇帝的機要祕書班子，繼而成為處理國家政務的外廷中樞機關，六部長官視其顏色，地方大吏聽其指麾。另一方面司禮監逐漸凌駕於內官監之上，成為內府二十四衙門的首署，並成為處理國家政務的內廷中樞機關。內閣與司禮監，分掌「票擬」與「批紅」，內廷宦官全面參與國家事務，成為國家權力結構中的重要組成部分，形成中國歷史上僅見的貫穿於整個朝代的宦官與文官雙軌制權力體系。

第二個變化發生在地方。由吏部任命而掛銜都察院的巡撫都御史、由司禮監提名且主要由御馬監宦官充任的鎮守中官、由兵部任命而由都督府將領充任的總兵官，形成新的省級權力結構，被稱為「三堂」。其後鎮守中官陸續收回，總兵地位日漸下降，巡撫都御史成為一省軍政首腦。與此同時，都察院派出的巡按監察御史成為一省最高監察官員。原來的省級權力機關都指揮使司、布政使司、按察使司則下降為「道」級機關，布政司官為分守道，按察司官為分巡道、兵備道，而都司官員也多在各地「分守」。於是，地方在省、府、縣三級的基礎上多出了一個道，其介於省、府之間。兵備道的設置，更剝奪了都司的領兵權，使軍事將領徹底淪為「吏曹」。而分守、分巡、兵備道之間，則往往隨着形勢的變化而調整。

第三個變化發生在皇室。成祖朱棣以「靖難」為名起兵，經過四年的戰爭，奪取了建文帝的帝位。這一變故使得成祖即位後立即着手削弱諸王的軍事力量和經濟供給，藩王的地位從此在整個國家權力結構中迅速下降。永樂以後，雖然仍發生了數起藩王「謀反」事件，但諸王已經不具備和中央抗衡的力量。嘉靖以後，在國家權力結構中，諸王及其子弟已經可以忽略不計，大抵成為享受豐厚俸祿的外放「囚徒」。[1]

1　關於歷代政治家對分封與郡縣問題的討論，參見方志遠：《略論漢初的同姓分封與削藩》，《南昌職業師範學院學報》1987 年第 2 期。

第四個變化發生在最高統治者皇帝的身上。明太祖確立中央權力結構時強調各部門相互頡頏，不敢相壓，「事皆朝廷總之」，即事皆皇帝裁決。但皇帝直接過問庶事，陷於紛繁瑣細的日常事務之中，在格局上已降至政務官的地位。以明太祖的雄才大略和充沛精力，已是不堪重負，後世子孫更無法應付。成祖為奪取皇位，不惜起兵「靖難」，但奪取帝位後不久，已有厭政的跡象，加上主要精力用於北伐蒙古，庶政均由太子處理。永樂之後，仁、宣在位，號為「仁宣之治」，卻開了內閣票擬、內監批紅的先河，並在內府設內書堂，教小宦官讀書，進行參政訓練，為皇帝不親政做了制度上的準備。從成化開始，明朝皇帝基本上已不接見大臣，有的甚至不親理政務。世宗從嘉靖十九年（1540）開始，視朝、祀天，概不親臨。明代中後期，已不再像洪武、永樂時那樣，事無巨細，由皇帝親自裁決，而是依靠各系統、各衙門間的相互制衡。皇權的表現方式，由「事必躬親」演變為「垂拱而治」。至於崇禎帝的「親政」，只能視為明代皇權表現方式在特殊狀態下的變異。

宋人黃履翁《古今源流至論》說：

> 以天下之責任大臣，以天下之平委台諫，以天下之論付士夫，則人主之權重矣。夫權出於人主，則臣下稟國家之命而不敢欺，藩鎮憚京師之勢而不敢慢，夷狄畏中國之威而不敢侮。然人主之所謂總權者，豈必屑屑然親事務之細哉？夫苟屑屑然親之，則其聰明必有所遺而威福必有所寄。聰明有所遺者，乃生患之原；而威福之所寄者，即弄權之漸也。是故權不可以不歸於人主，而必重廟堂之柄以總之；政不可以不在廟堂，而必擇台諫之臣以察之；言不可以不從台諫，而必通天下之情以廣之。[1]

黃履翁提出了一個理想中的為君之道、理想中的國家權力結構，這本來在

1 黃履翁：《古今源流至論．別集》卷 2《君權（攬權不必親細務）》。

實踐上是很難行得通的，因為他沒有考慮到在權力分配問題上的難以調和性。但沒想到明太祖的子孫們，因不願親理政務而歪打正着地為黃履翁的設計提供了實證。

在國家核心權力體系發生變化的同時，其他如財政、軍事、司法、監察、科舉及官員選拔與任命等權力系統也都在相應地發生變化，以與核心權力體系的變化相適應。

明代國家權力結構的上述變化，有着明顯的演進軌跡，那就是：內廷機構的外廷化，中央機構的地方化，監察機構的行政化。這種軌跡其實也是中國歷代皇朝國家權力結構變化的普遍規律，只是在明代表現得特別突出。

在明朝國家權力的運行過程中，通過國家推行的鄉里制度及事實上長期存在的宗族社會等基層組織對民眾進行教化，並賦予基層組織部分行政處罰權，是值得特別重視的。它說明，明朝政府已經認識到基層社會組織在整個社會權力結構中的地位和作用，並且因勢利導，將其作為國家權力的延伸，充分發揮它們的社會控制功能。與此同時，對佛、道二教利用與打擊並舉，對儒家文化宣揚與改造並行，也可以看出明朝國家權力的全面滲透。從另外一個方面說，國家權力在基層社會中表現出來的每一個變化，都是國家權力和其他社會權力之間鬥爭與協調的結果。

比起明前期，成化以後的明代國家權力結構發生了許多被人們忽略的變化，而且這些變化的發生，既是社會經濟格局變化及社會思潮影響的結果，又導致了國家對社會生活直接干預程度的逐漸削弱。對於人民的日常生活和生產，國家權力的控制已經部分地讓位於基層社會組織及羣體。這樣，應該更有利於經濟和文化循着自身的規律發展。但是，由於在社會權力結構中，國家權力的地位仍然至高無上，因此一旦國家權力發生問題，而又必須同時面對來自底層的民眾反抗和來自外部的軍事挑戰時，整個社會便容易陷入權力癱瘓、無法收拾的地步。這是明朝也是中國歷代政府都沒有解決好的問題。

從明代國家權力結構的初創、定型、調整、再定型的全過程，我們可以看到兩個方面的力量在起作用，一是社會發展各階段關於國家權力結構調整的客觀要求，二是明朝統治者在適應社會要求和維護政權穩定方面的主觀努力。

就明朝統治者的主觀努力來說，有三個明顯的因素值得注意。一是明太祖本人維護朱明皇朝的主觀意願和殺伐果斷的性格因素，二是明初統治集團通過對歷代治亂興亡經驗教訓的總結而產生的整體認識，三是明代統治者在社會關係發生變化時的被動性適應。

三、有關明代國家權力結構的研究及本書的基本思路

由於明代在中國歷史上所處的特殊地位以及明朝國家制度和國家權力結構的顯著特點，從明中期開始，人們就開始對其進行討論。[1] 其著名者如霍韜、鄭曉、王世貞、呂坤、孫承澤、顧炎武、黃宗羲、萬斯同、全祖望等，他們的研究成為清修《明史》的重要基礎。

由於在開國之始就規定了立國原則，故後人無論是稱讚還是抨擊明朝的國家制度和權力結構，都是首先針對明太祖的。明人王瓊說，太祖立法「高出千古」[2]；鄭曉則說，「太祖之權衡度量，非後人所能測識也」[3]。清順治帝在和大臣討論歷代帝王時，更將明太祖列於漢高祖、唐太宗之上，稱為「秦漢以來中國第一帝」，原因是他所立的制度為後世定下了規矩。[4] 康熙帝不但連續三次「下江南」時皆前往南京的明孝陵祭奠、稱明太祖為「英武

---

1 嚴格地說，這種討論早已開始。如前引洪武九年山西平遙縣學訓導葉伯巨對分封諸王的做法所進行的批評即是。

2 張萱：《西園聞見錄》卷 26《宰相上》。

3 鄭曉：《今言》卷 1 之 92。

4 《清世祖實錄》卷 71，順治十年正月丙申載：「上幸內院……問：上古帝王聖如堯舜，固難與比倫。其自漢高以下、明代以前，何帝為優。對曰：漢高、文帝、光武、唐太宗、宋太祖、明洪武，俱屬賢君。上曰：此數君者，又孰優？名夏曰：唐太宗似過之。上曰：豈獨唐太宗。朕以為歷代賢君，莫如洪武。何也？數君德政有善者有未盡善者。至洪武所定條例章程，規畫周詳。朕所以謂歷代之君，不及洪武也。文程等奏曰：誠如聖諭。」

偉烈之主」，而且在孝陵題寫了「治隆唐宋」四字匾額。[1]

但是，明末清初黃宗羲則批評：「有明無善治，自高皇帝罷丞相始也。」[2] 顧炎武從吸取歷史教訓的角度，認為明朝中央控制過於嚴密，致使地方權力過於削弱。他認為地方權力應在封建制與郡縣制之間尋找適中點，應「寓封建之意於郡縣之中」，以避免「今天下官無封建而吏有封建」之弊。[3]

對於明代國家權力結構進行真正具有科學意義的討論，當自 20 世紀三四十年代始。八十年來，已經有許多成名學者在這個領域進行了長期而且卓有成效的研究。

孟森《明清史講義》（中華書局 1981 年版）的明代卷，既是一部明代政治和制度史，也是一部明代國家權力演進史，於明太祖的開國及建章立制，以及此後明朝的政治演繹、制度變遷作了精湛的闡釋。其中第二編第一章《開國》開篇云：「中國自三代以後，得國最正者，惟漢與明。匹夫起事，無憑藉威柄之嫌；為民除暴，無預窺神器之意。」[4] 既為漢、明開國正名，也指出漢、明兩代能夠建立起君主的真正權威及高度集權的君主制度的道義上的理由，這正是漢、明兩代少有顧忌地清除統治集團內部的異己力量、不斷調整國家權力結構的原因所在。

吳晗《朱元璋傳》（三聯書店 1965 年版）以人物傳記的方式，對明朝開國歷程及洪武時期的重大歷史事件和重要典章制度進行了綜述，而於明太祖廢中書省、升六部事，討論尤詳。其《讀史札記》（三聯書店 1956 年版）雖自謙為「若干專題史料的匯集」，但對明朝國家制度和國家權力的一些

---

1 《清聖祖實錄》卷 193，康熙三十八年四月壬子、甲寅。

2 黃宗羲：《明夷待訪錄．置相》。

3 顧炎武：《亭林文集》卷 1《郡縣論一、論八》，《顧亭林詩文集》，北京：中華書局，1959 年，第 12、17 頁。

4 孟森：《明清史講義》上冊，北京：中華書局，1981 年，第 13 頁。按：此書本為孟森先生 20 世紀 30 年代在北京大學歷史系授課的講義，經商鴻逵先生整理出版。明太祖在奪取政權之後曾反覆聲稱自己從未「預竊神器」：「朕本無意天下，今日成此大業，是皆天地神明之眷佑，有非人力之所致。」（《明太祖實錄》卷 58，洪武三年十一月丙申）

重要環節進行了比較細緻的研究。如《明教與大明帝國》討論了明太祖與紅軍、大明帝國與明教的關係，得出了明朝國號出於明教（摩尼教）的結論，揭示了明教及其他宗教特別是佛道二教與明朝國家權力的關係。再如《記大明通行寶鈔》聚焦於明太祖印造的大明寶鈔及其在歷朝流通的情況，兼及戶口、食鹽、商稅、薪俸等，實則討論了明朝國家權力在控制市場和經濟社會方面所作的努力。再如《明初的學校》對明代初期的官學即中央的國子監學和地方的府州縣學，以及官學與科舉的關係進行了討論，從而得出了官學為科舉附庸的結論。

丁易的《明代特務政治》（羣眾出版社 1983 年版），可以說是第一部有影響的探討明朝宦官參政與專權的著作，雖然因時代的影響而不免評價有所偏激，但對宦官在明朝國家權力結構中的地位以及國家事務中的負面影響進行了淋漓盡致的揭示。

梁方仲《明代糧長制度》和韋慶遠《明代黃冊制度》分別着眼於明朝前期田稅的徵收和國家賦役的制定，討論了國家權力在超經濟強制方面的表現方式和運作方式。前者對明代糧長制度的產生、演變及消亡的過程進行了翔實的討論，指出：糧長的主要職責是主持區內田糧的徵收和解運，同時也承擔着領導鄉民開墾荒地、對鄉民進行教化勸導乃至裁決地方事務的責任，從一定意義上說，實為國家權力在基層社會的表現。[1] 後者對被《明史》稱為「賦役之法」的黃冊制度的編制和推行、黃冊的管理和利用，以及編制黃冊過程中所發生的種種問題進行了討論，指出，黃冊制度並不是一個偶然的孤立存在的事物，從它的建立到最後瓦解的變化過程……是跟明代社會從初期一度穩定，到後期危機日益深刻的變化密切相關連的。[2] 也就是說，黃冊制度的推行和田賦力役的徵發效果與明朝國家權力的運行

---

1 梁方仲：《明代糧長制度》，上海：上海人民出版社，2001 年，第 29—50 頁。

2 韋慶遠：《明代黃冊制度》，北京：中華書局，1961 年，第 3 頁。又，欒成顯《明代黃冊研究》，北京：中國社會科學出版社，1998 年。對這一問題進行了更為細緻和深入的討論，可謂不辱先賢。

效率直接相關。

在 20 世紀六七十年代，相對中國大陸來説，港台及海外華人學者在明朝國家制度和國家權力方面的成果更值得關注。陶希聖、沈任遠《明清政治制度》（台灣商務印書館 1967 年版）的上編專論明代，對明朝的興衰過程及緣由、明朝國家權力的構成演繹及得失進行了條分縷析，並列專章對中央和地方權力機關，以及官員的選拔和管理進行了討論。楊樹藩《明代中央政治制度》（台灣商務印書館 1978 年版）將明朝中央權力結構分解成「政務機構」（含內閣、六部、翰林院、六科給事中等）、「監察機關」（都察院）、「業務機關」（含宗人府、大理寺、太常寺及太醫院、欽天監、國子監等）、「侍衛機關」（宦官二十四衙門及女官、宿衛等），並逐個分析，得出了西方的分權是為了民主，中國的分權則是為了專制的結論。杜乃濟《明代內閣制度》（台灣商務印書館 1967 年版）考察了中書省廢除後內閣由祕書機關演變成政治中樞的過程，同時考察了內閣與皇帝、六部、內監以及閣臣之間的關係。黃彰健《明清史研究叢稿》（台灣商務印書館 1977 年版）着重考察了明代國家權力的法律解釋、廢中書省後重建決策方式的嘗試，以及明太祖在構建國家權力體系特別是廢除中書省後重構國家權力過程中對宦官和諸王的倚重。賀凱《明代中國的監察制度》（斯坦福大學出版社 1966 年版）專論明朝的監察權力，特別是對言官在明後期國家權力結構中發揮的作用進行了比較細緻的分析和討論。

由於政治環境和學術環境的原因，中國大陸嚴格意義上關於明代國家權力的研究在中斷了近四十年後，20 世紀 80 年代初才重新開始。

20 世紀 80 年代的前中期，可被視為這一研究的啟動時期。

1980 年在天津南開大學召開的「明清史國際學術討論會」，無疑對新時期明清史研究同時也對明代國家制度和國家權力的研究，產生了重要的推動作用。參加這次會議的國內外學者提交的論文中，有多篇涉及明清國家制度和國家權力，如美國學者范德《明王朝初期（1350—1425）的政體發展》、李天祐《明代的內閣》、關文發《試論明朝內閣制度的形成和發展》、許大齡《試論明後期的東林黨人》、王德昭《清代的科舉入仕與政府》、鄭天挺《清代的幕府》等。[1] 中華書局在 1981 年和 1982 年，相繼出版孟森《明清史講義》和黃仁宇《萬曆十五年》，對於推動明代史特別是明代國家制度、國家權力的研究，無疑也起了重要作用。

以此為發端，雖然只有二十多年的時間，但無論是成果的數量還是質量，無論是研究的廣度還是深度，中國大陸的明史研究都取得了重大的進展。

政治高壓和學術禁錮在改革開放的初期不僅成為文藝作品也成為學術研究的主要批評對象，由此也導致了這一時期對於明朝國家制度和權力結構的研究以批判為主，首當其衝的自然是明太祖的集權統治。代表作有李天祐《論明清的封建專制》（《學術月刊》1980 年第 1 期）、陳梧桐《論朱元璋強化封建專制中央集權的統治》（《中央民族學院學報》1980 年第 2 期）、洪煥椿《明清封建專制政權對資本主義萌芽的阻礙》（《歷史研究》1981 年第 5 期）、郭厚安《關於明代專制主義中央集權高度強化的問題》[《西北師大學報（社會科學版）》1983 年第 4 期]、商傳《試論明初專制主義中央集權的社會基礎》（《明史研究論叢》1983 年第 2 輯）等。這些成果對明代國家權力高度集中的原因、途徑、作用和後果進行了多方面的分析和探討，並一致認為，它對於社會經濟的發展具有雙重的影響，其消極作用大大超過積極作用，嚴重阻礙了封建生產方式向資本主義生產方式的過渡。但是，鄭天挺《明代的中央集權》（《天津社會科學》1982 年第 2 期）和美國學者范德《明王朝初期（1350—1425）的政體發展》則指出，儘管明朝前期專制主義中央集權被極大地強化，但到後期已經明顯地行不通。

王春瑜和杜婉言《明代宦官與江南經濟》（《學術月刊》1984 年第 6 期）、欒成顯《洪武時期宦官考略》（《明史研究論叢》1983 年第 2 輯）、懷效鋒《明代中葉的宦官與司法》（《中國社會科學》1985 年第 6 期）以批判的態度從不同的角度對宦官在明朝國家政治中的地位和作用進行了討論。與上述研究

1　明清史國際學術討論會祕書論文組編：《明清史國際學術討論會論文集》，天津：天津人民出版社，1982 年。

不同，歐陽琛《明代的司禮監》(《江西師院學報（哲學社會科學版）》1983年第4期）明確指出：明朝的宦官與漢、唐不同，它並非國家權力發生問題時的產物，而是明太祖構建的國家權力的重要組成部分，可以說是在真正意義上客觀地探討明代宦官的地位和作用。

學術研究特別是歷史研究從來就與時局密切相關。在當時整個國家的撥亂反正過程中，對於明朝國家權力的討論以及對明朝專制主義中央集權的批判，不僅開創了新時期明史研究的新局面，而且也可以視為當時中國史學界為肅清現實生活中封建專制主義殘餘，開展對歷史上封建專制主義的批判的重要組成部分，對當時全社會的思想解放產生了重要作用。

而黃仁宇《萬曆十五年》(中華書局1982年版）則以其新穎的篇章結構和獨特的審視角度（至少在當時的大陸學者看來如此），通過對正德—萬曆年間明朝政局變化的描述，對明朝國家權力結構的諸關係及運行狀況進行了解剖，從紫禁城中的囚徒（皇帝）到對皇帝進行教育、管理乃至制裁的文官（主要是大學士），從古怪的官僚（海瑞）到孤獨的將領（戚繼光），一一點評各類人物，對於當時中國學術界特別是明史學界，無疑具有啟示意義。

從20世紀80年代後期開始，隨着改革開放的深入和經濟建設成為社會發展的主旋律，關於明代國家制度和國家權力的研究進入一個相對理性的時期，並取得了三個方面的重要成果。

一、出現了一批從整體上研究明代國家制度和國家權力的著作。按著作出版的先後，主要有王天有《明代國家機構研究》(北京大學出版社1992年版），關文發、顏廣文《明代政治制度研究》(中國社會科學出版社1995年)，張德信《明朝典制》(吉林文史出版社1996年版)，杜婉言、方志遠《中國政治制度通史．明代卷》(人民出版社1996年版），王興亞《明代行政管理制度》(中州古籍出版社1999年版），李渡《明代皇權政治研究》(中國社會科學出版社2004年版）及唐克軍《不平衡的治理：明代政府運行研究》(武漢出版社2004年版）等。這些著作，是相關學者對明代國家制度和國家權力長期關注和研究的結晶，大多以前期的個案研究為基礎。如杜婉言、張德信、闕文發、王興亞教授等從 20 世紀 70 年代末 80 年代初就開始致力於明代國家權力的研究，張德信教授積數十年之力完成的五百萬字的《明代職官年表》也於 2009 年由黃山書社出版。再如王天有 70 年代末師從許大齡教授讀研究生時，已經對萬曆、天啟年間因黨爭而引起的國家權力紛爭進行過研究，此後又在北大連續多年開設「明代國家機構研究」的課程並不斷有相關成果問世。方志遠在 70 年代末師從歐陽琛教授時，將明代內閣作為研究生畢業論文的課題，此後遂在江西師範大學為本科生和研究生開設「明代政治制度研究」課程並就此發表了系列論文。正因為如此，上述成果從討論問題的廣度和考察問題的深度而言，都有其獨到之處。此外，從上述成果也可以看出學者們在研究明朝國家制度和國家權力過程中向縱深推進的軌跡，即由制度的構成層面向制度的過程層面，進而向制度的貫徹和操作層面推進，或者說，由國家權力結構自身的研究向國家權力的表現和運作過程研究推進。學界在這個方面雖然不能說已經做得很好，但至少已經進行了努力。

二、出現了一大批就明朝國家制度和國家權力結構的某一個環節進行深入討論的專著和論文。雖然研究者的功力有深淺，討論層次也有高下，但幾乎有關明代國家制度和國家權力的所有環節，從內廷到外廷、從中央到地方、從官員到吏員、從行政到監察、從軍隊到司法、從成法到新例，均有重要成果問世。當然，作為國家權力結構變化的產物甚而樞紐之所在，內閣、巡撫及宦官，理所當然地引起更多的關注。

王其矩《明代內閣制度史》（中華書局 1989 年版）和譚天星《明代內閣政治》（中國社會科學出版社 1996 年版）是大陸學者研究明代內閣的代表性作品。前者對明代內閣制度的形成過程及各階段的主要特點進行了研究，後者則試圖「從權力結構的角度來研究明代內閣」。其實，他們的研究並非只反映出個人的成就，更體現了當時關於這一問題的研究狀況。早在 1980 年明清史國際學術討論會上，闕文發、李天祐就分別提交了《試論明代內閣制度的形成與發展》《明代的內閣》。闕文對明代內閣的發展階段及其特點進行了討論，李文論述了明代內閣的職能及其與翰林院、司禮監及君主專制的關係。歐陽琛《論明代閣權的演變》(《江西師範大學學報》1987年第4期）對閣權的演變進行了深入細緻的考察，認為閣權的日益擴大使首輔變成了真宰相，但太祖「六卿分制」的思維慣性，限制了歷代閣臣的政治作為。神宗皇帝削弱閣權，導致長期黨爭與朝政混亂。張德信《明代中書省、四輔官、殿閣學士廢立述略》(《史學集刊》1988年第1期）論述了明代洪武年間罷中書省與設四輔官、殿閣學士之間的關係，認為殿閣學士制為創建內閣制度奠定了基礎。趙軼峰《票擬制度與明代政治》(《東北師大學報》1989年第2期）則從內閣票擬制度的演變過程，探求了明亡的政治原因：隨着票擬之制趨於完備，首輔權力膨脹，皇帝養成不親躬、不近臣工、倚重宮奴之習。梁希哲《明代內閣與明代的官僚政治》(《史學集刊》1992年第2期）將明代內閣與官僚政治置於君主專制政體發展脈絡之中，並對其內在關係進行了橫向剖析與縱向研究，説明君主專制政體下官僚制度的弊病必然要左右和影響一代政治的發展。杜婉言《論明代內閣制度的特點》(《中國史研究》1992年第4期）對內閣制度的特點進行了深入剖析，認為內閣雖然成為明代國家機器不可缺少的一環，維繫着國家機器的慣性運作，但其特殊的地位成為了各種矛盾聚焦的中心，對明代政治沒有起到、也不可能起到應有的「贊輔」作用。孟昭信《試論張居正的「考成法」》(《吉林大學社會科學學報》1993年第5期）則認為，萬曆初年內閣首輔張居正所行考成法，是對中央政治體制的一次重大改革，旨在確立內閣作為輔弼機構的合法地位。田澍《明代內閣的政治功能及其轉化》(《西北師大學報（社會科學版）》1994年第1期）則在分析了明代內閣的各項政治功能及其轉化的前提、障礙和層次性後，得出了明代內閣產生於明代集權政治卻又被集權政治所閹割，功能衰竭、形同虛設的結論，並特別指出明代內閣的政治功能不等同於政治權力。方志遠的碩士論文《論明代內閣制度的形成》(1981年通過答辯，發表於中華書局1990年出版的《文史》第33輯）及《明代內閣的票擬制度》(《江西師範大學學報》1987年第4期）、《關於明代內閣建置的幾個問題》(《南昌職業技術師範學院學報》1990年第4期，署名劉禮芳），對明代內閣從臨時性設置到明代政治中樞的全過程進行了考察，就明代內閣與唐宋翰林學士的異同，內閣與皇帝、內監、六部的關係進行了討論，並將票擬制度和首輔制度的確立視為明代內閣初步形成和最終確立的標誌。同時，對明代內閣的建制、名稱、閣址及票擬制度等具體問題進行了考辨。

隨着學術的推進和時勢的發展，某些歷史問題往往會在一個特定的時期引起眾多學者的關注。與 20 世紀 80 年代初明史學者們不約而同地將眼光投向內閣相似，80 年代中後期，則有一批學者同時將眼光投向了督撫。幾乎在同一時期發表了王躍生《關於明清督撫制度的幾個問題》（《歷史教學》1987 年第 9 期）、林乾《論明代的總督巡撫制度》（《社會科學輯刊》1988 年第 2 期）、方志遠《明代的巡撫制度》（《中國史研究》1988 年第 3 期）、羅冬陽《明代的督撫制度》（《東北師大學報》1988 年第 4 期）、范玉春《明代督撫的職權及其性質》（《廣西師範大學學報》1989 年第 4 期）、關文發《試論明代督撫》（《武漢大學學報（社會科學版）》1989 年第 6 期）、劉秀生《論明代的督撫》（《中國社會科學院研究生院學報》1991 年第 2 期）、朱亞非《明朝督撫制度淺議》（《山東師大學報》1991 年增刊）等多篇論文。這些文章對明代督撫的成因、選任、考核、督撫關係、與地方建設的關係和影響等多方面進行了討論。但嚴格來說，明代的總督和巡撫並不像清代那樣督撫並稱，因為在明代，巡撫已經成為地方最高長官，而總督則一直是臨時性的軍事派遣人員。因此，方志遠才專論明代巡撫，就巡撫的發生及其地方化、制度化過程，巡撫的類型、職責、作用及其所受到的各種力量的制約進行考察，指出：巡撫由臨時派遣的官員到後來正式成為地方一級權力機構最高長官並為清代所繼承。靳潤成《明朝總督巡撫轄區研究》（天津古籍出版社 1996 年版）對明代督撫的轄區範圍及其沿革演變的考證與論述，可補《明史．職官志》在這一方面的疏缺，也可以視為吳廷燮《明督撫年表》的後續研究，對於理解明代中央與地方關係的變遷具有重要意義。

與此同一時期或稍後，有一批學者將眼光投向了巡按監察御史，先後發表了《明代巡按御史》（李熊，《史學月刊》1988 年第 4 期）、《略論明代御史巡按制度》（王世華，《歷史研究》1990 年第 6 期）、《試論明代的巡按制度》

（高春平，《山西大學學報（哲學社會科學版）》1990 年第 1 期）、《明代巡按御史制度研究》（余興安，《中國史研究》1992 年第 1 期）等作品。這些成果對巡按的設置、職能、選拔、任用、考察、升黜、迴避制度，巡按制度在明朝地方權力結構中的作用及其與巡撫的關係進行了探討和研究，認為巡按制度對鞏固明朝統治起了巨大的清污除腐作用。而明代巡按御史制度的敗壞，從體制上說是因為弘治以後巡按權力的不斷擴張，攫取了不少監察外的行政、軍事權，使監察官員行政化；而從根本上說又是中國古代專制集權政體內重外輕的分權格局的必然結果。

研究明朝國家制度和國家權力，宦官是重要的對象。王春瑜、杜婉言《明代宦官與經濟史料初探》（中國社會科學出版社 1986 年版）和《明朝宦官》（紫禁城出版社 1989 年版），苗棣《魏忠賢專權研究》（中國社會科學出版社 1994 年版）以及冷東的《被閹割的守護神——宦官與中國政治》（吉林教育出版社 1990 年版）是繼丁易《明代的特務政治》之後關於明代宦官研究的幾部重要著作。這些著作從不同的角度對明朝宦官在國家權力結構中的地位和作用進行了較為系統的討論。以往對明代宦官問題的研究，過分強調宦官專權亂政、挾制百官的勢焰，而忽視了皇權對宦官勢力的防範、牽制以至打擊，更沒有重視外廷文官與內廷宦官的合作關係。歐陽琛《明內府內書堂考略——兼論明司禮監和內閣共理朝政》（《江西師範大學學報》1990 年第 2 期）對明朝的宦官「國學」內書堂的建立、規制以及擔任教習的翰林官員進行了考證，認為內書堂既培養了司禮監的要員，又為翰林官員以後躋身內閣奠定了基礎。只要監閣共理朝政，「內外相繼，可否共濟」，政局就相對穩定。在《明代的司禮監》（《江西師院學報（哲學社會科學版）》1983 年第 4 期）一文中，歐陽琛對明代司禮監由一般宦官機構發展為內監第一署的過程，以及明朝司禮監的職能、地位和作用，特別是與內閣「對柄機要」的關係進行鞭辟入裏的分析。梁紹傑《明代宦官教育機構的名稱和初設時間新證》（《史學集刊》1996 年第 3 期）也對明代內府宦官教育機構進行了考察，認為它早在成祖時已經設立，並為仁宗所沿襲，而非始於宣宗；宣宗在外廷完善內閣政治的同時，也相應地發展內廷宦官教育。冷東從軍事、思想文化以及重要人物與宦官關係的角度進行了分析。其中，《明代宦官監軍制度述略》（《汕頭大學學報》1994年第3期）就明朝宦官監軍制度形成的原因、表現、影響等方面進行了論述，認為這是明朝軍隊戰鬥力下降和國防敗壞的重要因素。《葉向高與宦官關係略論》（《汕頭大學學報》1995年第2期）則通過葉向高這樣一個重要的政治人物與宦官關係的個案研究，從另一個方面表明了明代內閣與宦官的關係，不但關係到閣臣個人之成敗，而且關係到明朝政治之格局，甚至關係到明朝之國運。李渡《明代皇權與宦官關係論略》（《中國史研究》1995年第3期）認為，司禮監、內閣、廠衛等都是皇權不同形式的延伸和擴張，從本質上說，宦官勢力受皇權的絕對控制，乃是明代專制主義皇權空前強大的一個重要表徵。劉曉東《監閣共理與相權游移：明代監閣體制探賾》（《東北師大學報》1998年第4期）認為，司禮監與內閣聯結成一個有機整體並承擔起決斷國是的政治職能，皇權的相對傾斜，造成了相權在司禮監和內閣間游移，一方面確保了皇權的穩固與政治的穩定，另一方面也成為「宦禍」與「黨爭」的內在原因。趙世瑜、張宏豔《黑山會的故事：明清宦官政治與民間社會》（《歷史研究》2000年第4期）從黑山會這樣一個宦官的祭祀組織出發，探討他們塑造剛鐵這樣一個宦官祖神的意義，從新的角度理解宦官政治，並進而探索宦官與京師民間社會的關係，以及他們在宮廷與民間社會之間的中介角色。

方志遠就明朝的宦官問題發表了多篇論文。其中，《論明代宦官的知識化問題》（《江西師範大學學報（哲學社會科學版）》1989年第3期）對明代宦官進行了結構性分析，認為以內書堂教育為核心，並雜以其他不同的途徑，一定程度上造就了明朝宦官的知識化，並形成了一個知識宦官階層或羣體，這個階層或羣體的出現，加強了宦官與文官的溝通和理解，成為明朝國家權力結構雙軌制、二元化的前提和條件，進而對明代政局產生重要影響。其《明代的御馬監》（《中國史研究》1997年第2期）則為配合歐陽琛《明代的司禮監》而作，指出：御馬監統領禁兵並與兵部及督撫共執兵柄，實為內廷「樞府」；管理草場和皇莊，經營皇店，與戶部分理財政，為內庭的「內管家」；兩度設置西廠，與司禮監提督的東廠分庭抗禮。司禮監具有相對穩定性，御馬監則有較大隨意性，這種隨意性是明代君主制度隨意性的體現和延伸，能否遏制這種隨意性，很大程度上決定了明代社會的穩定與否。《明代的鎮守中官制度》（《文史》總第40輯，中華書局1994年版）探討了明代鎮守中官的設置與革除，認為鎮守中官制度是明朝國家權力雙軌制特色在地方權力結構中的體現，其興革則是內廷宦官集團與外廷文官集團彼此力量消長的結果，從中可以看出明朝宦官參政的廣泛性和專權的可控性。

三、明朝國家權力在地方特別是基層社會的體現，以及國家權力與其他社會權力的關係，也得到了比較充分的關注。

趙世瑜在20世紀80年代對明代的「吏」進行了持續研究，並將其心得融入《吏與中國傳統社會》（浙江人民出版社1994年版）一書中。90年代以來，柏樺發表了一系列有關明代州縣官吏及其體制的論文。《試論明代州縣官吏》（《史學集刊》1992年第2期）考察了明代州縣官吏的等級層次，並對其等級觀念、倫理觀念和心理素質諸方面進行了分析。《明代知縣的關係網》（《史學集刊》1993年第3期）則以知縣的關係網為中心，試圖從心理學角度探討封建專制政體下官僚的內心世界。《明代州縣衙署的建制與州縣政治體制》（《史學集刊》1995年第4期）則通過對眾多州縣衙署的建築格局的分析，探討了明代州縣政治體制的演變及其發展的必然趨勢。《明代州縣官的施政及障礙》（《東北師大學報》1998年第1期）、《社會環境的變化對明代州縣官施政的影響》（《明史研究》2001年）認為明朝的政治環境、社會經濟和社會風俗的變化對州縣官的施政行為有極大的牽制，使其處於「兩難」的境地，但個人氣質、性格又使他們的施政各具特徵。在這些成果以及其他成果的基礎上，柏樺出版了《明代州縣政治體制研究》（中國社會科學出版社2003年版），可謂對自己明代州縣政治體制研究的總結。

劉志偉《在國家與社會之間：明清廣東里甲賦役制度研究》（中山大學出版社1997年版）論述了明清廣東里甲賦役制度的變化及其與地方社會的互動過程，並始終把王朝制度變遷看成是國家與基層社會之間對話的過程，也就是說，看成是國家權力與基層社會權力之間的相互鬥爭和妥協的過程。趙世瑜從多個角度討論了明清時期國家權力與地方社會、基層社會權力之間的關係。其中《黑山會的故事：明清宦官政治與民間社會》（《歷史研究》2000 年第 4 期）揭示了明中期以後宦官鄉籍的變化，使得宦官成為宮廷與地方社會產生關係的紐帶。而《明清時期華北廟會研究》（《歷史研究》1992 年第 5 期）及《廟會與明清以來的城鄉關係》（《清史研究》1997 年第 4 期）則討論了廟會等大眾參與的活動在明清地域社會和底層社會權力關係中的作用。

王昊《明代鄉、都、圖、里及其關係考辨》（《史學集刊》1991 年第 2 期）對明代鄉、都、社、區、圖、里等名稱的概念、含義及其相互之間的關係進行了梳理，認為這些稱謂在用於指稱行政建制時，一般表示里甲制的「里」，並且明代鄉里組織行政建制單位是一級而不是多級制。在《明代鄉里組織初探》（《明史研究》1992 年第 1 輯）中又指出里甲制雖是明代鄉里組織的基本形式，但不是唯一的形式。明代後期又在全國各地推行了保甲制，里甲和保甲並存是明後期鄉里組織的基本特點。

陳寶良也發表了一系列文章闡述自己的看法，在《明代的社與會》（《歷史研究》1991 年第 5 期）中分析論述了明代的「社」與「會」的釋義、源流、種類及組織結構，認為明代的社與會是一種羣體意識，這種羣體意識是明朝人生活方式的精神動向。這種動向有經濟的、政治的或者是文化的。《明代的保甲與火甲》（《明史研究》1993 年第 3 輯）對明中期以後專門的鄉村防禦體制——保甲制和火甲制的設立、職能、作用與弊端進行了系統的研究。

欒成顯《明代里甲編制原則與圖保劃分》（《史學集刊》1997 年第 4 期）認為明代江南許多地方的鄉村建置十分複雜，都圖與都保並存，都保並非保甲制的下級單位，而都圖亦與都保有別，二者既有交叉又各成系統。都圖以人戶劃分為主，屬黃冊里甲編制；都保以地域區劃，屬魚鱗圖冊系統。里甲編制與自然村的分佈並不一致，但二者存在一定的統一性。黃忠懷《明代縣以下區劃的層級結構及其功能》（《史學月刊》2003 年第 4 期）則認為明代縣以下區劃的層級結構因人口數量和人口密度等而具有明顯的區域性差異，一般南方地區多採用鄉—都—圖三級制，北方則多為鄉—社（里）二級制，並且鄉、都、圖有不同的行政和社會功能。高壽仙《明代農業經濟與農村社會》（黃山書社 2006 年版）闢專章論明代的《地方精英與鄉村控制》，認為在鄉村社會發生作用的，主要有三股勢力或者説三種「地方精英」：職役性地方精英（即里老、里長、保長等）、身份性地方精英（各類鄉紳如生員、監生、舉人、進士等及由此身份進入仕途者）、非身份性地方精英（其他在鄉村社會發揮作用者）。趙中男《試論明代的「老人」制度》（《東北師大學報》1987 年第 3 期）、余興安《明代里老制度考述》（《社會科學輯刊》1988 年第 2 期）、王興亞《明代實施老人制度的利與弊》（《鄭州大學學報（哲學社會科學版）》1993 年第 2 期）等文對里老進行了比較詳細的論述。其中，王文對明代老人制度的確立和推廣、職責和任期進行了考證，認為明代推行老人制度有利於加強對鄉里基層組織的管理，穩定社會秩序，促進社會經濟的恢復與發展，但由於明代吏治的敗壞，老人制度也隨之而腐敗。

鄉約是在政府或鄉紳的倡導乃至主持下制定的鄉村自治條例，從中可以看出國家權力在社會底層的體現，同時也可以看出傳統文化和道德精神，以及基層社會權力在其中的作用。曹國慶對此進行過較長時期的研究。其《明代鄉約發展的階段性考察——明代鄉約研究之一》（《江西社會科學》1993 年第 8 期）、《王陽明與南贛鄉約》（《明史研究》1993 年第 3 輯）詳細考察了明代鄉約的推行情況、組織結構、重要特點，認為明代鄉約雖然在發展過程中產生了一定的流弊，但其所起到的積極作用是主要的、主流的。《明代鄉約推行的特點》（《中國文化研究》1997 年第 1 期）中指出明代鄉約推行伊始，便是民辦與官辦同步，綜合性與專門性並舉，嘉靖以後的主要發展趨向，就是鄉約與保甲、社倉、社學打成一片，形成以鄉約為中心的鄉治體系，鄉約又推動了宗約、士約、鄉兵約、會約等自治組織的發展。《明代鄉約研究》（《文史》1999 年第 1 輯）則從鄉約的發展、組織結構、與其他地方組織之間的關係、作用等方面對明代鄉約作了全面深入的論述。段自成《明清鄉約的司法職能及其產生原因》（《史學集刊》1999 年第 2 期）認為到了明清時期，一部分鄉約已被賦予司法職能，承擔起調處民間糾紛、調查取證和勾攝人犯等責任，這一情況的產生，與這一時期民間爭訟紛繁，里老制度漸衰和吏役、訟師把持詞訟有關。汪毅夫《試論明清時期的閩台鄉約》（《中國史研究》2002 年第 1 期）詳細考察了明清閩台鄉約推行的情況及其地域性特點，認為其在整頓社會陋習、穩定社會秩序、防範外來侵略等方面收到了一定的效果。與其他研究者較多關注南贛鄉約不同的是，黃志繁《鄉約與保甲：以明代贛南為中心的分析》（《中國社會經濟史研究》2002 年第 2 期）認為保甲法由於其實際功能大於鄉約而更為王陽明所重視，兩者相結合不但在基層社會發揮了一定的作用，而且成為地方社會制度的一部分。王日根《明清基層社會管理組織系統論綱》（《清史研究》1997 年第 2 期）、《論明清鄉約屬性與職能的變遷》（《廈門大學學報（哲學社會科學版）》2003 年第 2 期）認為明清基層社會管理中存在着「官」和「民」的二元組織系統，鄉約通過政治的、經濟的、文化的教化方式，能有效地實現其社會整合的功能。明代朱元璋所創設的老人制度敝壞之後，鄉約重新獲得提倡並與官府的關係出現日益密切的傾向。鄉約的職能主要是思想道德的教化，但不同時期、不同地區乃至不同鄉約的具體職能有所差異，職能的變化可以映現基層社會的運行狀況。在以往的鄉里制度研究中，很少有人將元代和明代連在一起研究。周紹泉《退契與元明的鄉村裁判》（《中國史研究》2002 年第 2 期）通過研究徽州文書中的元明退契，發現這些退還土地文書的背後常常隱藏着訴訟紛爭，而在處理這些紛爭時，元代的社長和明代的老人發揮着驚人相似的調節、裁判作用。

明代宗族組織在相當大的程度上起着基層政權作用，幾乎成了當代學者的共識。李文治《明代宗族制的體現形式及其基層政權作用——論封建所有制是宗法宗族制發展變化的最終根源》（《中國經濟史研究》1988 年第 1 期）將明代宗法宗族制的發展變化歸納為兩點：一是廢除了關於建祠及追祭世代的限制，使一個族姓所涵括的族眾範圍較前擴大；二是宗族關係的政治性質加強，宗族結構逐漸變成維護封建統治的基層社會組織，起着基層政權的作用。鄭振滿《明清福建的里甲戶籍與家族組織》(《中國社會經濟史研究》1989年第2期)通過分析明清福建地區的族譜資料，探討了里甲戶籍的世襲化及其對家族發展的影響，認為家族組織與基層政權的結合，加強了官僚政府對於基層社會的控制，這種控制又是以基層社會的自治化為前提的。陳柯雲《明清徽州宗族對鄉村統治的加強》(《中國史研究》1995年3期)認為明中葉以後，徽州宗族對鄉村的統治逐步加強，到清前期達到鼎盛時期。宗族的影響幾乎滲透到徽人宗族生活的各個方面，某些宗族組織逐漸控制了鄉村的司法仲裁權，形成「家法大於國法」的局面。宗族統治與封建政權統治互相支持、補充，使中國社會具有不斷自我修補、自我完善的機制。陳支平《近五百年來福建的家族、社會與文化》(上海三聯書店1991年版)認為，明清福建家族權力在與國家權力的關係上，既有割據、對抗的一面，又有互相利用、密切配合的一面；鄭振滿《明清福建家族組織與社會變遷》(湖南教育出版社1992年版)則認為，在明清時期，福建社會出現了宗法倫理庶民化、財產關係共有化、基層社會自治化的趨勢。常建華《明代宗族研究》(上海人民出版社2005年版)以南直徽州、福建興化、江西吉安三府特別是吉安府泰和縣為例，對明代的宗族制度進行了比較系統的研究，通過對宗族制度與鄉約推行關係的研究，提出了「宗族鄉約化」的概念，並且認為，通過鄉約實現社會控制，是明朝政府對基層社會進行治理的重要途徑和手段。此外，有不少學者立足於整個明清乃至更長的時段對基層社會進行了研究，他們的研究對於揭示明朝國家權力在基層社會的實施及其與宗族、宗教等社會權力的關係同樣具有重要意義。

陳寶良《明代儒學生員與地方社會》(中國社會科學出版社2005年版)無疑對解讀明代地方社會具有重要意義。明後期特別是晚明時期上百萬的生員形成了一個龐大的社會階層，其「羣體性」行為(陳寶良稱為「社會性運作」)在一定程度上左右社會輿論和官府決策，干預着國家權力的實施，對地方社會產生重要影響。陳寶良正是從這個層面上對生員問題進行了有益的探討。

其實，在過去的二十多年裏，有關明朝國家權力結構的方方面面，諸如軍事、財政、司法、監察，以及明朝國家權力在少數民族地區與土司權力的協調與鬥爭，以及作為國家權力執行主體的官員和吏員等，都有學者進行探討並取得了重要的成果。

所有這些成果，既為本課題的研究構築了堅實的學術基礎，也加大了著者或本課題在這一領域進行後續研究的困難。但是，這並不意味着對於明朝國家權力的研究已經沒有拓展的空間。一方面，任何成果都受到時代認識和作者視野的限制，因而都是階段性的，很難說一個問題在某一位或某幾位學者的研究之後就再無研究的必要。我並不苟同一些學者所聲稱的「某某問題已被某人某文解決」，倒是更讚賞梁啟超一再聲明的「以今日之我攻昨日之我」，所以並不忌諱對一些學界討論的熱點問題進行再評述。另一方面，本項研究將在已有成果的基礎上，將重點放在明朝國家權力的內部構成，主要是結構的變化過程、運作程序以及各環節之間的協調關係上。因此，權力結構及其運作過程中的變化和調整將得到極大的重視。而這恰恰是過去的研究者包括著者本人所忽視或關注不夠的。

國家制度一經建立，法定權力的構成及分配往往是相對靜態的，但這種靜態僅僅停留在「祖制」的層面上，其運作過程中的權宜和調整永遠是處於動態的，一些偶發事件及政治家個人的權變在其中也起着重要的作用。因此，將明代國家權力結構看成是一個動態過程，並將特定時期「陰差陽錯」發生而後來被證明重要的歷史事件以及推動這些事件發生、發展並且對國家權力關係產生影響的個人行為、羣體行為納入研究的視野，將是本書的重要特點。

根據上述思路，本書討論的是明代地方國家權力的調整與重組。行省—三司—三堂—巡撫，是明代省級權力結構演進的全過程。這一過程既反映出中央在地方集權與分權上的矛盾，也反映出權力上的集中在處理地方事務中的必要。省與府之間「道」的出現，是明代地方上的國家權力在社會矛盾發展過程中調整與重組的重要結果，也是明代國家權力在解決社會矛盾時的主要的體制上的改革。而里甲、保甲特別是里老的設置，以及在各地推行及倡建的鄉飲酒禮、鄉規民約及申明亭、旌善亭，在國家允許及默認中復興的宗族組織等社會權力，既是國家權力在基層社會的延伸，也是明朝以民間自治作為國家權力補充的意圖的具體表現。但是，構成國家權力的種種因素，包括顯現的因素和潛在的因素，如在職及離任的官員及吏員，受到國家禮遇並作為國家權力主體後備力量的生員、舉監，其他在基層社會具有一定影響力的各色人等，隨着國家權力的衰退及統治效能的降低，都有可能成為異己力量。南宋葉適曾經指出在中央集權體制下地方政權「官無封建而吏有封建」的弊病，這一弊病在元明時期繼續存在，甚至更為嚴重，所以清初顧炎武提出了「寓封建於郡縣之中」的主張。但至少到清朝，這些問題也沒有得到解決。可以說，在非民主制度的社會中根本無法實現。

皇帝集權、中央各部門分權，中央集權、地方各部門分權，既是明朝也是中國歷代統治者所希望的權力構成方式。其間的分分合合，反映的是社會發展進程與統治者意願之間的矛盾與統一。

內廷機構外廷化、中央機構地方化、監察機構行政化，是中國歷代國家權力關係演變的基本規律，這一規律在明代國家權力結構的演變過程中，仍然處處得到體現。

所有這些問題，本書將力爭有所討論，並提出自己的認識。

第一章
行省、三司與三堂：省級權力結構的調整

第一節　從行省到三司

一、明初的「行中書省」

明太祖取南京後，仿元朝制度置江南行中書省，自總省事。這既是朱元璋集團全國性政權建設的開端，也是明初省級權力機構建置的嘗試。此後，隨着軍事力量的擴張和統一戰爭的推進，各地陸續建立行省，「分鎮方面」。

由於明初行省在形式上繼承元制，《明史．職官志》又說，「太祖下集慶，自領江南行中書省⋯⋯後每略定地方，即置行省，其官自平章政事以下，大略與中書省同」，因此後人往往將明初行省與元朝行省等而視之，其實不然。

元代行省權重，並不重在其行政管理權，而在於軍事指揮權和軍隊調遣權。歷代地方一級行政權力機關均具有行政管理權，而元行中書省因為三個方面的原因同時具有軍事指揮權和軍隊調遣權。其一，雖中央設樞密院以「掌天下兵甲機密之務」，但中書省平章政事也是「凡軍國重事，無不由之」[1]，即中書省擁有很大的軍事指揮權。作為中書省的派出機構，行省在地方權力結構中的地位自不待言。其二，一方有事，往往臨時置行樞密院以鎮之，但事平則罷，其所屬的鎮撫司移歸行省管轄。[2] 這就在不斷加

1　《元史》卷 86、85《官志二》《官志一》。

2　《元史》卷 98《兵志一》。

強行省的軍事職能。其三，各地駐軍雖然名義上直屬樞密院，但因駐地分散，又無與行省平級的軍事領導機關，所以本應由軍事領導機關行使的軍事指揮權和軍隊調遣權實際上歸併於行省。

但是，明初行中書省並不具備這些條件。在中央，雖然中書省丞相李善長時時參與軍國大計，徐達、常遇春等將領均兼中書省丞相或平章政事、中丞等職，但明太祖一直對中書省的權重耿耿於懷，所以在地方權力配置方面時有顧慮，一旦戰事平息，即削弱行省的體制及軍事指揮權。而省級軍事機關和監察機關的設立，更使行省在體制上不具備總攬地方軍政重事的權力。其後更並立三司，行省在名稱上消失，又廢除中書省，行省的歸屬機構也不存在。

如果稍加考證，便可發現，明初行省實有兩種情況。一、早期設置的浙江（由浙東分省改）、江西、江淮（後廢）、湖廣四個行省。由於當時戰事正緊，故充任行省平章、左右丞及參政者均為軍事將領，如胡大海、李文忠（浙江），鄧愈、何文輝（江西），俞通海（江淮），楊璟（湖廣）等。此時的行省實為戰區，行省官員的主要職能是統率軍隊，開拓疆土，不僅軍政合一，而且以軍事為主。隨着戰爭的向北、向西、向南推進，這些行省的職能也開始發生變化，變為以安撫地方、勸課農桑為主，行省的主要官員也由軍事將領換成文職官員。如浙江，在行省平章李文忠率軍北伐前夕，即有郭景祥、蔡哲等文職官員任參政；再如江西，在行省右丞鄧愈調任湖廣平章之前，也有文職官員汪廣洋為參政；而在湖廣行省，在鄧愈、楊璟分別領兵出征四川、廣西之前，文職官戴德、周德興已經上任為參政。此後，這些行省的最高長官均為文官而不再設武職。而且，所有的文職官員只能任參政、參議以下官。這樣，行省的體制也自然由原來的從一品（平章）、正二品（左、右丞）下降為從二品（參政）。二、建元洪武以後設置的山東、河南、北平、山西、陝西、廣西、福建、廣東及四川等行省。這些行省均設置於大規模軍事行動基本結束之後，所以其職能一開始就是安撫地方、勸課農桑，主要長官也都由文職官員充任，如汪廣洋、盛原輔（山東），楊憲、孫克義（河南），周彧（北平），劉惟敬（廣西）等即是。行省並無軍事職能，這是明初行省不同於元代行省的一個重要方面。

一方面是行省的體制在降低，另一方面則是在行省推行軍政分離的體制。洪武元年（1368）八月，明軍進取大都後，明政府並沒有立即在這裏設置行省，而是置大都督府分府於北平，以都督副使孫興祖領府事、指揮華雲龍為都督僉事，領導北方戰事。[1] 洪武二年戰事平息後，雖置北平行省，卻並未將都督分府併入行省，而是行省、行府並存，各不相屬，分別對中央的中書省和大都督府負責。[2] 後又將這一體制推廣，於洪武三年六月分置陝西、北平、山西三個行都督府，與行省對掌軍、政事務。這年十二月，取消行府，分置燕山、青州、太原、河南、西安、江西、武昌、杭州等八個都衛指揮使司於北平、山東、山西、河南、陝西、江西、湖廣、浙江等八行省，此後又設成都、廣東、廣西、福州四都衛於所在行省，旋改都衛為都指揮使司，簡稱「都司」，直屬中央大都督府。[3] 這樣，各行省都有行政、軍事兩大機構，行省掌民政、財政，都司掌軍政，分屬中央的中書省和大都督府，分領府縣和衛所，見下表。

表1　明初地方軍、政機構設置對照

行省	府	設置時間	都司	衛所	設置時間
浙江行省		至正十八年十二月置浙東行省，二十二年二月改浙東等處行中書省，二十六年十二月改浙江行省	浙江都司		洪武三年十二月置杭州都衛，八年十月改浙江都司
	杭州府	至正二十六年十一月		杭州衛	洪武三年十一月
				杭州護衛	洪武七年三月
				杭州左、右衛	洪武八年十月由錢塘、仁和衛改

1 《明太祖實錄》卷35，洪武元年九月壬寅。

2 《明太祖實錄》卷47，洪武二年十一月甲午。

3 《明太祖實錄》卷53，洪武三年六月壬申；卷59，洪武三年十二月辛巳、壬午。

續表

行省	府	設置時間	都司	衛所	設置時間
	嚴州府	至正十八年三月改建安路為建德府，二十二年二月改嚴州府		嚴州衛	洪武三年十一月
	紹興府	至正二十六年十二月		紹興衛	洪武七年正月（提及）
	明州府	吳元年十二月		明州衛	洪武五年八月（提及）
	台州府	洪武初		台州衛	洪武五年八月由台州守御千戶所改
	金華府	至正十八年十二月改婺州路為寧越府，二十年正月改金華府		金華衛	洪武七年正月（提及）
	衢州府	至正十九年九月改衢州路為龍游府，二十六年正月改金華府		衢州守御千戶所	洪武三年十一月
	處州府	至正十九年改處州路為安南府，尋改處州府		處州衛	洪武二年五月（提及）
	溫州府	洪武初		溫州衛	洪武元年四月
江西行省		至正二十二年正月	江西都司		洪武三年十二月置江西都衛，八年十月改江西都司
	南昌府	至正二十二年正月改龍興路為洪都府，二十三年八月改南昌府		南昌衛	吳元年十月（提及）
				南昌左衛	洪武八年十月
	瑞州府	洪武二年			
	九江府	至正二十一年			
	南康府	至正二十二年八月改南康路為西寧府，二十二年四月改南康府			
	饒州府	至正二十一年八月改饒州路為鄱陽府，尋改饒州府			
	廣信府	至正二十年閏五月《明史・地理志》為五月		廣信守御千戶所	洪武元年三月
	建昌府	至正二十二年正月改建昌路為肇慶府，尋改建昌府		建昌守御千戶所	洪武二年二月由建昌衛改

續表

行省	府	設置時間	都司	衛所	設置時間
	撫州府	至正二十二年正月改撫州路為臨川府，尋改撫州府			
	吉安府	至正二十二年正月		吉安衛	吳元年三月
	臨江府	至正二十三年			
	袁州府	至正二十年		袁州衛	吳元年十月（提及）
	贛州府	至正二十五年		贛州衛	吳元年十月（提及）
	南安府	至正二十五年			
湖廣行省		至正二十四年二月	湖廣都司		洪武三年十二月置武昌都衛，八年十月改湖廣都司
	武昌府	至正二十四年二月		武昌衛	吳元年十月（提及）
				武昌左、右衛	洪武八年十月
	漢陽府	至正二十四年二月			
	蘄州府	至正二十四年二月		蘄州衛	洪武三年三月（提及）
	黃州府	至正二十四年二月		黃州衛	洪武三年九月（提及）
	德安府	洪武元年十月			
	安陸府	至正二十五年		安陸衛	至正二十五年十二月
	岳州府	至正二十四年		岳州衛	洪武四年四月
	荊州府	至正二十四年九月（吳元年曾置湖廣分省，尋罷）		荊州衛	吳元年十月（提及）
	襄陽府	至正二十四年		襄陽衛	至正二十五年十二月
	長沙府	至正二十四年改天臨路為潭州府（洪武五年六月改長沙府）		潭州衛	至正二十六年二月（提及）
				長沙衛	洪武七年六月（提及）
	常德府	至正二十四年		常德衛	至正二十六年八月
	衡陽府	至正二十四年		衡州衛	至正二十五年四月
	永州府	洪武元年		永州衛	洪武元年十月
	寶慶府	洪武元年		寶慶衛	洪武五年十一月
	辰州府	至正二十四年		辰州衛	吳元年正月

續表

行省	府	設置時間	都司	衛所	設置時間
山東行省		洪武元年四月	山東都司		洪武三年十二月置青州都衛，八年十月改山東都司
	濟南府	吳元年			
	東昌府	洪武			
	青州府	吳元年		青州衛	洪武元年八月（提及）
				青州右衛	洪武二年四月（提及）
				青州左衛	洪武八年十月
河南行省		洪武元年五月置中書分省，二年四月改河南行省	河南都司		洪武三年十二月置河南都衛，八年十月改河南都司
	開封府	洪武元年五月（八月曾建北京，尋罷）		河南衛	洪武元年五月
	河南府	洪武元年			
	汝寧府	洪武初		汝寧衛	洪武元年三月
	南陽府	洪武初		南陽衛	洪武四年三月
	懷慶府	洪武元年十月		懷慶衛	洪武六年四月
	彰德府	洪武元年閏七月		彰德衛	洪武八年由彰德守御千戶所改
	衛輝府	洪武元年八月			
北平行省		洪武二年三月	北平都司		洪武元年九月置大都督分府，三年六月置行都督府，十二月改燕山都衛，八年十月改北平都司
	北平府	洪武元年八月		大興左右衛	
				燕山左右衛	
				永清左右衛	洪武元年八月
				燕山前後衛	洪武三年八月
				濟陽衛	洪武四年六月
				燕山護衛	洪武五年正月

續表

行省	府	設置時間	都司	衛所	設置時間
	保定府	洪武元年九月		保定衛	洪武四年九月
	河間府	洪武元年十一月			
	真定府	洪武元年十月			
	順德府	洪武元年			
	廣平府	洪武元年			
	大名府	洪武元年			
	永平府	洪武二年改永平路為平灤府，四年三月改永平府		永平衛	洪武三年正月
廣西行省		洪武二年三月	廣西都司		洪武六年置廣西都衛，八年十月改廣西都司
	桂林府	洪武元年改靜江路為府，五年六月改桂林府		廣西衛	洪武元年九月
				廣西護衛	洪武五年正月
				桂林左右衛	洪武八年十月
	平樂府	洪武元年			
	梧州府	洪武元年		梧州守御千戶所	洪武四年四月
	潯州府	洪武元年			
	柳州府	洪武元年		柳州衛	洪武三年三月
	慶遠府	洪武元年，二年正月改慶遠南丹軍民安撫事，三年六月復為慶遠府			
	南寧府	洪武元年		南寧衛	洪武三年三月
	太平府	洪武二年七月			
	思明府	洪武二年七月			
	鎮安府	洪武二年			
	田州府	洪武二年			
陝西行省		洪武二年四月	陝西都司		洪武三年六月置行都督府，十二月改西安都衛，八年十月改陝西都司

續表

行省	府	設置時間	都司	衛所	設置時間
	西安府	洪武二年三月		西安前衛	洪武六年五月
				華山秦川衛	洪武六年六月
				西安後衛	洪武六年十月
				長安衛	洪武七月正月（提及）
				西安左衛	洪武七年二月（提及）
	鳳翔府	洪武二年三月			
	漢中府	洪武三年五月		漢中衛	洪武四年十二月
	延安府	洪武二年五月		延安衛	洪武二年十月
	慶陽府	洪武二年五月		慶陽衛	洪武七年正月（提及）
	平涼府	洪武二年五月		平涼衛	洪武三年正月
	鞏昌府	洪武二年四月		鞏昌衛	洪武三年正月
	臨洮府	洪武二年九月		臨洮衛	洪武二年四月
				洮州衛	洪武六年七月（提及）
山西行省		洪武二年四月	山西都司		洪武三年置行都督府，十二月改太原都衛，八年十月改山西都司
	太原衛	洪武元年十二月	山西行都司	太原衛	
				太原左右衛	洪武三年二月
				太原前衛	洪武四年五月
				太原護衛	洪武五年正月
	平陽府	洪武元年		平陽衛	洪武二年六月
				平陽左衛	洪武五年七月（提及）
	大同府	洪武二年			洪武四年正月置大同都衛，八年十月改山西行都司
				大同左右衛	洪武三年正月
				大同衛	洪武五年五月

續表

行省	府	設置時間	都司	衛所	設置時間
廣東行省		洪武二年四月	廣東都司		洪武四年十一月置廣東都衛，八年十月改廣東都司
	廣州府	洪武元年		廣州衛	洪武五年十一月（提及）
				廣州左右衛	洪武八年十月
	肇慶府	洪武元年		肇慶千戶所	洪武六年八月
	韶州府	洪武元年		韶州千戶所	洪武六年八月
	南雄府	洪武元年		南雄千戶所	洪武六年八月
	惠州府	洪武元年		惠州千戶所	洪武六年八月
	潮州府	洪武二年		潮州衛	洪武八年正月（提及）
	高州府	洪武元年			
	雷州府	洪武元年		雷州衛	洪武元年九月
	瓊州府	洪武元年十一月改乾寧安撫司為瓊州府，二年降州，三年復為府		海南衛	洪武二年八月
福建行省		洪武二年五月	福建都司		洪武七年二月置福州都衛，八年十月改福建都司
	福州府	吳元年		福州衛	洪武四年正月
				福州左右衛	洪武八年十月
	興化府	洪武元年		興化衛	洪武四年十月（提及）
	建寧府	洪武元年		建寧衛	洪武元年三月
				建寧左右衛	洪武八年十月
	延平府	洪武元年		延平衛	洪武四年閏三月
	汀州府	洪武元年		汀州衛	洪武元年四月
	邵武府	吳元年			
	泉州府	洪武元年		泉州衛	洪武元年三月
	漳州府	洪武元年		漳州衛	洪武元年五月

續表

行省	府	設置時間	都司	衛所	設置時間
四川行省		洪武四年七月	四川都司		洪武四年九月置成都都衛，八年十月改四川都司
	成都府	洪武四年		成都右中前後衛	洪武四年九月
				成都左衛	洪武八年二月（提及）
	保寧府	洪武四年		保寧守御千戶所	洪武四年十月
	順慶府	洪武			
	夔州府	洪武四年			
	重慶府	洪武		重慶衛	洪武六年十一月由重慶守御千戶所改
	遵義軍民府	洪武五年正月			
	敘州府	洪武六年六月		敘南守御千戶所	洪武四年十月
				青川守御千戶所	
	馬湖府	洪武四年十二月			
	潼川府	洪武			
	嘉定府	洪武四年			
直隸		至正十六年七月置江南行中書省，洪武元年八月建南京，置行省。以應天等府直隸中書省，衛所直隸大都督府			
	應天府	至正十六年三月，洪武元年八月建都曰南京		留守都衛	洪武三年置留守司，五年正月改留守都衛
	鳳陽府	吳元年升濠州為臨濠府，洪武二年九月建中都，六年九月改中立府，七年八月改鳳陽府		長淮衛	吳元年十月
				濠梁衛	洪武三年四月（提及）
				懷遠衛	洪武四年三月
				長淮衛（水軍）	洪武四年閏三月
				鳳陽衛	洪武七年九月由濠梁後衛改

續表

行省	府	設置時間	都司	衛所	設置時間
	淮安府	至正十六年四月		淮安衛	洪武四年正月
	揚州府	至正十七年改揚州路為淮海府，二十一年十二月改淮揚府，二十六年正月改揚州府		揚州衛	洪武四年十二月
	蘇州府	吳元年九月		蘇州衛	吳元年十二月
	松江府	吳元年正月		崑山衛	吳元年二月
	常州府	至正十七年改常州路為長春府，十九年改常州府			
	鎮江府	至正十六年三月改鎮江路為江淮府，十二月改鎮江府		江淮衛	吳元年九月（提及）
	廬州府	至正二十四年七月（曾置江淮行省）		廬州過御千戶所	洪武三年正月由合肥衛改
				六安守御千戶所	洪武三年四月由六安衛改
	安慶府	至正二十一年八月改安慶路為寧江府，二十二年四月改安慶府			
	嘉興府	至正二十六年十一月			
	湖州府	至正二十六年十一月		吳興衛	吳元年二月，洪武五年十一月併為龍驤衛
	太平府	至正十五年六月			
	池州府	至正二十一年八月改池州路為九華府，尋改池州府			
	寧國府	至正十七年四月		寧國衛	吳元年正月
	徽州府	至正十七年七月改徽州路為興安府，吳元年改徽州府		徽州守御千戶所	洪武三年四月由徽州衛改

* 資料來源：《明太祖實錄》卷1—101；《國榷》卷1—6；《明史》卷40—46《地理志一至七》，記載互異處大體參照《明太祖實錄》。

按：此表僅說明至洪武八年十月改都衛為都司時，各行省均置都司，各府幾乎均置衛（或千戶所），形成行政、軍事兩大系統。故凡未能確定其所在地及洪武八年十月以後設置的衛所，或設而復罷者均不列入，而一地之衛所名稱出現變化，以後出者為準（關於明初衛所的設置，南炳文教授《明初軍制初探》有詳論，見《南開史學》1983第1、2期）。

從上表可以看出，雖然明初在形式上繼承了元代的行省制度，二者實際內容卻有很大差別。即在短期的「軍國重事無不領之」之後，明代行省即與都司（之前為行府、都衛）分理政務與軍務，形成省級國家權力的分離。行省的權力範圍，主要是一省的民政和財政。

二、「三司」並立與省級權力機關體制的下降

至正十六年（1356），明太祖初置江南行中書省時，設置了提刑按察使司，以王習古、王德芳為僉事。[1] 兩年後，命提刑按察司僉事分巡府縣錄囚[2]，開了明代按察司分道之先河。如果說此時的江南行中書省實為明中書省的前身，那麼，「按察司」則是此後御史台和都察院的雛形。而提刑按察司的分巡府縣，則既開了明代按察司分道之先河，也是都察院監察御史分省巡按的開端。建元洪武之後，隨着行中書省和行都督府（後為都衛、都司）的普遍設立，各省也先後設提刑按察使司，簡稱「按司」。

洪武三年（1370）七月，定各行省、行府、按察司官員會見位次：

> 凡諸道按察司官與行省及行都督府官公會，按察使、副使、僉事俱坐於參政、僉都督之下，省郎中、府經歷之上。按察司經歷坐於省員外之下，府都事之上。按察司知事坐於省、府都事之下。其各衛指揮司官與按察司官、各府州官皆依品從。[3]

這不僅說明各省按察司機構已相當完整，還說明行省、行府、按司並立的體制已基本確立。

洪武九年六月，改行中書省為承宣布政使司，簡稱布司、布政司，與都司、按司並稱三司，最終完成了明初地方一級權力機關由行中書省到三

1　《明太祖實錄》卷 4，至正十六年七月己卯。

2　《明太祖實錄》卷 6，至正十八年三月己酉。

3　《明太祖實錄》卷 54，洪武三年七月丙申。

司的過渡。由於行省、行府（都司）、按司分理財政與民政、軍政、司法監察的體制早已形成，因此，改行省為布政司並不意味着省級權力結構改革的開始，而是標誌着它的結束。除了使三司名稱統一，改行省為布政司的實際意義只有兩點：一、為以後在中央廢除中書省作準備；二、強調地方必須秉承中央的意志。明太祖自撰「承宣布政使誥」云：

> 邇來朕有天下，更行省為承宣布政使司。所以承者，朕命也，宣者，代言之也，布者，張陳之也。所以政者，軍民休戚，國之利病。所以使者，必去民之惡而導民之善，使知有畏從。於斯之職可不重乎？[1]

為了強調中央對地方的控制，竟將行政區劃的名稱改得如此複雜而累贅，可見明太祖在改革行政體制問題上的苦心和個性。這條誥文還特別強調，承宣布政使所承者為「朕命」，即直承皇帝的意旨，以示與行中書省為中書省派出機構的根本區別。

雖然官方對省級行政區劃進行了名稱上的改變，民間卻仍然沿襲元時舊習，並除去「行」字，徑稱「某某承宣布政使司」為「某某省」。

洪武九年改行省為布政司時，全國除直隸外，有浙江、江西、福建、北平、廣西、四川、山東、廣東、河南、陝西、湖廣、山西十二布政司。洪武十五年，置雲南布政司。永樂元年（1403）以北平布政司為北京，與南京為南北兩京。五年，置交趾布政司。十一年，置貴州布政司。至此，全國地方一級行政區劃有南北兩直隸和十四個布政司。另外在邊疆地區還有遼東都司、奴爾干都司（以上在東北地區）、烏思藏都司和朵甘都司（以上在西藏）等軍政合一的準省級區劃，以及西北的赤斤、哈密等六衛，是為明代疆域的全盛時期一級行政區劃的情形。

宣德三年（1428），罷交趾布政司，此後即為兩直隸十三布政司。各

1 朱元璋：《洪武御製文集》卷 4《承宣布政使誥》。

布政司轄區內都是都指揮使司、布政使司、按察使司三大機構並立，分別對中央的大都督府、戶部、都察院負責，互不統屬。大都督府分為五軍都督府後，左軍都督府領浙江、山東二都司及遼東都司，右軍都督府領陝西、四川、雲南、貴州、廣西五都司及陝西、四川等行都司，中軍都督府領南直隸、河南都司及中都守備司等，前軍都督府領湖廣、江西、福建、廣東四都司，後軍都督府領山西都司及行都司等。[1]

都指揮使司設都指揮使一人（正二品）、都指揮同知二人（從二品）、都指揮僉事四人（正三品）。其屬有：經歷司，設經歷（正六品）、都事（正七品）各一人；斷事司，設斷事（正六品）、副斷事（正七品）、吏目各一人；司獄司，司獄一人（從九品）。另有倉庫、草場，各設大使（正九品）、副使（從九品）一人。都指揮使及都司的職掌是「掌一方之軍政」，統率本省衛所，軍籍隸於中央五軍都督府，並聽從兵部的調遣，日常事務則是練兵、屯田、漕運、京操諸事。

布政使司設左右布政使各一員（從二品，貴州只設左布政使）、左右參政各一員（從三品）、左右參議各一員（從四品）。其屬有：經歷司，經歷一人（從六品）、都事一人（從七品）；照磨所，照磨一人（從八品）、檢校一人（正九品）；理問所，理問一人（從六品）、副理問一人（從七品），提控案牘一人；司獄司，司獄一人（從九品）；庫大使一人（從九品）、副使一人；倉大使一人（從九品）、副使一人；雜造局、軍器局、寶泉局、織染局，各大使一人（從九品）、副使一人。布政使及布政司的職掌是「掌一省之政」，明太祖稱之為「方伯」。其主要職責在兩個方面：一是理民政，包括管理戶籍田冊、撫民賑災、勸民耕作；二是理財政，包括均平賦役，催糧徵役，發放在省宗室、官吏、師生、軍伍的祿俸廪糧。當然，作為承宣、張陳朝廷政令的布政使，還須負責曉示中央的各項政令及率府州縣正官往京師朝覲等禮儀性事務。

提刑按察使司設按察使一員（正三品），副使（正四品）、僉事（正五

1　《明史》卷 90《兵志二．衛所》。

品）無定員。其屬有：經歷司，經歷一人（正七品）、都事一人（正八品）；照磨所，照磨一人（正九品）、檢校一人（從九品）；司獄司，司獄一人（從九品）。提刑按察使掌一省的刑名按劾之事，糾劾官員以澄清吏治，緝捕罪犯以整頓治安，受理訴訟以察理冤情，打擊豪強以安撫貧民。所以嚴格地說，省略「提刑」而將其簡稱為「按察使」是不恰當的，但既然明人已約定俗成，本書也沿例稱「按察使」。

如果說，布政使體現的是朝廷的恩澤，按察使則體現了朝廷的威勢。但無論是恩澤還是威勢，都需要以軍事力量為保證，都指揮使所統轄的軍隊便是這一保證。

需要指出的是，明代省級權力機構由行省到三司的演變過程，其實也是省級體制下降的過程。這種下降一方面表現為省級權力機構一分為三，由原來的軍政合一變為軍政分離，而監察權又與行政權、軍政權三足鼎立；另一方面表現為分割後的衙門品級降低，行政權力機關由原來的正二品（行省左右丞）降為從二品（行省參政及布政司布政使），軍事權力機關由原來的從一品（行省平章）降為正二品（都指揮使）。不僅如此，即使與洪武元年設置的大都督府北平分府相比，都衛、都指揮使司的體制也有所下降。當時北平分府領府事的是都督副使（正二品）、不久列入二十一位開國功臣的孫興祖，為其副者是由指揮使（正三品）升為都督僉事（從二品）、後封淮安侯的華雲龍。而洪武四年任命廣東、江西、河南等都衛都指揮使時，儘管明太祖聲稱「國家設都衛節制方面，所繫甚重」，但任都指揮使的，均由正三品的衛指揮或都衛指揮同知越級升任[1]；洪武十五年江西都指揮使空缺，出任此職的竟然是太倉衛指揮僉事（正四品）吳翰，任都指揮同知的則是太倉衛百戶（正六品）戴宗。[2] 更有甚者，洪武

1 《明太祖實錄》卷 69，洪武四年十一月甲戌。以興化衛指揮使聶緯為廣東都衛都指揮使、廣東衛指揮同知胡通為指揮使，建寧都衛都指揮同知宋晟為江西都衛都指揮使，驍騎左衛指揮使郭英為河南都衛都指揮使，神武衛指揮使繆道為河南都衛都指揮使。

2 《明太祖實錄》卷 142，洪武十五年二月己亥。

二十六年十月任命了一批都指揮使和都指揮同知，受任者均為「有才幹、精力未衰」的致仕武官。[1] 省級權力機構體制上的下降，於此也一覽無餘。

第二節　「三司」的弊病與「三堂」的出現

一、「三司」並立的弊端

從理論上說，三司並立，各負其責，相互協調並相互制衡，所以明太祖認為十分「穩當」。實際上卻是相互牽制、相互推諉。都司名義上掌一省之軍政，但布政司參政、參議，按察司副使、僉事也有清軍、監軍乃至操練之責；布政司掌一省之政令，但糾劾官員、整肅吏治由按察司負責；按察司主吏治刑名，但都司、布司處處掣肘。不僅如此，中央也沒有對地方三司實行統一管理協調的機關，如江西都指揮使司統於前軍都督府並聽命於兵部，按察使司同時聽命於都察院和刑部；布政使司則財政民政聽命於戶部，刑法聽命於刑部，土木工程聽命於工部。至於官員的任命，則是文歸吏部、武歸兵部。

或許明太祖的「深意」正在於三司之間的無法協調，因為無法協調便得聽命於中央，地方割據或違背中央的事情便無從發生。因此，三司並立可以說是典型的內耗型權力結構。地方權力的配置應當是為着更好地控制地方，其基本責任在於維持地方的穩定。但是，一旦地方出現不穩定因素，三司並立的權力結構體系很快就暴露出事權不一、運轉不靈、效率低下的弊端，尤其難以應付突發事件。正如何喬新抨擊的那樣：

> 我朝懲前代藩鎮之弊，以都司典兵，布政司理民，按察司執法。凡軍戎調發之政，布、按二司不得專，非有符驗，都司亦不聽

1　《明太祖實錄》卷 230，洪武二十六年十月丁丑。

調也。平日所以能前御之者，恃有三尺法耳。一旦有事，白刃臨其身，厚祿誘其心，三尺法焉能制之？[1]

何喬新並非危言聳聽。早在洪武年間，僅僅是永新、龍泉（今遂川）二縣山民結聚，江西都司便屢討不平，只得命申國公鄧鎮等率兵往討。[2] 贛縣發生民變時亦然。[3]

二、鎮守武臣、文臣、內臣並設：「三堂」的出現

明太祖對地方體制的改革，是以社會靜態為前提的，但社會的發展始終處於動態中。隨着社會矛盾的發展，以成祖起兵「靖難」並奪取皇位為契機，明代省一級的國家權力結構從永樂開始發生了一系列變化。都、布、按三司逐漸失去其法定的地位，下降為部門性業務機關及分道制派出機關。省級最高權力機構從洪武中期開始到正德、嘉靖，經歷了以下的演變過程：都司、布司、按司「三司」並立—鎮守中官、鎮守總兵、鎮守文臣「三堂」並立—巡撫都御史主持軍政事務。但是，與洪武九年（1376）六月在中央的統一指令下各行省均改為布政司不同，各地省級權力機構從三司到三堂、三堂至巡撫的過渡卻是在漸進甚至無序中完成的。以江西為例，這一過程始於建文四年（1402）八月即成祖即位後不久。

《明太宗實錄》載：洪武三十五年八月初八日，「命右軍都督同知韓觀往江西等處操練軍馬、整點城池，廣東都司、福建行都司、湖廣都司軍馬聽其節制」[4]。這是江西有鎮守總兵之始。鎮守總兵之設，既出於對建文朝舊部的疑慮，更由於原有的三司並立體制難以迅速平息「靖難之役」後所發生的地方動亂。與都指揮使司不同，總兵均由勛臣或都督府堂上官出任，

1 何喬新：《論都司書》，《皇明名臣經濟錄》卷 17《兵部四》。

2 《明太祖實錄》卷 156，洪武十六年八月癸亥。

3 《明太祖實錄》卷 199，洪武二十三年正月乙酉。

4 《明太宗實錄》卷 11，洪武三十五年（即建文四年，下同）八月己未。

地位崇高，而且具有「欽差」性質，在兵員調動上有更大的主動權。韓觀到江西所做的第一件事，便是「越俎代庖」，招撫「嘯聚劫掠」的廬陵縣民。[1]

但是，總兵權力一大，又有控制上的問題，必須要有對其進行監督的力量。於是「右軍都督陳輝、旗手衛指揮李忠往江西參贊都督韓觀軍事」[2]。說是「參贊」，其實就是監督。但同一系統內部的監督存在諸多不便，也不是「祖宗舊制」。明太祖於戰時派往前敵「觀軍」的，既非文官，也非武官，建元洪武之前多為義子乾兒，建元洪武之後則多為宦官。[3] 這一慣例理所當然為成祖所效法，其後韓觀由江西轉鎮廣西，以及顧成等人出鎮貴州等地，均有宦官隨軍監督，稱「鎮守中官」或「鎮守內官」。[4] 不過，軍事將領固然可以平息一時之動亂、宦官固然可以直接向皇帝通報消息，卻無法處理地方善後事務，更無法消弭動亂於未然，這些事情仍然得靠文官。這就使鎮守或巡視文官的設置成為必要。

仍以江西為例。《明宣宗實錄》載：

> 宣德五年（1430）十一月庚子，敕行在都察院副都御史賈諒、行在錦衣衛指揮王裕、參議黃翰，同奉御張義、興安往江西巡視軍民利病。凡軍衛有司官吏及富豪大戶奸民強盜為軍民害者，體實擒拿，輕者就彼發落，重者連家屬解赴京師。仍戒諒等務公勤廉謹，毋徇情枉法，縱釋有罪及濫及無辜。[5]

1　《明太宗實錄》卷 11，洪武三十五年八月甲子。

2　《明太宗實錄》卷 11，洪武三十五年八月庚午。

3　關於這一問題，參見業師歐陽琛教授：《明代的司禮監》，《江西師範大學學報》1984 年第 4 期。

4　傅恆等：《御批歷代通鑒輯覽》卷 102，永樂元年閏十一月。

5　《明宣宗實錄》卷 72，宣德五年十一月庚子。

上述「行在」云云，為永樂、宣德時明朝的中央機關。成祖在永樂八年（1410）以後將中央各部門遷往北京，南京僅留太子「監國」，但最終將京師定在北京是在正統六年（1441），其間中央各部門均稱「行在」。賈諒等人的職責說是「巡視」軍民利病，其實是安撫地方，且被賦予超越地方政府的權力。其制裁和打擊對象，既包括所有軍隊系統的都司衛所和行政系統的司府州縣，也包括一切民間的強勢羣體和動亂因素，而且，一經查實，即可便宜行事，「體實擒拿」。在這一行人當中，起着主導作用的，是都察院副都御史賈諒和宦官張義、興安。

《明宣宗實錄》又載：

> 宣德五年九月丙午，升行在吏部郎中趙新為吏部右侍郎、兵部郎中趙倫為戶部右侍郎、禮部員外郎吳政為禮部右侍郎、監察御史于謙為兵部右侍郎、刑部員外郎曹弘為刑部右侍郎、越府長史周忱為工部右侍郎，總督稅糧。新江西、倫浙江、政湖廣、謙河南山西、弘北直隸府州縣及山東、忱南直隸蘇松等府縣。先是上謂行在戶部臣曰：「各處稅糧多有逋慢，督運之人，少能盡心，奸民猾胥，為弊滋甚，百姓徒費，倉廩未充。宜得重臣往莅之。」於是命大臣薦舉。遂舉新等以聞，悉升其官，分命總督，賜敕諭曰：「今命爾往總督稅糧，務區畫得宜，使人不勞困、輸不後期，尤須撫恤人民，扶植良善，遇有訴訟，重則付布政司、按察司及巡按監察御史究治，輕則量情責罰，或付郡縣治之。若有包攬欺侵及盜賣者，審問明白，解送京師，敢有沮撓糧事者，皆具實奏聞。但有便民事理，亦宜具奏。爾須公正廉潔、勤謹詳明、夙夜無懈，毋暴毋刻，庶副朕委任之重。」[1]

從宣宗的敕諭可以看出，當時的執政者僅將這一次任命作為權宜之舉，且責任只是督糧，但不久即命巡撫地方，事實上成為明代在各省普遍設置巡

1 《明宣宗實錄》卷 70，宣德五年九月丙午。

撫之始。諸人以臨時性督糧為始任，以長駐一省巡撫地方為終結。除趙倫外[1]，趙新在江西、吳政在湖廣、于謙在河南山西、曹弘在北直隸、周忱在南直隸的任期至少在五年以上，而趙新、于謙、周忱更為一代名臣。從宣德五年開始，至正統四年九月調任吏部管事，趙新巡撫江西九年；而周忱自宣德五年至景泰二年（1451），巡撫南直的時間長達二十年。[2]

其後，巡視都御史、巡撫侍郎或侍郎合二而一，演變為「巡撫都御史」，巡視奉御也併入「鎮守中官」或「鎮守內官（或內臣）」，巡撫都御史、鎮守中官與鎮守總兵一道，並稱「三堂」，構成了新的省級三權分立體制。「三堂」之中，「鎮守中官」總管全局並作為地方與中央的聯繫紐帶，成為中國地方政治制度史上的一個奇特現象。

第三節　鎮守中官的設置及其普遍化和制度化

一、永樂、洪熙時的「中官出鎮」與「鎮守中官」

關於鎮守中官的始設時間，史籍所載互異。

洪武修訂《諸司職掌》時，尚無鎮守中官之設；正德初修《明會典》時，未列中官職掌，致使當時一些重要情況失於記載；至萬曆重修《明會典》，距鎮守中官的革除已有半個世紀，又有只載見在官司的原則，故於鎮守中官之設，僅寥寥數語：

> 鎮守內臣，自永樂初出鎮遼東開原及山西等處，自後各邊以次添設。而鎮守之下，又有分守、守備、監鎗。[3]

1　《明宣宗實錄》卷 93，宣德七年七月辛酉條載：「時有言（趙）倫督糧賦用峻法、吏民不勝苦者，上聞之曰：即酷安可撫民，遂命（成）均往代之而召倫還。」

2　《明宣宗實錄》卷 59，正統四年九月甲寅；《明史》卷 153《周忱傳》。

3　萬曆《明會典》卷 126《兵部・鎮戍一》。

據此，則鎮守中官之設，始於「永樂初」，先在遼東開原及山西等處，後及「各邊」。清初官修《明史》，在《成祖紀》中，將鎮守中官的設置定在「永樂元年（1403）」：「是年，始命內臣出鎮及監京營軍。」但《宦官傳》不及於此，只說永樂八年，「命馬靖鎮甘肅、馬騏鎮交址」。而《職官志》又與《紀》《傳》相左：

> （永樂）八年，王安等監都督譚青等軍，馬靖巡視甘肅。此監軍、巡視之始也。及洪熙元年，以鄭和領下番官軍守備南京，遂相沿不改；敕王安鎮守甘肅，而各省皆設鎮守矣。[1]

將鎮守中官的設置定在洪熙元年（1425），標誌是鄭和守備南京、王安鎮守甘肅。

萬曆《明會典》及《明史》的《紀》《傳》《志》在鎮守中官設置時間上出現矛盾的原因有二。

一是所據史料的不同。《明會典》與《明史．成祖紀》說鎮守中官始設於「永樂初」或「永樂元年」，根據的是張芹的《建文備遺錄》及黃佐的《革除遺事》。《御批通鑒》說：

> 《明史》據《革除備遺錄》，以為（鎮守中官設置）始於是年（永樂元年），特書於《本紀》……初，惠帝御內臣嚴，燕兵逼江北，多逃入軍中，漏朝廷虛實，帝深以為忠於己。及即位，封賞既行，諸宦官言功不已，帝患之。會鎮遠侯顧成，都督韓觀、劉真、何福等出鎮貴州、廣西、遼東、寧夏諸邊，乃命宦官中有謀者與之偕行，賜公侯服，位諸將上。未幾，雲南、大同、甘肅、宣府、永平、寧波亦各相繼遣使。[2]

---

1 《明史》卷 6《成祖紀二》、卷 304《宦官傳》、卷 74《職官志三．內監》。

2 傅恆等：《御批歷代通鑒輯覽》卷 102，永樂元年閏十一月。

《明會典》所載，亦源於此。《明史》之《宦官傳》《職官志》云鎮守中官始設於永樂八年、洪熙元年，則本自王世貞《弇山堂別集》：

> （永樂八年）敕內官馬靖往甘肅巡視，如鎮守西寧侯宋琥處事有未到處，密與之商議，務要停當……此內臣出鎮之始也。然職尚止巡視，事畢回京。
>
> ……
>
> 洪熙元年正月丁未，命內官監太監鄭和領下番官軍守備南京……此南京守備之始也。其年二月，敕甘肅總兵費瓛、鎮守太監王安。案此鎮守之始見者也，計永樂末已有之矣。[1]

二是概念上的混淆。「中官出鎮」與「鎮守中官」是兩個不同的概念。前者指的是中官被派往邊鎮協助或監督軍事將領，屬臨時性差遣；後者是對出鎮宦官的概稱，它出現在出鎮宦官的正式任命之後。這兩個概念在宣德、正統以後，是同一個事物的兩個方面，但在永樂、洪熙時有一個由前者到後者即由臨時差遣到正式任命的過程。上引《明會典》及《明史．成祖紀》明顯是指「中官出鎮」，《明史．職官志》指的則是鎮守中官的正式設置，而《明史．宦官傳》則將宦官的巡視認為是鎮守中官設置的開端。

據《明太宗實錄》，劉真、何福於建文四年（1402）八月受命鎮守遼東、寧夏，韓觀、顧成分別在這年九月和十月往廣西、貴州鎮守。[2]「宦官中有謀者與之偕行」，則中官出鎮的時間當在建文四年成祖即位初劉真等出鎮遼東等地之時，而非永樂元年。在無法確定準確時間的情況下，《明會典》採用了虛載「永樂初」，符合明人的傳統說法；《明史》則用實紀「永樂元年」，卻產生了差錯。又據查繼佐《罪惟錄》，宦官隨成祖起兵靖難有

1　王世貞：《弇山堂別集》卷九十《中官考一》。

2　《明太宗實錄》卷 11，洪武三十五年八月壬子、己未；卷 12 下，洪武三十五年九月乙未；卷 13，洪武三十五年十月丙寅。

功者，首推鄭和、孟驥、李謙、雲祥、田嘉禾、王彥（狗兒）、王安等，又以王彥為著。[1] 最早出鎮的宦官，當是王彥等。王彥在正統九年（1444）卒於鎮守遼東任上，似可為旁證。

但是，宣德五年（1430）修成的《明太宗實錄》，既無關於中官「出鎮」的記載，也無「鎮守中官」的稱謂，其中既有修史諸臣的遮掩，更主要的是永樂時出鎮的中官，均屬臨時性差遣，且往往負有特殊使命，事畢即還。如永樂三年六月命鄭和率役卒二萬七千餘人出海、遣山壽等領騎出雲州；永樂六年正月遣王安往別失八里探尋本雅失里的去向、永樂八年十二月命馬靖巡視甘肅等即是。[2] 隨着一些出鎮中官如王彥、王安等的久駐一地，以及永樂以後明代地方政治體制的全面調整，中官的出鎮也由臨時性差遣逐漸演變為正式任命，即在各地正式設置「鎮守中官」（或稱「鎮守內臣」）。鄭和由領兵使番到守備南京，王安由往別失八里到鎮守甘肅，就是由臨時差遣到正式任命的典型例證。

王世貞《弇山堂別集》將洪熙元年正月鄭和守備南京、二月王安鎮守甘肅視為南京守備太監及各省鎮守中官設置之始，因《明史・職官志》沿襲，該說已被人們廣泛接受，但並非確論。據《明仁宗實錄》，永樂二十二年八月初五日，也就是成祖死後不久、仁宗即位的前十天，太監王貴通奉命鎮守南京：「命太監王貴通率下番官軍赴南京鎮守。」[3] 這裏的「王貴通」，當是王景弘的諧音。又永樂二十二年九月，命襄城伯李隆為南京守備。故洪熙元年正月命鄭和為南京守備太監時敕云：「於內則與內官王景弘、朱卜花、唐觀保協同管事；遇有外事，同襄城伯李隆、駙馬都尉沐昕商議的當，然後施行。」[4] 宣宗即位後，於洪熙元年六月敕諭李隆：「凡事同

1 查繼佐：《罪惟錄》列傳卷之 29《宦寺列傳》。

2 《明太宗實錄》卷 43，永樂三年六月己卯、庚辰；卷 75，永樂六年正月甲子。談遷：《國榷》卷 15，永樂八年十二月；王世貞：《弇山堂別集》卷 90《中官考一》。

3 《明仁宗實錄》卷 1 上，永樂二十二年八月丁未。

4 《明仁宗實錄》卷 7 上，洪熙元年二月戊申。

守備太監鄭和、王景弘計議，晝夜用心。」[1] 可見，南京守備太監的設置，不在洪熙元年正月，而在永樂二十二年八月；最早受命為守備太監的，不是鄭和，而是王景弘。而鎮守中官之名，也並非始見於王安，而是始見於山壽。《明仁宗實錄》載：永樂二十二年九月，「遣鎮守交址中官山壽賚敕諭交址頭目黎利。」[2] 按：山壽在永樂時已在交趾鎮守，且與黎利相孚。因此，鎮守中官的設置，當在永樂末年，起初主要是在遼東、甘肅、交趾等邊鎮。

二、宣德以後鎮守中官的普遍設置

宣宗於洪熙元年（1425）六月即位，七月，命中官雲仙往雲南鎮守，諭曰：

> 朕初即位，慮遠方軍民或有未安。爾內臣朝夕侍左右者，當副委託，務令軍民安生樂業。凡所行事，必與總兵官黔國公及三司計議施行，仍具奏聞。遇有警備，則相機調遣，毋擅權自用及肆貪虐。蓋爾輩出外，鮮有不恃寵驕傲者。若稍違朕言，治以重法，必不爾貸。[3]

此後，宣德元年（1426）八月，命內官譚順、內使陳錦往淮安，助平江伯陳瑄鎮守[4]；宣德三年十二月，命太監劉寧往鎮江、常州及蘇、松、嘉、湖等府「巡視軍民利病」[5]，開始在各省普遍設置鎮守中官。至於原來設在諸邊

1　《明宣宗實錄》卷 2，洪熙元年六月辛亥。

2　《明仁宗實錄》卷 2 中，永樂二十二年九月乙酉。

3　《明宣宗實錄》卷 3，洪熙元年七月庚午。

4　《明宣宗實錄》卷 20，宣德元年八月乙丑。

5　《明宣宗實錄》卷 49，宣德三年十二月丁酉。

的鎮守中官，也從宣德元年三月開始，陸續補鑄關防：[1] 從此，鎮守中官日漸成為明代地方政治體制中的重要組成部分。其主要表現在：任命手續的程序化、設置類型的系統化、職責範圍的明確化。

永樂時，中官出鎮皆由皇帝特差，基本上是隨意的。宣德以後，任命手續逐步程序化。明代宦官外出，一般都要有相關部、寺開具的手本，內閣書敕，寫明情由，方得成行。鎮守中官的任命也被納入這一程序之中。鎮守中官的設置地點及員額，均以宣德、正統時的「成例」為依據。故大學士劉健在正德初年稱：「各分守、守備等內臣，舊設有數。」如員缺需要增補，得先由兵部奏請，或司禮監「傳奉聖旨」到兵部，由兵部開具手本，送內閣票擬（稱「書敕」），寫明委任原由及職責範圍，經司禮監批紅，六科掛號，方許派出。梁儲《請罷遣中官疏》云：「先該兵部手本，開稱司禮監太監溫祥傳奉聖旨，司設監太監劉允，着他前出四川等處公幹，寫敕與他。」[2] 王恕成化時巡撫雲南，也說鎮守中官出鎮「用司禮監印信，該科掛號，皇城各門俱打照出關防印子，皆所以防作偽也」。[3] 據《明宣宗實錄》，宣德二年六月，「命行在兵部，凡去年八月差往各處鎮守內外官，皆令還京。」[4] 即鎮守中官任命之由兵部，從宣德時就開始了。故萬曆重修《明會典》時，關於鎮守中官的敍述，也放在兵部。但鎮守中官人選的推舉，則由司禮監負責。正德初劉瑾便說：「各處鎮守出去，皆司禮舉用。」[5] 正德十六年（1521）七月世宗即位不久，兵部請革各省鎮守內臣，仍命「以後有缺，司禮監擇廉慎老成者用之」。[6] 直至嘉靖十五年（1536），征鎮守遼

1　《明宣宗實錄》卷 15，宣德元年三月己亥：「命行在禮部鑄鎮守交址內官關防。」《明英宗實錄》卷 6，宣德十年六月癸卯：「給鎮守陝西行都司地方內官關防。」

2　梁儲：《請罷遣中官疏》，《明經世文編》卷 113。

3　王恕：《駕帖不可無印信狀》，《明經世文編》卷 39。

4　《明宣宗實錄》卷 28，宣德二年六月甲子。

5　陳洪謨：《繼世紀聞》卷 1。

6　《明世宗實錄》卷 4，正德十六年七月辛未。

東太監王純還京，仍「命司禮監選老成安靜者代之」[1]。

鎮守中官的資格雖無明確規定，但也形成了一些慣例。一般來說，南京等處守備太監屬「司禮外差」，得由司禮監太監擔任，這是正統以後隨着司禮監地位提高而形成的規矩。其他衙門的太監任南京守備，也得轉銜司禮監。如成化二十一年（1485）內官監太監李榮轉司禮監，任南京守備即是。[2] 諸邊及各省鎮守太監開始時由內府各監派遣，成化尤其是正德以後，多由御馬監宦官出任。以正德元年為例，派出鎮守中官二十餘人，其中明載衙門職銜者十八人，御馬監中官居半。[3]

三、鎮守中官的類型與職責

宣德以後，鎮守中官逐漸形成三種類型：南京等處守備中官、諸邊鎮守中官、各省鎮守中官。

南京為明代留都，是東南地區的政治經濟中心，地位十分重要。自永樂六年（1408）成祖經營北方，至十八年正式遷都北京的十多年裏，南京一直由皇太子即後來的仁宗朱高熾居守。仁宗雖在北京即位，但仍將南京視為根本，即位前十天，先命王景弘為南京守備太監，不久又命鄭和守備南京。從此，南京守備太監定額二員，並授關防一顆，文曰：「南京守備太監關防。」南京而外，中都鳳陽府、寢陵天壽山以及興都承天府也各設守備太監一人，均給關防。[4]

諸邊鎮守中官設置在從遼東沿長城至甘肅一線，即明代的「九邊」地區。明初在這些地方多設有都司、行都司及衛所，並以軍事機關代理行政。永樂時，陸續在這些地區增總兵鎮守，下設分守參將及游擊、守備等

1　《明世宗實錄》卷 183，嘉靖十五年正月甲戌。

2　《明憲宗實錄》卷 265，成化二十一年閏四月辛卯。

3　《明武宗實錄》卷 9，正德元年正月己亥；卷 10，正德元年二月壬戌；卷 13，正德元年五月庚辰；卷 14，正德元年六月己酉、乙卯、甲子；卷 18，正德元年十月丙寅。

4　劉若愚：《酌中志》卷 16《內府衙門職掌》。

武職，同時分派中官出鎮，監督、巡視軍務。宣德以後，凡有鎮守總兵官處，均設鎮守太監（或少監）；有分守參將處，設分守少監（或監丞）；有武職守備處，亦設中官守備，一般是監丞、奉御、內使等。由此形成了鎮守武臣和鎮守中官兩套完整的系統。各城堡關隘，多設監鎗內官，專護火器，武職軍官對此不得染指。據著者不完全統計，僅在宣德至景泰的三十年裏，諸邊設鎮守中官或監鎗內臣的有甘肅、寧夏、大同、宣府、延綏、薊州、遼東、萬全、獨石、懷來、密雲、永寧、蔚州、紫荊關、雁門關、居庸關等三十餘處。[1]

《明史．職官志》說：洪熙元年（1425），「敕王安鎮守甘肅，而各省皆設鎮守矣」。其實，王安鎮守甘肅仍屬諸邊鎮守，明初在這裏設置陝西行都司，而甘肅建省是清代的事情。各省鎮守中官的設置當自洪熙元年七月始。時宣宗即位，命中官雲仙鎮守雲南（見上文）。嚴從簡說：「宦官鎮守，宣德末事也。其出將則正德間也。一則宣皇彌留之際，一則權奸用事之時。」[2] 事實正相反，各省鎮守中官的設置，並非宣宗「彌留之際」，恰恰是其即位之初。嚴從簡是典型的為尊者諱。據《明英宗實錄》，英宗即位之初，宣德十年（1435）正月，「敕浙江等處都司、布政司、按察司曰：『比遣內官張達等往彼鎮守，特為撫安軍民，提防賊寇，近聞軍民皆已寧貼，今取達等回京。』」[3]《國榷》將其記為：「撤各省鎮守內臣，仍敕各三司加意撫綏軍民。」[4]《御批通鑒》亦云：「罷十三布政司鎮守中官。其守備南京、鎮守諸邊，收糧徐州、臨清，巡鹽淮浙者如故。」[5] 宣德年間，已在十三個布政司全部設置了鎮守中官，只是在英宗即位初，由三楊主持，將其裁撤。

1 參見《明宣宗實錄》《明英宗實錄》。

2 談遷：《國榷》卷 50，正德十一年七月乙未。

3 《明英宗實錄》卷 1，宣德十年正月庚寅。

4 談遷：《國榷》卷 23，宣德十年正月庚寅。

5 傅恆等：《御批歷代通鑒輯覽》卷 103，宣德十年正月。

孟森先生對宣宗時各省鎮守中官的設置也作了論述，但他只注意到宣德十年鎮守中官的革除，而未曾注意其後復設，故曰：「（宣德時）十三布政使（司）皆有鎮守，宣宗崩後乃罷。終明之世，幸未復設……假使宣宗崩後不罷，不知王振、劉瑾等用事，天下成何景象。」[1] 其實，宣宗去世時，掌內府者正是王振。前引陸容《菽園雜記》說宣德年間，「朝廷起取花木鳥獸及諸珍異之好，內官接跡道路，騷擾甚矣。自振秉內政，未嘗輕差一人出外，十四年間，軍民得以休息」[2]。這些「接跡道路」的內官，自然包括鎮守中官，恰恰是王振「秉內政」時將其撤除的。但到景泰、天順，特別是成化、弘治時，各省的鎮守中官陸續恢復。與諸邊鎮守中官有鎮守—分守—守備—監鎗一整套系統不同，各省鎮守中官除非常時期外，一般只設一至二員。[3]

不同類型的鎮守中官，其職責也有所不同。

南京守備太監的職責是「護衛留都」。永樂二十二年八月，仁宗在給第一任南京守備太監王景弘的敕書中說：

> 命太監王貴通（景弘）率下番官軍赴南京鎮守。宮中諸事同內官朱卜花、唐觀保，外事同駙馬都尉西寧侯宋琥、附馬都尉沐昕計議而行。[4]

具體說，「內事」有南京內府衙門及孝陵衛事務，後湖墾藝及被謫種菜淨身軍人的管理，各地發往南京有罪內使的懲治及囚禁等；「外事」有南京城防江防的籌劃，南京諸獄的錄囚，大勝關等關隘官軍的提調，江南各地賦稅

1　孟森：《明清史講義》上冊，北京：中華書局，1982 年，第 115 頁。

2　陸容：《菽園雜記》卷 7。

3　特殊設置例外，如江西有鎮守太監一人，成化、弘治時設南贛巡撫，又增設鎮守太監一人；四川有鎮守太監一人，又設松潘鎮守中官；雲南有鎮守太監，另設金齒騰沖鎮守中官。

4　《明仁宗實錄》卷 1 上，永樂二十二年八月丁未。

錢糧的徵收等。

諸邊鎮守中官的職責是守邊，具體説，一是「監軍」，二是「撫夷」。

鎮守中官的監軍與監察御史不同。監察御史監軍重在稽核功罪賞罰，鎮守中官監軍則擁有監督軍事將領、協贊軍事行動、整飭軍紀邊防等權限。洪熙元年四月，仁宗敕諭甘肅總兵官費瓛：

> 爾名臣子孫，為國重臣，先帝謂爾練習軍政，付邊寄。朕承先志，付託尤專。不意爾比來溺於宴安，而懦弱不振，低眉俯首，受制於人。大丈夫所為，固若是乎？[1]

這是鎮守太監王安監督軍事將領的結果。將領的公務私事，皆在中官的監督之中，且中官隨時可以劾奏。正統初，鎮守大同太監郭敬劾巡撫李儀、參將石亨相互齟齬，墮壞邊事，致李儀下獄；又劾總兵官方政專權。[2] 成化時，鎮守寧夏太監王清劾總兵官李杲違法，致李杲下獄[3]；汪直劾大同副總兵朱鑒私遣士卒近邊採藥導致數十人被殺死，致朱鑒下獄。[4] 協贊軍事行動早在永樂八年就已有敕文，當時命中官馬靖前往甘肅巡視，如西寧侯宋琥處事有未至處，密與之商議，務要停當。所以景帝不止一次重申：朝廷委任內臣各處鎮守備禦，監軍行事，皆是祖宗舊制，不可更改。[5] 于謙在兵部批覆提督永平等處軍務僉都御史鄒來學的題本時，讓其會同鎮守內官張溥等「協贊軍務」[6]。正統以後，遇有戰事，基本上形成了總兵官出戰，鎮守中官守城；或巡撫守城，總兵、中官出戰的分工。

1 《明仁宗實錄》卷 9 上，洪熙元年四月庚子。

2 楊士奇：《東里集．東里別集》卷 3《辨方政被誣疏》。

3 《明憲宗實錄》卷 32，成化二年七月己丑。

4 《明憲宗實錄》卷 231，成化十八年閏八月丁丑。

5 《明英宗實錄》卷 187，景泰元年正月甲辰。

6 于謙：《題為邊務事二》，《皇明名臣經濟錄》卷 14《兵部一》。

安撫邊鎮地區的少數民族，處理民族事務，是諸邊鎮守中官的又一重要職責。如正統五年（1440）九月，敕鎮守遼東太監易信厚撫女真；正統十一年十月，瓦剌使者因入貢事求見大同鎮守中官郭敬；弘治二年（1489）正月，左都御史馬文升上疏，建議讓延綏鎮守太監與韃靼議定入貢路線等。[1] 可見鎮守中官在民族事務中的作用。

各省鎮守中官的主要職責是安民。宣德十年正月撤各省鎮守中官時，仍向浙江三司官員解釋當初派駐鎮守中官的理由：「比遣內官張達等往彼鎮守，特為撫安軍民，提防賊寇。」[2] 其實是在重申鎮守中官的責任。宣德三年十二月的一份敕書則更為全面：

> 敕行在錦衣衛指揮任啟、參政葉春、監察御史賴瑛，同太監劉寧往鎮江、常州及蘇、松、嘉、湖等府巡視軍民利病，殄除兇惡，以安良善。凡軍衛有司官吏，旗軍里老，並土豪大戶，積年逃軍、逃囚、逃吏，及在官久役吏卒，倚恃豪強、挾制官府、侵欺錢糧、包攬官物、剝削小民；或藏匿逃亡，殺傷人命；或強佔田產人口，或污辱人妻妾子女；或起滅詞訟，誣陷善良；或糾集亡賴，在鄉劫奪；為軍民之害者，爾等即同大理卿胡概體審的實，應合擒拿者，不問軍民官吏，即擒捕，連家屬撥官軍防護解京。有不服者，即所在衛所量遣官軍捕之。仍具奏聞。[3]

根據這道敕書以及現有材料，各省鎮守中官擁有以下職權：監督文武官吏，調遣衛所官軍鎮壓人民反抗、彈壓土豪大戶、緝捕在逃人犯，應地方治安的需要而向中央建議增削行政、軍事設置，協調本省文武官員及司、府、縣機構的公務，招撫流失人口等。

1　參見談遷：《國榷》卷 24、26、41。

2　《明英宗實錄》卷 1，宣德十年正月庚寅。

3　王世貞：《弇山堂別集》卷 93《中官考四》。

所有的鎮守中官又負有另外兩項特殊使命。

一是作為朝廷耳目，隨時通報各地情況。景泰元年（1450）十月，山東右布政使裴綸請罷鎮守中官，景帝當即予以反駁：「往歲各處賊寇生發，人民流散，因令內官鎮守，得知事情緩急。今（裴）綸擅欲取回，主意安在？」[1] 景泰四年九月，吏科都給事中盧祥請罷鎮守中官其他職事，「惟理機密」[2]。可見，作為皇帝耳目是鎮守中官的重要職責。

二是為皇室採辦土物貢品，作為奴才對主子的「孝順」。陸容《菽園雜記》云：「各鎮守內官競以所在土物進奉，謂之『孝順』。」[3] 孝順的名目繁多，數量浩大。弘治時巡撫雲南都御史王詔等言，已故鎮守太監王舉選作奇玩器物進貢，其名目有屏風、石牀、金銀器皿、寶石、珍珠、象牙、漆器等，又有金鑲玉、寶石帽頂等，請求分別予以銷毀或入庫，孝宗卻命「悉解送京來」[4]。河南鎮守太監廖堂的貢物有古銅器、窯變盆、黃鷹、錦雞、獵犬、羔羊皮等。所有這些貢物，有的是鎮守中官別出心裁所選，有的則是朝廷的指令。如甘肅等邊鎮守太監被要求採捕鷹豹等野味，廣東太監則需進貢珍珠等海珍，不一而足。而這些，又只有由鎮守中官辦理最為合適。

四、鎮守中官的地位及所受制約

鎮守中官、鎮守總兵、巡撫都御史三堂之中，總兵之責在領兵，巡撫之責在安撫，中官之責在協調。成化十四年（1478）正月，兵部尚書余子俊等人因三堂地位問題申明條例：

> 在外總兵、巡撫，恆以位次相爭。合令左右都督與左右都御史並，都督同知與副都御史並，都督僉事與僉都御史並，俱文東武

1 王世貞：《弇山堂別集》卷 91《中官考二》。

2 《明英宗實錄》卷 233，景泰四年九月丙辰。

3 陸容：《菽園雜記》卷 1。

4 王世貞：《弇山堂別集》卷 93《中官考四》。

西。獨伯爵以上，則坐於東，而內臣居中，則爭端自息。[1]

鎮守中官居中而坐，文東武西分列，宦官的地位也由此可見，因為他代表着皇帝或中央。儘管如此，這並不説明鎮守中官對重大事務具有決定權。如中官、總兵、巡撫意見相持不下，仍由中央定奪。《明憲宗實錄》載：

成化十六年四月乙亥，命湖廣荊襄等衛所備禦清浪等處官軍各留其半，以備差操，其備禦有缺，即於清浪等屯軍內以次選補。初鎮守太監王定、總兵官王信、巡撫都御史吳誠、荊襄分守太監韋貴、撫治大理寺少卿吳道宏等，各執存留備禦之見，久不能決，至是兵部議上，遂有是命。[2]

從具體職責來説，南京守備太監的職責是「護衛留都」，守備勛臣、參贊南京機務兵部尚書也有相同的職責；諸邊鎮守中官的職責是守邊，鎮守總兵官的職責也是守邊；各省鎮守中官的職責是安民，與巡撫都御史的職責一樣。那麼，總兵、巡撫、中官三堂在負有同樣職責的情況下，應該有不同的分工。論者多因宦官驕橫跋扈而認為鎮守中官無所不管，不受約束。其實不然。正德十四年（1519）六月，武宗命內閣將延綏、山西、寧夏、甘肅、陝西、遼寧、薊州各總兵、巡撫官的職掌增入鎮守太監敕中，被大學士楊廷和等拒絕：

各鎮守總兵官、巡撫都御史及鎮守太監，各有一定職掌，敕書彼此不同，皆有深意，此屢朝成法也……一旦無故輕易變更，他日律以祖宗之法，孰任其咎，臣等不敢曲為阿順。[3]

1　《明憲宗實錄》卷 174，成化十四年正月乙酉。

2　《明憲宗實錄》卷 202，成化十六年四月乙亥。

3　《明武宗實錄》卷 175，正德十四年六月癸亥、戊辰。

在此之前，梁儲等人也拒絕該書敕：「各處鎮守、守備內臣，其當行事務，舊有定規。」[1] 可見，鎮守中官並非無所不管，其職權受到一定的限制，不然，也毋須屢請在敕書中增加職掌。成化七年四月，兵科給事中章鎣等人的一份奏疏指出：

> 國家之制，邊方以文臣巡撫，以武臣總兵，而內臣綱維之。事體相埒，職位相等，勝則同其功，敗則同其罪。[2]

於此可見鎮守中官雖地位崇高，但仍有職責劃分，鎮守中官不得侵奪武臣的總兵權和文臣的巡撫權。即使在護衛留都、守邊安民的法定職責內，鎮守中官也不得隨意侵奪總兵、巡撫及其他部門的職權。同時，還受到各種制度的制約。

鎮守中官有權監督、彈劾所在地區的文武官員，還可舉薦、請留甚至「奏罷」地方長吏，卻沒有升遷罷黜官員的權力，也沒有考察官吏的職責。景泰二年（1451）十一月，鎮守福建刑部尚書薛希璉請會同鎮守中官右監丞戴細保考察文武方面官員，就遭到吏科給事中們的堅決反駁：

> 舊例之（按：指考察官吏）任不以屬內臣，（薛）希璉乃欲會同內臣考察，不惟假以媚權貴，抑且因以縱黜陟，殊失大體，有辜重任，請正其罪。詔宥希璉不問。考察官員仍如舊例。[3]

考察官吏仍由巡撫、巡按及按察司會同進行。

鎮守中官有權監軍、隨軍出征，甚至根據需要調遣所在衛所官軍，卻不可單獨領兵及擅提軍職。成化七年四月，延綏戰事失機，科道論鎮守

---

1 《明武宗實錄》卷 160，正德十三年三月戊辰。

2 《明憲宗實錄》卷 90，成化七年四月甲辰。

3 《明英宗實錄》卷 210，景泰二年十一月癸卯。

太監秦剛、巡撫王銳、總兵官房能之罪，御史楊守隨等認為主要責任在總兵官：「房能專持兵柄，非特如內臣之總理、文臣之兼督也。」[1] 可見「兵柄」不在中官。其實，永樂時曾常有宦官領兵之事，如鄭和、王景弘領兵下番，山壽領兵出雲州偵察蒙古軍情，王安領兵往別失八里等皆是。宣德以後，對此作了調整，鎮守中官只能隨軍出征而不能單獨領兵。弘治三年（1490）五月，又以總督兩廣軍務右都御史秦紘所言，禁鎮守中官擅執軍職，[2] 進一步限制了中官對軍隊的干預。

鎮守中官有權在轄區替皇室採辦土物貢品，同時乘機搜刮敲剝，但非特命不得參與地方賦稅錢糧的徵收及礦山的管理。以福建市舶司為例，景泰四年十二月，命來住代替戴細保鎮守福建，「仍兼領市舶」[3]。戴細保曾兼領市舶司，來住繼之，但領市舶司並非福建鎮守中官的法定職責。成化十二年四月，福建巡按御史葉稠為討好鎮守太監盧勝，請將市舶司歸其管轄。明政府沒有應允葉稠的要求，而是另遣內官韋查領市舶事。[4] 又如採礦，成化三年三月，命四川、雲南鎮守太監兼領，而浙江、福建則另遣內使管理。[5]

鎮守中官有權過問地方司法事務，並與撫按定期錄囚，卻不得自行受理訟事。明代訴訟由地方里老、縣、府、按司、巡按御史受理，按律不得越訴。但由於鎮守中官有安民防寇之責，官民軍匠間恃強淩弱、起滅詞訟之事皆得預聞，因而多有直接受理訟事、徑行處置者。天順二年（1458）十月，陝西延安府儒學學正羅中專疏此事：

> 詞訟起於不平，聽斷各有攸司。比者各處鎮守太監、侯、伯、都督等官，不務固守城池，撫安軍民，以盡厥職，顧恃官高，往往

1　《明憲宗實錄》卷 90，成化七年四月甲辰。

2　《明史》卷 178《秦紘傳》。

3　《明英宗實錄》卷 236，景泰四年十二月丙午。

4　《明憲宗實錄》卷 152，成化十二年四月乙未。

5　談遷：《國榷》卷 35，成化三年三月。

> 濫受民訟。或批發所司而囑令枉斷，或差人提取而騷擾官民，甚至視所賂之多寡而斷所訟曲直，是致刑罰不中，善良被害。乞敕都察院移文各鎮守太監等官，自後不許干預詞訟。仍榜禁軍民人等，果有不平，第許循序赴訴所轄，官司不得輒訴鎮守官處，違者治罪。[1]

弘治三年，都御史秦紘復論此事。此後，鎮守中官被禁止受理民訟。

另外，鎮守中官的活動自弘治時起得接受撫按官的考察和兵部的勘核，各地巡撫、總兵、巡按及有關官吏也有向中央彈劾不法中官的權利。這樣，鎮守中官完全被納入明代的地方政治制度之中。只是因為鎮守中官中多有恃寵驕橫、為非作惡者，所以人們注意的往往是其隨意性而不是制度性。《弇山堂別集》有一段很有意思的記載：正德十四年寧王宸濠在南昌起兵時，認為南京有守備太監劉琅為內應，浙江有鎮守太監畢真相呼應，江南各處指日可下，結果無一處事成。這也說明鎮守中官受到各方面的鉗制。

第四節　正德時鎮守中官的氾濫及嘉靖初的革除

一、正德時期的鎮守中官

雖然鎮守中官的設置在宣德以後趨於制度化，鎮守中官的職權及活動受到各種限制，但由於最高統治者的縱容，一些制度化的「成例」經常遭到破壞。正德時，隨着官僚政治的腐敗和宦官勢力的擴張，鎮守中官的設置更加氾濫，主要表現為：設置舊額被突破、委任程序被打破、鎮守中官對地方事務進行全面干預甚至直接參與地方叛亂、在各地掀起搜刮民財的狂潮。

1 《明英宗實錄》卷 296，天順二年十月乙亥。

南京守備太監定額兩員，至正德元年（1506），已有余慶、黃准、黃忠、劉雲四人同守備南京。所屬龍江關另有內官把守，內府各庫也由內官監管，而守備太監仍不斷奏討增員，僅常盈倉內官就由成化時的二員增至十三員，廣運倉也由一員添至五員，遠遠超出原額。[1] 天順、成化時諸邊設鎮守中官三十餘處，至正德，僅北直隸就有薊州、密雲、居庸關等三處設有鎮守太監，遵化、灤陽、永平等二十四處設有分守、守備中官，加上監鎗等內使，北直隸的鎮守中官已相當於以前諸邊鎮守中官的總額。[2] 寧夏原設太監一人，正德五年四月，安化王起兵，在寧夏一處就殺了鎮守太監三人、少監一人。[3] 故大學士劉健等多次奏請裁減：「各處分守守備等項內官，舊設有數，今添至幾倍。」[4] 這所謂「添至數倍」不僅僅是正德年間的事情，弘治時已如此。

鎮守中官的委任程序也被打破。以正德十年為例，置諸邊鎮守中官四人，皆為「中旨」；又在廣西、陝西、河南、湖廣、貴州、雲南、山東、江西、四川等九個布政司更換鎮守太監，也全是「中旨」。[5]

鎮守中官的職權亦在急劇膨脹。正德元年十一月，特許鳳陽守備太監倪文兼轄鳳陽、廬州等府衛軍民；二年二月，許分守密雲內官王昕免受鎮守總兵與巡撫都御史節制，並給符驗旗牌；四年六月，從鳳陽守備太監黃准之請，命少監金奉同南戶部主事共收稅糧；十一年七月，許鎮守山東太監黎鑒收泰山元君祠香金；十二年五月，許鎮守湖廣太監杜甫巡歷所部；十三年二月，許守備鳳陽太監丘得兼統廬、淮、揚、徐、和等府州政務；同年五月，許分守潼關太監黃玉視潼關兵備副使例，管理陝、商、解、蒲諸州；十四年六月，命將延綏、山西、寧夏、甘肅、遼東、薊州各總兵、

1　梁材：《革徐淮二倉內臣疏》，《明經世文篇》卷 104。

2　陸容：《菽園雜記》卷 5。

3　《明武宗實錄》卷 62，正德五年四月庚寅。

4　《明武宗實錄》卷 4，弘治十八年八月庚辰。

5　見《明武宗實錄》正德十年各卷。

巡撫官職任俱入各鎮守太監敕中。[1] 在此之前，守備鳳陽太監丘得、鎮守延綏太監劉祥、寧夏太監馬錫、大同太監許經、宣府太監顏大經已經改敕，獲得了統兵、巡歷等特權。[2] 隨着權力的擴充，一些鎮守宦官的權欲也進一步受到刺激，直接參與地方叛亂。寧王朱宸濠叛亂，浙江太監畢真、河南太監劉璟、南京太監劉琅密謀響應並付諸行動，皆以「濠黨」而下獄。[3]

採辦土物貢品，是各地鎮守中官的特殊使命，也是他們搜刮民財、中飽私囊的極好機會。早在永樂、宣德時，宦官的搜刮就已造成嚴重後果並引起朝野的廣泛關注。永樂十六年（1418），因中官馬騏採辦土物貢品，「大索境內珍寶，人情擾動」，致使交趾大亂，不可收拾。[4] 宣德六年（1431），太監袁琦出使廣東，「假公務為名，擅差內官內使往諸處凌辱官吏軍民，逼取金銀等物，動累萬計」。由於羣情激憤，「歸怨朝廷」，宣宗不得已將其處死。[5]

至正德，各地鎮守中官更掀起搜刮財富的狂潮。據陳洪謨《繼世紀聞》說：劉瑾認為鎮守中官皆因賄賂司禮監而得舉用，勸武宗將各地鎮守盡皆召回，另換一批新人。而「新用者論地方大小，借貸銀兩進獻，即得差用」。一到地方，即「剝削民財，全無顧忌」。[6] 故戶科給事中劉有「用新人不若用舊人，猶養飢虎不若養飽虎」之說。[7] 廖堂在河南、陝西，劉琅在河南、南京，劉瑾在浙江、兩廣、河南，畢真在山東、江西、浙江，韋經在兩廣，董讓在江西，劉雲在陝西、南京，無不以朘削稱，積財巨萬。

吏部主事孫磐以諸邊為例，抨擊了正德時期鎮守中官之弊：

---

1 參見《明孝宗實錄》《明武宗實錄》《明世宗實錄》各卷。

2 《明武宗實錄》卷 160，正德十三年三月戊辰。

3 王世貞：《弇山堂別集》卷 97《中官考八》。

4 《御批歷代通鑒輯覽》卷 102，正德十六年正月。

5 《明宣宗實錄》卷 85，宣德六年十二月丙申。

6 陳洪謨：《繼世紀聞》卷 1。

7 《明史》卷 188《劉茝傳》。

> 今各邊鎮守、分守、監鎗諸內臣，託以心腹，而其誅求百計，實為腹心之病。役佔健卒，置於標下，縱之生事，以為爪牙。或抑買弓弦纓子而總收軍餉，或扣轉倉場馬料而坐支官價，或私獵走役戰馬，或私種奪佔耕牛……家人頭目皆無籍惡少，聚眾侵剝，勢若虎狼。武職藉以夤緣，憲司不敢詰問。一遇有警出戰，惟驅占剩羸卒當之，故不能永鬥決勝。及戰有微功，虛張捷報，則皆附勢挾貴者攘之。[1]

鎮守中官的活動，擾亂了社會經濟秩序，加深了明王朝的政治危機，因此，直接導致了嘉靖時的制裁乃至全面革除。

二、嘉靖前期對鎮守中官的革除

早在景泰元年（1450），兵部尚書于謙就指出：「內臣凡腹裏地方，亦乞減省，庶臣下不致曠職，軍民亦免煩擾。」[2] 山東右布政使裘綸也要求：「請敕廷臣會議，凡非邊境，有巡撫官處，俱命（中官）回京，庶內臣無輕出之勞，有司免供應之擾。」[3] 但當時人們還只是要求撤回內地各省鎮守中官。弘治十八年（1505）六月，武宗即位，兵部請罷沿邊監鎗、分守、守備內臣，內閣也利用擬登極詔的機會，命減裁各處添設分守、守備等官。[4] 正德元年（1506），吏部主事孫磐又提出：「盡取沿邊內臣回京，所帶頭目盡行革去。」[5] 但均未成功。直至嘉靖初，世宗由外藩入繼大統，才在楊廷和、張璁等人的主持之下，開始了對鎮守中官的全面革除。

1　王世貞：《弇山堂別集》卷 94《中官考五》。

2　《明英宗實錄》卷 191，景泰元年四月丙子。

3　王世貞：《弇山堂別集》卷 91《中官考二》。

4　《明武宗實錄》卷 2，弘治十八年六月乙亥；卷 4，弘治十八年八月乙丑、乙亥；卷 1，弘治十八年五月壬寅。

5　王世貞：《弇山堂別集》卷 94《中官考五》。

嘉靖時革除鎮守中官是通過這樣幾種方式進行的：

一是在總體上打擊和削弱宦官勢力。世宗於正德十六年四月即位，六月，汰錦衣衛冗校三萬餘人；七月，又裁京衛各廠局旗校十四萬餘人，同時裁革南京內府各監局官。嘉靖八年（1529）五月，裁汰御馬監勇士三千四百餘人，又禁止內侍子弟授錦衣衛官、追奪內侍家人所得的爵位、收奪中官莊田。這些措施，從政治、軍事、經濟等方面削弱了宦官勢力。

二是裁削鎮守中官在正德時所獲得的特權，恢復「舊制」。正德十六年五月，收鳳陽、密雲守備太監符幟。鳳陽守備只許管理皇陵皇城，監管高牆庶人；密雲分守中官仍得聽薊州總兵、巡撫節制。嘉靖七年八月，重申鎮守中官不得受軍民詞訟的禁令，並將正德時增入鎮守中官敕內的職責全部收回。

三是嚴治鎮守中官之罪。從正德十六年四月至嘉靖十年，因罪罷免的鎮守中官有遼東于喜、王純，河南董文，貴州王閏，開原劉岑，潼關黃玉，山西周縉，陝西張紳，四川蕭通等十多人。一般是罷而不補。

四是漸次革除各地鎮守中官。正德十六年，首先撤山海關內臣及雲南金齒騰沖分守太監；嘉靖八年，裁守備、監鎗等內臣，將其職責併入鎮守太監。嘉靖九年和十年，先後將剩餘的雲南、薊州、浙江、江西、湖南、福建、獨石、萬全、永寧等鎮守中官革除。至此，除南京、鳳陽等守備太監保留外，所有邊鎮、內地的鎮守中官均被革除，只留有黃花鎮一處，後者於嘉靖四十年革去。[1]

《明史・職官志》說各地鎮守中官「至嘉靖八年後始革」，是以這年三月裁守備、監鎗內臣為根據的。從制度上來說，《明史》的這一結論是正確的。另據沈德符《萬曆野獲編》：

> 鎮守內臣之革，在嘉靖九年十年間，天下稱快。此正張永嘉（璁）入相時也。至十七年，而太師武定侯郭勛奏請復之，上許雲

1 以上參見《明世宗實錄》各卷及王世貞《弇山堂別集》卷98—100《中官考九至十一》。

貴、兩廣、四川、福建、湖廣、江西、浙江、大同等邊，各仍設一人，中外大駭。時任丘李文康（時）當國，不能救正，人共惜之。十八年四月，以彗星示變，將新復鎮守內臣盡皆取回，遂不再設，距用郭言，甫匝歲耳。是時當國者，為夏貴溪（言）。而嚴分宜（嵩）為大宗伯，題請得旨，其功亦不細。今人但知裁革鎮守，歸美於永嘉，而夏、嚴二公，遂不復齒及，豈因人而沒其善耶？抑未究心故實也。[1]

據此，則鎮守中官革除後仍出現過反覆。但據《明世宗實錄》：

先是武定侯郭勛欲復各處鎮守分守內臣，並委其取礦課以資國用。兵部覆言：「此輩害民，在先朝已極，頃幸聖斷裁革，民始安堵，不當復從。」上曰：「各處鎮守內臣，原不係太祖定制。今且著雲南、兩廣、四川、福建、湖廣、江西、浙江、大同每用一人，內監慎選以充，不得作威生事。」已，都給事中朱隆禧等言：「皇上登極詔革內臣，中外臣民一時稱快，（郭）勛徒因取礦一事而欲並復鎮守，誠恐黷貨殃民，天下洶洶，臣等不能計其所終也。」上是其言，竟已之。[2]

郭勛曾有復設鎮守中官之議，世宗首肯，但因兵部及科道的反對而未行。故《明史》郭勛、李時、夏言等傳均不記此。沈德符只知有復設之議，未察其未行之實，故有嘉靖十七、十八年鎮守中官的革復之說。

三、明代宦官及鎮守中官再檢討

對於中官出鎮和鎮守中官的設置，論者多從明代君主專制的強化進行

1　沈德符：《萬曆野獲編》卷6《內監．鎮守內臣革復》。

2　《明世宗實錄》卷211，嘉靖十七年四月戊午。

說明，認為君主對外廷文臣武將不放心而將地方事務委託於「家奴」，是有一定道理的。但這只是問題的一個方面，因為，這種看法無法解釋嘉靖時鎮守中官的革除，難道成祖、仁宗、宣宗，乃至武宗都不放心外臣而唯獨世宗放心，難道其他君主均專制而唯獨世宗不然？

客觀地看，鎮守中官在明代的設置，既有中國君主專制強化的歷史必然性，更有明初社會的現實必要性。成祖即位後，面臨着三大難題。一是統治階級內部矛盾的激化。由於成祖奪取皇位的手段頗為時人不齒，因而許多官員採取了不合作的態度，甚至潛往各地採用多種方式進行對抗，建文帝也下落不明。這些，都對成祖皇位構成了威脅。二是社會矛盾的繼續發展。儘管明初採取了一系列措施恢復和發展生產，懲治貪官污吏，打擊豪強大戶，但社會矛盾從未真正緩和。僅據《明實錄》所載，洪武、永樂兩朝發生的有一定規模的漢族人民的武裝鬥爭就有一百多起，而「靖難」期間及以後一段時間表現得更加嚴重。三是邊備的虛弱。由於明太祖大肆殺戮有功將領，「靖難」時薊、遼一帶的精兵強將又席捲南下，而蒙古勢力迅速復甦，整個北部邊防顯得過於空虛。淇國公丘福奉命征討蒙古，結果全軍覆沒，隨成祖起兵的重要將領幾乎陣亡過半。在這種形勢下，成祖一面對公開的反對派進行無情鎮壓；一面又得派遣軍事將領往各地鎮守，以求穩定內地，防禦外患。

由於「靖難」之役進行得過於順利，成祖尚未在戰爭中培養出足夠的高級將領就奪取了政權，因此，派往各地的鎮守總兵多為建文舊臣，有的還曾直接與燕兵對壘。以建文四年（1402）九、十月間最先派出的幾位鎮守總兵為例，何福曾與盛庸、平安會兵伐燕，戰於淮北；顧成從耿炳文禦燕師，戰於真定；韓觀也奉命練兵德州，抗禦燕師。雖然他們在歸降後受到優禮，分別鎮守寧夏、貴州、廣西，但畢竟往事耿耿，成祖對他們也不可能完全放心。但這種不放心並非一般的君主對將領的猜忌，而是在特定條件下的自然心態。中官隨何福等出鎮，説是因為「爭功不已」，實是掩人耳目，他們負有監視總兵的特殊使命。即使像宋琥，既是靖難勛臣，又是成祖女婿，成祖也仍遣中官察其行為。沈德符認為，這是「內難初平，惆疑未解」[1]而致，是有道理的。其後何福畏罪自縊，宋琥因不敬而奪爵。

明代武官的世襲制度，造成了將領的怯懦和無能。吳寬指出：「洪武永樂之初，武臣皆起自行伍，身經百戰，功名富貴，自我取之，故其名實相副。後世子孫，承襲舊勛，坐享高爵，固有不能彎弓跨馬者矣，此其名實相戾，無怪其不能將也。」[2]成祖、仁宗、宣宗也經常埋怨將領的無能。洪熙元年（1425）四月初一，仁宗同時敕責遼東總兵官朱榮、山海永平等處總兵官陳英、甘肅總兵官費瓛及所屬將領，謂其「溺於宴安，而懦弱不振」，「略不念朝廷付託之重，恬然自逸，未嘗一出巡視關隘。壯士健卒，留衛左右；飢寒窮苦無資之人，令守煙郭關口。」「上下相師成風，軍務都不留意，是以寇奄至而不覺，人被擄而不知。」[3]守邊尚且如此，更不用說孤軍深入，遠征漠北。

與這些或心懷二志，或怯懦無能的將領相比，宦官有很多優勢。首先是政治上可靠。他們或「自小隨侍，頗稱使令」；或追隨成祖起兵，東征西討；或捨生忘死，引領燕兵直下南京。故成祖、仁宗皆以為「忠於己」。二是敢於擔當，無所畏懼。如交趾黎利起兵發難時，山壽「力言（黎）利與己相孚，今往諭之，必來歸。」並表示：「如臣諭而彼不來，臣當萬死。」[4]雖然事情沒有成功，卻敢於承擔責任，足使人主信賴。三是能征敢戰，奮勇當先。鄭和、孟驥、雲祥、王彥等皆以敢戰聞名，而「（王彥）最敢戰先登」[5]。永樂八年（1410）成祖北征蒙古，先戰於斡難河，再擊阿魯台，護衛左右、勇當敵鋒者，也多是宦官。四是宦官中有不少是少數民族，熟悉「夷」情，敢於深入。如第一位領兵巡視黑龍江流域奴爾干都司的亦失哈（又名易信）、第一任甘肅鎮守太監王安是女真人，從成祖起兵靖難的

1　《明史》卷144《何福傳》《顧成傳》，卷155《宋晟附宋琥傳》，卷166《韓觀傳》。

2　吳寬：《論西北備邊事宜》，《皇明名臣經濟錄》卷16《兵部三》。

3　《明仁宗實錄》卷9上，洪熙元年四月庚子。

4　《明仁宗實錄》卷2中，永樂二十二年九月乙酉。

5　查繼佐：《罪惟錄》列傳卷29《宦寺列傳》。

鄭和、孟驥是回人，雲祥、田嘉禾是蒙古人，交趾鎮守太監山壽、馬騏很可能也是少數民族。在諸邊的民族事務中，往往需要這些少數民族的宦官發揮作用。

查繼佐一方面譴責「明累朝率中貴用事」，一方面又不能不承認：

> 燕初起，不可為名，士大夫多縮匿，而諸閹無所顧惜，且又多域外人，文皇既藉其鋒，便不能如祖訓云云，勢使然也。[1]

這種從「勢」的角度來看宦官的重用、鎮守中官的設置，是很有見地的。事實證明，永樂、洪熙、宣德時期的鎮守中官在溝通民族關係、加強邊備、監督文武官吏、鎮壓內地人民鬥爭及統治階級的反對派等方面確實起了一定的作用，因而由臨時差遣逐漸演變為地方制度。

明初三司並立的省級體制，在某種意義上也使鎮守中官的設置成為必要。何喬新已論三司相互牽制之弊，朱國禎也認為，洪武、永樂、宣德時民變四起，難以平息，在於「經制未明」，「兵權尚屬都司，布、按藐為武吏，若不相干，有司觀望，不肯盡力」。[2] 在士大夫縮匿、將領怯懦、地方政治體制改革剛剛開始的永樂、宣德時期，要協調三司、平定地方，宦官當然是可以依靠的力量。

隨着鎮守中官的普遍設置以及景泰、天順以後尤其是正德時期鎮守中官權力的膨脹，這一制度也迅速走向反面，由解決地方體制缺陷、守御邊境、安撫內地、監督官吏不法行為的有效措施，演變為破壞正常統治秩序、激化階級矛盾和統治階級內部矛盾、廢弛邊備、腐敗政治、支持地方反對勢力的重要動亂因素，對明朝的中央統治構成嚴重危害。因此，從景泰時起，一些中央和地方官員就不斷要求召回內地鎮守中官。成化以後，革除諸邊鎮守中官的呼聲越來越高。至正德，鎮守中官已經到了非革除

1 查繼佐：《罪惟錄》列傳卷 29《宦寺列傳》。

2 談遷：《國榷》卷 23。

不可的地步。武宗中年駕崩，世宗由外藩繼統。革除鎮守中官的條件成熟了。

《明史．宦官傳》說：

> 世宗習見正德時宦侍之禍，即位後御近侍甚嚴，有罪者撻之至死，或陳屍示戒……又盡撤天下鎮守內臣及典京營倉場者，終四十餘年不復設。

《罪惟錄．宦寺列傳》也說：

> 上（世宗）感毅皇（武宗）任用中官之過，御內臣頗嚴。……盡收在外中官。

二書都從吸取正德時教訓這一角度來解釋嘉靖時對鎮守中官的裁革。但是還應看到，鎮守中官此時已失去存在的必要性。

成化、弘治以後，邊境雖仍是多事之秋，但瓦剌已經衰落，韃靼對明朝構不成像永樂、正統時期那樣的威脅。經過于謙對京營的整頓和改革，以及明政府對邊鎮的一系列經營，明軍的防邊部署較前嚴密，「武臣總兵，文臣監督」的新格局已經形成。更為重要的是，各省地方政治體制的調整已基本完成，巡撫已成為明代新的省級機構，形成了巡撫—布、按—府縣這一統治階梯，強化了對地方的統治功能。因此，雖然鎮守中官中也有陝西晏宏、河南呂憲這樣「忠良廉靖，縉紳所不及」的人物，但作為一項制度，鎮守中官無論在諸邊還是內地，均成了政治體制中的累贅。世宗由外藩繼統，既怕廷臣結黨，亦防內監蒙蔽，重用在大禮議中由自己提拔的以張璁為首的文職官員，對宦官勢力進行一系列打擊。正是在這種形勢下，世宗才將邊鎮和各省鎮守中官盡行革除。因此，鎮守中官的興革，在某種意義上說，又是明代內廷宦官集團和外廷文官集團之間勢力消長的結果。

需要指出的是，在天啟六年遼東形勢嚴峻、「閹黨」氣焰囂張時，各邊鎮守太監恢復。天啟七年（1627）十月，崇禎帝即位後又行罷去：「一柄兩操，甚為無謂。」[1] 但是，未隔數年，崇禎四年（1631）九月，又遣中官王坤、劉文忠、劉元中監視宣府、大同、山西兵餉。此後，各邊各軍皆設中官鎮守、監軍，直至明亡。論者因此以為明朝滅亡，在於信用內臣，「監軍鎮守，覆轍纍纍」[2]。其實，天啟、崇禎兩朝鎮守中官的復設及明朝的最終滅亡，乃是明代統治集團，首先是文官集團全面腐敗的結果。《明史》中的這段話是耐人尋思的：

> （莊烈）帝初即位，鑒（魏）忠賢禍敗，盡撤諸方鎮守中官，委任大臣。既而廷臣競門戶，兵敗餉絀，不能贊一策，乃思復用近侍⋯⋯吏部尚書閔洪學率朝臣具公疏爭。帝曰：「苟羣臣殫心為國，朕何事乎內臣？」[3]

如果說永樂、洪熙時鎮守中官的設置是因為將領的無能，那麼，天啟、崇禎時鎮守中官的復設，則因為文臣的腐敗。

從鎮守中官的興革，可以看出明代宦官與漢唐相比有兩個明顯特點：參政的廣泛性和專權的可控性。鎮守中官的設置及其職權的擴大，實際上是宦官的參政範圍由中央向地方，由政治向經濟、軍事、外交等各個領域的延伸和擴展；而且，宦官的有關職掌均以「祖制」或「成例」的方式制度化。儘管正德、天啟時鎮守中官遍佈各處，氣焰甚盛，但嘉靖、崇禎初的一道敕書，即可將其全部撤回，宦官的專權並未發展到失控的程度。宦官集團包括鎮守中官在內，只是明代國家權力結構中的組成部分，它受着其他各種力量的有效制約。

---

1 夏燮：《明通鑒》卷 80。

2 夏燮：《明通鑒》卷 90。

3 《明史》卷 305《宦官傳二》。

第二章
明代省級國家權力結構的定制

第一節　巡撫的設置及地方化、制度化

一、明代「巡撫」的出現

「三堂」之中，巡撫的名稱出現最早，但定制最晚。關於巡撫的設置，在明中葉主要有三種看法。

第一種，洪武說。鄭曉認為巡撫之名始於洪武二十四年（1391）敕遣皇太子巡撫陝西。[1]《明史．職官志》以此並據《會典》予以發揮：

> 巡撫之名，起於懿文太子巡撫陝西。永樂十九年，遣尚書蹇義等二十六人巡行天下，安撫軍民。以後不拘尚書、侍郎、都御史、少卿等官，事畢覆命，即或停遣。[2]

這段記載給我們提供了三條線索：一、巡撫起源於臨時性差遣；二、巡撫之名，得之於它的特殊使命，「巡行天下、安撫軍民」；三、與一般的御史出巡不同，巡撫主「安撫」而非主「監察」，且體制甚重，被稱為「大臣出巡」。以上內容容易給人們造成一個錯覺，以為明代巡撫一直停留在「事畢覆命，即或停遣」的臨時性差遣的階段。

第二種，永樂說。王鏊、徐學聚等認為，明代巡撫始置於永樂十九年

1　鄭曉：《今言》卷2之11。

2　《明史》卷73《職官志二．都察院》。

(1421)王彰巡撫河南。清代官修《歷代職官表》贊同這一看法，並對洪武說提出質疑：

> 王彰奉敕，為有明設巡撫之始。先是洪武二十四年遣皇太子巡撫陝西，蓋暫一行之，非定制也。[1]

其實，王彰巡撫河南，也是「暫一行之」。王鏊《守溪筆記》載：當時有告周王將不軌者，成祖欲以兵臨之，都御史王彰勸止，請帶御史三四人巡撫其地，成祖從其請。王彰到河南，勸周王交出三護衛，隨即還朝。而像王彰這樣臨時性的差遣，在永樂並非一例。永樂二年就曾遣給事中雷填巡撫廣西。

第三種，宣德說。何孟春認為明初未有巡撫，宣德間始以侍郎、都御史為之。孫承澤《天府廣記》肯定了這一說法，認為：

> 洪熙初，嘗命廣西布政使周幹巡視直隸、浙江。至宣德元年(1426)二月，幹還，言有司多不得人，土豪肆虐，良民苦之。乞命廷臣往來巡撫，庶民安田里。下吏部會戶部、工部議，遂命廣西按察使胡概為大理寺卿，同四川參政葉春巡撫直隸及浙江諸郡。此設巡撫之始。[2]

《明史．宣宗紀》據此，並據《實錄》在時間上作了修正：宣宗於洪熙元年(1425)八月癸未遣胡概、葉春巡撫南畿浙江，「設巡撫自此始」。

如果將巡撫作為一項制度來考慮，其設置當有兩個前提：一、專撫一地。二、相對穩定。據《明史》本傳，胡概（後復姓熊）自洪熙元年八月撫浙直，至宣德五年始離任還朝。因此，將其作為明代巡撫的開端是可取

1 清敕修《歷代職官表》卷 50《總督巡撫》。

2 孫承澤：《天府廣記》卷 23《都察院》。

的。宣德五年，趙新、趙倫、吳政、于謙、曹弘、周忱等六人分往江西、浙江、湖廣、河南及山西、北直及山東、南直之蘇松等地巡撫，巡撫的設置開始成為經常性的措施。故王世貞又認為：「各省專設（巡撫），自宣德五年始。」[1]

二、宣德、正統間的文臣鎮守與巡撫

明代巡撫的設置，有其明顯的階段性，總的趨勢則是逐步地方化和制度化，即由中央的派出大員向地方的軍政長官轉化，由臨時性的差遣向永久性的機構轉化。

宣德、正統時期，是明代巡撫設置的嘗試期。其特點是，一般以某項特殊性差遣為過渡，並有一定的盲目性和重疊性。宣德五年（1430）趙新等人分撫各省，直接使命是總督稅糧。《明宣宗實錄》宣德五年九月丙午條載「先是，上謂行在戶部呈曰：『各處稅糧，多有逋慢。督運之人，少能盡心。奸民猾胥，為弊滋甚。百姓徒費，倉廩未充。宜得重臣往莅之。』」於是命趙新等人分赴各地，「總督稅糧」。但是，在督糧過程中，不可避免遇到一系列問題，如有司作弊、豪戶包攬，以及農民逋負等，因而又得「便宜行事」，「往來巡撫，撫安一方」[2]。

先有專責，兼為巡撫的情況，在宣德、正統時有很大的普遍性。胡概、周忱曾相繼巡撫南直。有人以胡概為喻，諷諫周忱用法過於寬大，周忱解釋說：「胡卿敕旨，在祛除民害；朝廷命我，但云安撫軍民。委寄正不同耳。」[3] 直至景泰元年（1450），景帝在給耿九疇的敕諭中仍說：「往者命爾巡治鹽法，今特命爾不妨前事，仍兼巡撫鳳陽、淮安、揚州、廬州四府，滁、徐、和三州，撫安軍民。」[4]

1　龍文彬：《明會要》卷 34《職官六．巡撫》。

2　《明宣宗實錄》卷 70，宣德五年九月丙午。

3　《明史》卷 153《周忱傳》。

4　《明英宗實錄》卷 197，景泰元年十月庚辰。

與此同時，對巡撫的基本職責，也開始有了較為明確的規定。這可以從宣德八年給各處巡撫的敕諭中看出：

> 茲命爾等巡撫郡縣，務宣德意、撫民人，扶植良善。一切稅糧，皆從爾設法區處，必使人不勞困、輸不後期；衛所屯種，從爾比較，水田圩岸，亦從提督，使耕耘以時、水旱無患。應有便民之事，悉具奏聞。[1]

巡撫之外，又有鎮守，後者始置於英宗即位之初。因而在許多地方出現了巡撫與鎮守並設的局面。如山西、河南，宣德五年已命于謙巡撫，宣德十年五月又命于謙鎮守河南，旋兼巡撫，而命兵部右侍郎徐琦、工部左侍郎鄭辰、刑部右侍郎吾紳、左通政周銓等一併巡撫山西。[2] 又如江西，已有趙新巡撫，宣德十年正月覆命右僉都御史王翺往鎮守。[3] 在英宗即位後的不到五個月，江西、湖廣、河南、山東、陝西諸省和寧夏、甘肅、遼東諸邊均設置了文臣鎮守，與巡撫並稱「鎮巡官」。

《明會典》將鎮、巡一概視作巡撫「初名巡撫，或名鎮守」[4]，而不作區分。這種處理是有道理的，因為後來鎮、巡歸於一途。但這並不等於巡撫、鎮守完全沒有區別。一般來說，宣德、正統時的巡撫事實上多久駐一地，但明政府仍將其視作臨時差遣，如徐琦等巡撫山西即是。而鎮守則一開始就有定制的趨勢。如陳鎰鎮守陝西、于謙鎮守河南，皆歷時十餘年。正統六年（1441），又開始實行鎮守更代制。這年正月，命王翺、盧睿分別前往陝西、寧夏，代陳鎰、金濂鎮守，並規定「歲一更代」[5]。

1　孫承澤：《天府廣記》卷 23《都察院》。

2　《明英宗實錄》卷 5，宣德十年五月壬申。

3　《明英宗實錄》卷 1，宣德十年正月辛丑。

4　萬曆《明會典》卷 209《都察院・督撫建置》。

5　《明英宗實錄》卷 75，正統六年正月壬子。

對於巡撫的地方化和制度化，鎮守的設置無疑是重要的一步。但巡撫、鎮守重疊，各持敕書，各行其是，政出多門，紛繁騷擾，往往使地方有司無所適從。

三、景泰、正德間巡撫的地方化和制度化

景泰至正德，既是「三堂」取代「三司」成為新的省級權力結構的時期，也是巡撫全面地方化和制度化的時期。在這一時期，巡撫制度經歷了一些重要的變化。

鎮守和巡撫重疊的局面是在天順時改變的。英宗復辟後，曾應勛臣石亨、司禮監太監曹吉祥等人的要求，罷去各地鎮、巡官，以加強總兵官及鎮守太監的地位。但天順二年（1458）四月，因「各邊革去文臣巡撫，十分狼狽」，經李賢建議，復置巡撫。[1] 出於「鎮守既有總兵，又有內監」的考慮，選擇文臣出鎮，「不復有鎮守之稱，但稱巡撫」[2]。文臣鎮、巡自此合一，並保留了鎮守久駐一地及更代原則，使巡撫的地方化和制度化前進了一大步。

巡撫編制的歸屬從景泰開始趨於劃一。巡撫初設之時，胡概為大理寺卿，葉春為參政，趙新等六人為六部侍郎；正統時設置的鎮守文臣，也是或部或院，未行統一。這樣，巡撫在文移往來、迎送禮遇等問題上往往和負有糾舉之責的巡按御史、提刑按察使發生糾紛。宣德時趙新以吏部右侍郎巡撫江西，按察使就因非其部屬而拒絕合作。為此，宣德七年（1432）四月專門規定了巡撫與巡按、按司的文移事例。[3] 景泰四年（1453），耿九疇以刑部右侍郎鎮守陝西，布政使許資提出：「侍郎出鎮，與巡按御史不相統，事多拘滯，請改授憲職。」為了進一步解決撫、按之間「文移往來，亦多窒礙」的矛盾，明政府接受了許資的建議，將耿九疇由刑部右侍郎轉

1　李賢：《天順日錄》。

2　沈德符：《萬曆野獲編》卷 22《督撫．巡撫之始》。

3　《明宣宗實錄》卷 89，宣德七年四月壬子。

右副都御史，仍鎮守陝西。[1] 此後，各地鎮巡官陸續向都察院系統遷轉，皆稱「巡撫都御史」。巡撫考滿，可望「回院」主持兩京都察院事務。

巡撫的資格也逐漸制度化。趙翼指出：「宣德中，于謙由御史超拜兵部右侍郎，巡撫河南、山西，此尚沿國初用人不拘資格之例。迨資格既定，則巡撫或用僉都御史、或由布政使升用。」[2] 這一說法雖然過於絕對，卻無意中揭示了明代巡撫內外官並用的原則。一般來說，自成化、弘治以後，巡撫均於兩京各寺卿、少卿，大理寺丞，資歷較深的給事中、御史、郎中，以及在外之布政使、按察使、參政，資歷較深的兵備副使、上等知府內推升。原職高者為副都御史，稱巡撫某處右副都御史；原職卑者為僉都御史，稱巡撫某處右僉都御史。[3]

巡撫進一步地方化。景泰元年，禮科給事中李實等提出：「各處鎮守、巡撫等官，（違家）動經三、五、七年，或一二十年。家室懸隔，患疾病而不能相恤；子女遠違，（欲）婚姻而不能嫁娶。有子者尚遺此慮，無子者誠有可矜。乞敕多官議，許其妻子完住。」[4] 這一建議得到准許。從李實等人的本意來看，此議完全是為解決巡撫與家人的異地分居問題，卻無意中使巡撫與所有外官一樣，攜家眷赴任，從而減少了巡撫與京師的個人瓜葛。宣德十年，定各地鎮、巡官每年八月赴京會廷臣議事。[5] 後又規定，離京師較近的遼東、大同、南北直隸和北方諸省每年一次，西北的寧夏、延綏、甘肅和南方諸省兩年一次。[6] 但當巡撫應赴京之時，又常因地方有事而不果行，這一規定實為虛文。幾經反覆之後，成化二十二年（1486）最終廢止

1 《明史》卷 158《耿九疇傳》。

2 趙翼：《廿二史札記》卷 36《明末巡撫多由邊道擢用》。

3 張璁：《論館選巡撫兵備守令》，《明經世文編》卷 177。

4 《明英宗實錄》卷 188，景泰元年閏正月辛未。

5 《明英宗實錄》卷 9，宣德十年九月壬辰。

6 萬曆《明會典》卷 209《都察院・督撫建置》。

了巡撫赴京議事的規定，[1] 明政府實際上已承認巡撫的地方化。

巡撫初設時，往往在本省「往來巡撫」，與布政司合署辦公。景泰、天順以後，各地巡撫陸續開府建衙。從此，巡撫不但指「巡撫都御史」個人，而且指以巡撫為首腦的新的權力機構——巡撫衙門。何喬新對弘治時建司於贛州的南贛巡撫衙門作了如下記敍：

> 前後堂五間，穿堂兩廊，大門、儀門廊廡各若干間，東左建寢室，又東則建賞功所。大門之外，立撫安、鎮靜二牌坊。屏牆之南，又立三司廳，以為巡守、兵備會議白事之所……穹堂峻宇，高閎崇墉，規制壯麗，它鎮所未有也。凡政令之佈、賞罰之施，皆在此。諸帥出兵、受律、獻馘，亦在此。郡縣百司政有弛張，亦必至此白之，而後敢罷行焉。[2]

四、明代巡撫的類型

至嘉靖，隨着鎮守中官的被撤和總兵地位的下降，巡撫的地方化和制度化也逐步完成，並形成了四種不同的類型。

一、居三司之上，為各省最高權力機構。明代十三個布政使司均設定員巡撫，三司屬其管轄。王鏊對弘治、正德以後的省級體制結構作了這樣的説明：「各省布政使二人，參政二人，參議二人；按察使一人，副使二人，僉事二人；又有（巡撫）都御史統之。」[3] 這一類型，是明代巡撫的主流，也是本章討論的重點。

二、加強對邊境地區的管轄，為新省區建制的開端。這類巡撫主要設在邊境地區，又多在原有的行都指揮使司的基礎上發展而成，以遼東、寧

1　《明憲宗實錄》卷 274，成化二十二年正月戊申。

2　何喬新：《新建巡撫院記》，《明經世文編》卷 67。

3　王鏊：《震澤長語》。

夏、甘肅為典型。遼東本屬山東布政司，寧夏、甘肅則隸屬陝西布政司，明初分別設有山東行都司、寧夏衛、陝西行都司。隨着這些地區的逐步開發，加上邊患日重，英宗即位後增設文臣鎮守（天順以後改稱巡撫），相應機構逐漸由軍事單位過渡為行政單位。成化二年（1466），因遼東已有巡撫而罷山東按察司分巡官；同時，寧夏、甘肅從陝西分離出來。這樣，東北和西北的政區劃分更為合理，清朝遂正式置省。另外，南直隸本是明初中央直接管轄的地區，它繼承了歷代「京畿」和元代「腹裏」的遺意。永樂遷都北京後，南京稱為「南都」，雖仍有部院九卿，但形同虛設，無法對這一廣大地區實行有效管轄。為此，明政府在南直隸分設蘇松（後改應天）、鳳陽兩巡撫，其管轄範圍奠定了江蘇、安徽兩省的基礎。陸深認為：「宣德間以關中、江南地大而要，始命官更代巡撫，不復罷去。」[1] 儘管在細節上尚欠準確，但對這類巡撫的設置還是有所認識的。

三、組成特別區。這類巡撫主要設置在數省交界、統治力量薄弱的山區，以南贛、鄖陽為典型。南贛巡撫正式設置於弘治十年（1497），是由原江西按察司所轄嶺北道發展而來的。成化二十二年，江西巡撫閔珪上疏言：「贛州與福建、廣東、湖廣鄰境，流賊攻劫，分巡等官責任不專，事多牽制。」明政府遂命江西按察僉事李輗專居贛州，主持防剿之事[2]。二十三年，又設分守參將、兵備副使各一員於贛州府會昌縣。[3] 這樣，在贛州出現了分巡、分守、兵備副使三套機構，猶似一省之有三司。弘治十年，設巡撫以統之。何喬新詳細記敘了南贛巡撫設置的原委：

> （弘治七年）汀、贛奸民合為寇，其始甚微，萑符狗鼠之盜耳。郡縣有司無遠略，不急逐捕，其勢寖熾。而嶺南湖湘之不逞者，從而和之，四出剽掠，劫富室、燔民居、掠帑藏、殺官軍，哄然為東

1 陸深：《玉堂漫筆》。

2 《明憲宗實錄》卷 275，成化二十二年二月甲辰。

3 《明孝宗實錄》卷 8，成化二十三年二月癸酉。

> 南郡縣患。有司始駭而圖之，備其東則發於西，剿其南則竄於北。時鎮守江西太監鄧公原，暨巡按監察御史、布按三司議，以為盜之未平，以政令不一，而鄰境有司不肯協心故也。宜設巡撫憲臣，置司要地以節制之，而割附近郡縣以隸之，則盜易平也。[1]

於是廷推廣東左布政使金澤為巡撫，升右副都御史，置司於贛州。割江西之南安、贛州二府，福建之汀州府，廣東之韶州、惠州、南雄三府，湖廣之郴州以隸之，在閩、粵、湘、贛四省邊境建立了一個特別行政區。

鄖陽巡撫的設置，在某種意義上可説是明政府與該地流民相妥協的產物。自宣德始，山東、河南、江西、湖廣、陝西等處流民大批移居人煙稀少的川、湖、陝交界的荊襄地區。明政府對流民採取了強迫返鄉政策，激起聲勢浩大的荊襄流民起義。起義被鎮壓後，流民在武力的脅迫下陸續離境。但事隔不久，各地流民復向該地區遷徙，且越來越多。為避免再次引起動亂，明政府接受了原傑、王恕、吳道宏等人的建議，採取了以下措施：首先，將各地遷往荊襄地區的流民分別附籍於所在州縣，承認其遷居的合法性[2]；其次，拓鄖陽縣為鄖陽府，同時設湖廣行都司及所屬鄖陽衛，命河南、湖廣巡撫兼撫之，以加強統治[3]；最後，於成化十五年五月升湖廣巡按御史吳道宏為大理寺少卿，撫治鄖陽，建立起準巡撫機構[4]，以湖廣之鄖陽、襄陽二府，河南南陽府之鄧、唐等州縣，陝西西安府之商州、漢中府之興安等州縣，以及四川之夔州府隸之。

從國家權力對內鎮壓的職能和階級實質來看，這類巡撫顯然具有特殊意義。

四、組成戰區。這類巡撫有兩種情況。一是設置於原來的邊境重鎮，

1　何喬新：《新建巡撫院記》，《明經世文編》卷 67。

2　原傑：《處置流民疏》，《明經世文編》卷 93。

3　原傑：《開設荊襄職官疏》，《明經世文編》卷 93。

4　《明憲宗實錄》卷 190，成化十五年五月甲子。

如宣府、大同等，有相對的穩定性；二是根據戰事的發展臨時增設，事平則罷，如崇禎時為抵抗後金而設置的密雲、登萊等巡撫，這可視為巡撫在非常時期的「變態」。為了應對緊急情況，明中後期甚至組織大的戰區，並在各戰區設「總督」進行節制。

《明史．職官志》共列明代巡撫三十三個，茲歸類如下。第一類：廣東、浙江、福建、河南、山西、山東、陝西、四川、湖廣、江西、廣西、雲南、貴州。第二類：鳳陽、應天（以上由南直隸劃分）、順天、保定（以上由北直隸劃分）、遼東（由山東分出）、寧夏、甘肅、延綏（以上由陝西分出）。第三類：南贛、鄖陽、松潘、偏沅。第四類：宣府、大同、天津、登萊、安廬、密雲、淮揚、承天（天津以下六巡撫皆為明末兵興時增設）[1]

第二節　巡撫在明代省級權力結構中的地位

一、巡撫的地位和職責範圍

景泰以後，隨着巡撫的全面地方化和制度化，巡撫逐漸演變成為居三司之上的地方最高軍政長官，巡撫衙門成為省級權力機構，三司實際上已下降為部門性機構。但是，在嘉靖以前的「三堂」並立時期，由於鎮守中官在三堂中處於居中調停的地位，巡撫的權力受到一定的制約。而在鎮守中官撤除之後，巡撫的地位便立即突顯出來。

由於巡撫是由臨時性差遣演變為永久性機構的，因此，人們對巡撫的地位有一個認識過程。這一認識過程客觀上反映了巡撫制度的演變過程，只是認識上的變化總比實際上的變化要慢半拍。

正統十一年（1446），巡撫直隸監察御史李奎請遣巡撫官賑濟永平、灤州飢民，並於浙江、江西、湖廣等地復置巡撫。英宗認為，巡撫因事而

1　《明史》卷 73《職官志三．都察院》。

設，苟非其人，適增繁擾，否決了李奎的建議。[1] 景泰六年（1455），刑部尚書俞士悅以福建遠隔京師，邊臨大海，「草寇竊發」，請遣重臣巡撫。吏部尚書王直則認為，捕盜之責在三司，無需巡撫。景帝也認為：「非有大事，不許輕遣廷臣。」[2] 可見，巡撫在正統、景泰時尚被視為臨時性差遣。

弘治時何孟春則指出：「今之巡撫，即魏之慰撫大使，隋之宣撫大使，唐之存撫、安撫使也。宋亦時有命焉。而今為重。邊方領（制）置之權，腹裏兼轉運之職，手持敕紙，便宜行事，三司屬其管轄，數郡係以慘舒。」[3] 肯定了巡撫在地方事務中的崇高地位和重要作用，但對巡撫作為地方行政制度的估計略顯不足。

至嘉靖，吏部尚書桂萼明確指出：「足食足民大計，全賴各巡撫、兵備官整理。」[4] 世宗則認為：「用當此任者，須要好官，以保吾民。」[5] 最高統治集團已公開將巡撫視作地方保民守土官了。

巡撫的職責範圍，主要有三個方面：撫循地方、考察屬吏、提督軍務，即治民、治吏、治軍。

撫循地方，是巡撫的基本職責。上文所引宣德八年（1433）給各處巡撫的敕諭，已有較明確的規定。嘉靖十一年（1532）重申：「凡徭役、里甲、錢糧、驛傳、倉廩、城池、堡隘、兵馬、軍餉，及審編大戶糧長、民壯快手等項地方之事，俱聽巡撫處置。」[6] 一切與此有關及由此派生出來的招撫流民、勸課農桑、勘報災情、督籌稅糧，賦役的均平與捐免，民變的化解與鎮壓，以及水利的興修、礦場的開閉等，皆責之巡撫。

考察屬吏，是巡撫的又一基本職責。宣德七年八月，命各處巡撫侍郎

1　《明英宗實錄》卷 139，正統十一年三月丙戌。

2　《明英宗實錄》卷 255，景泰六年閏六月丁卯。

3　何孟春：《陳萬言以俾修省疏》，《明經世文編》卷 127。

4　《明世宗實錄》卷 83，嘉靖六年十二月乙丑。

5　張璁：《論館選巡撫兵備守令》，《明經世文編》卷 177。

6　萬曆《明會典》卷 211《都察院．撫按通例》。

會巡按御史共同考察三司及郡守官[1]。弘治元年（1488），左都御史馬文升、兵部尚書余子俊奏准，命巡撫、巡按歲核鎮守總兵、中官及分巡、守備等官政績，行保舉、論劾。[2] 其著名者如天順六年（1462），巡撫山西僉都御史李侃考察屬吏，一次奏罷布政使王允、李正芳以下一百六十餘人。[3] 但是，與撫循地方的專責不同，考察屬吏則是由巡撫巡按共同進行。

明代正式以文臣參預軍務，始於永樂四年（1406）七月。討安南時，以朱能為征夷將軍總兵官，兵部尚書劉俊參贊軍務。[4] 此後，凡軍興，例以文臣贊軍務。而軍事行為又必然牽涉軍餉的籌集供給和地方的治安等問題，故宣德以後文臣參贊軍務者多兼巡撫，或以原有巡撫和鎮守提督參贊軍務。如宣德十年三月，陳鎰、羅亨信分鎮陜西、甘肅，兼「提督所屬衛所官軍土軍操練」[5]；又如景泰二年二月，敕巡撫永平等處右僉都御史鄒來學提督順天、永平軍務[6]。隨着社會矛盾的激化，巡撫的軍事職能也逐漸加強。舉凡軍伍的整飭、將校的任免、軍隊的佈防、軍餉的供給，皆由巡撫主持或參預決策。嘉靖初，在楊廷和、張璁等人的主持下，各地鎮守中官陸續撤回，鎮守總兵的地位也日漸下降，巡撫成了各地駐軍實際上的首腦。無論是北方的禦「寇」，還是東南禦「倭」，抑或內地平「賊」，巡撫皆負指揮之責，總兵以下，悉聽指麾。明中葉以後各地發生的兵變，巡撫也首負其咎。

但是，直至明亡，巡撫與提督軍務也並未完全合一。萬曆十五年（1587）重修《明會典》時，各地定制巡撫凡二十五員，其中二十四員具有軍事職能，內地巡撫兼提督軍務銜，邊鎮巡撫有總兵兼贊理軍務銜，

---

1 《明宣宗實錄》卷 94，宣德七年八月庚子。

2 《明孝宗實錄》卷 10，弘治元年閏正月己巳；卷 21，弘治元年十二月丁巳。

3 《明史》卷 159《李侃傳》。

4 《明太宗實錄》卷 56，永樂四年七月辛卯。

5 《明英宗實錄》卷 3，宣德十年三月辛巳。

6 《明英宗實錄》卷 200，景泰二年正月丙午。

唯廣西巡撫未兼銜提督，因而也不參預軍務。[1]《會典》兵部一章，列入了二十四員兼理軍務的巡撫，也獨不及廣西。[2] 巡撫須兼銜提督，方能參預軍務的原則，亦為清朝所繼承。

在承擔上述共同職責的同時，各地巡撫往往又有各自的特別使命。蘇松江南，是明朝財賦所出之地，故應天巡撫有「總理糧儲」之責。徐、滁、蘇北，處運河中段，地鄰江南，為南北漕運之樞紐，故鳳陽巡撫有「總督漕運」之任。河南、山東在黃河下游，二巡撫皆「兼管河道」。[3] 內地庶政紛繁，巡撫以察吏安民為主；邊境軍務叢脞，巡撫則主整軍禦「寇」。

撫循地方、考察屬吏、提督軍務，分別是明初布政司、按察司、都指揮司的職掌，而永樂以後，則有鎮守中官和鎮守總兵參與其事。巡撫制度的形成及三司職權向巡撫的集中，無疑改變了三司、三堂並立的省級權力機構的格局，説明了明代省級體制的重新組合。

二、明代巡撫的制約力量

在明代，沒有哪一級或哪一種權力可以不受制約，巡撫也一樣。在三司職權向巡撫集中的同時，對巡撫的各種制約力量也逐步形成。

一是平級制約力量。如前文所述，各省專設巡撫之前，邊境重鎮和內地一些省份已設有鎮守總兵。據《明太宗實錄》，在成祖即位後的不到兩年時間裏，山東、雲南、浙直、遼東、寧夏、廣西、貴州、甘肅、大同、江西、廣東、陝西等十三省、鎮先後設鎮守總兵，在邊鎮，更派駐了鎮守中官。宣德、正統間，一面向各地派遣巡撫和鎮守文臣，一面又派駐了鎮守中官。因而在部分地區形成了總兵、中官、文臣三鎮守即「三堂」並立的新「三角」關係。為此，天順以後文臣出鎮，皆改稱巡撫。巡撫往往受制於總兵、中官，並在天順、正德時兩度遭受打擊。嘉靖以後，總兵地位

1　萬曆《明會典》卷 209《都察院 · 督撫建置》。

2　萬曆《明會典》卷 128，《兵部 · 督撫兵備》。

3　萬曆《明會典》卷 209《都察院 · 督撫建置》。

下降，鎮守中官撤回，但在制度上，總兵和巡撫仍是平級關係，邊鎮又時時復設中官鎮守，總兵、中官、巡撫的敕諭也各不相同，各有所司。[1] 因此，在邊境地區，總兵和中官仍然是對巡撫的牽制力量。

二是自下而上的制約力量。儘管三司隸屬巡撫，但在名義上仍然是法定的省級機構，對巡撫保持着相對的獨立性。萬曆十五年（1587）重修《明會典》，將巡撫列入都察院，而將三司分為地方最高機構。這種處理，雖然主要是為了表示遵循明太祖所定的「祖制」，但在客觀上又使巡撫頤使三司有名不正、言不順之嫌。宣德四年（1429）、嘉靖十一年（1532）、萬曆二年，明政府三次以法令形式要求巡撫「不許輒差都、布、按三司及軍衛、府州縣正官、掌印官」[2]。三司職員有不職者，巡撫不得自行處理，而只能「奏罷」。萬曆元年十月，又規定凡考察屬吏，任期三年之內的布政使、按察使升京堂者，「聽南京科道論劾，外省撫、按不得一概參論」。[3] 巡撫有違法行為，三司長官亦得向中央參奏。這樣，一方面是巡撫統馭三司，另一方面，三司也對巡撫實行牽制。

三是來自中央各部門自上而下的制約。巡撫的任命須經廷推，內地巡撫的廷推由吏部會戶部主持，邊方則由吏部會兵部主持。巡撫的考課、黜陟、改調，操於吏部考功、文選二司。京察確定去留後，又得聽科道糾劾、拾遺。地方重大事務未及完報者，亦由科道查參。[4] 縱觀有明一代巡撫，幾乎沒有不被科道論劾者。巡撫屬內的農桑賦役事務，得接受戶部的指導，所管軍務，得聽命於兵部。巡撫對地方重大問題的處置，在正式上疏前一般還得用揭帖請示內閣。[5]

尤其值得注意的是各省巡按御史對巡撫的制約。巡撫一方面總攬一省

1 《明武宗實錄》卷 175，正德十四年六月癸亥。

2 萬曆《明會典》卷 211《都察院．撫按通例》。

3 《嘉靖新例》卷 1《吏例》。

4 《明史》卷 71《選舉志三》。

5 《明神宗實錄》卷 147，萬曆十二年三月己亥。

之軍政，被視為「封疆大吏」，另一方面，又必須作為地方長吏接受巡按代表中央所進行的糾舉督察。（詳見下文）另外，嘉靖以後在諸邊陸續設置的總督，不定期差遣的巡視官，以及形形色色的公差御史等，也都在一定程度上對巡撫起着牽制乃至控制作用。因此，儘管明代巡撫集三司之權為一體，卻不可能成為獨立的政治力量，更無法像唐代節度使及晚清督撫那樣，發展成為與中央齟齬或對抗的地方勢力，而只能是緊密地依附於中央政權。

三、巡按監察御史與地方事務

《明史・太祖紀二》載：「洪武十年（1377）七月，始遣御史巡按州縣。」但在這之前，洪武二年七月，已命監察御史謝恕巡按松江；洪武十年二月，遣監察都史吉昌等十三人分巡山東、廣西等地，五月又遣御史王淵等六人分巡各布政司。這些都史有明載，《明史》卻將稍後的洪武十年七月這一次作為御史巡按州縣的開始，其原因在於明太祖對這一次的差遣有專門訓辭：

> 汝等出巡天下，事有當言者，須以實論列，勿事虛文。凡為治以安民為本，民安則國安。汝等當詢民疾苦，廉察風俗，申明教化。處事之際，須據法守正，務得民情。惟專志以立功，勿要名以取譽。朕深居九重之中，所賴以宣佈條章、申達民情者，皆在汝等。汝其慎之。[1]

在這以前，御史出巡，往往是帶有特定的使命或為了處理某件具體事務，而這一次出巡，則是為了普遍了解地方的情況。明太祖用十六個字概括了御史們的任務：詢民疾苦、廉察風俗、宣佈條章、申明教化。可以說是進行一次普遍的社會調查，同時宣傳國家的政策法令。即使是這樣，御史出

1　《明太祖實錄》卷 113，洪武十年七月。

巡在當時也只屬臨時性差遣，而非定制。

成祖即位後，為加強對地方的控制，在向邊、省派駐鎮守總兵及鎮守中官的同時，還不斷派文臣巡視天下，其中包括監察御史的出巡。永樂元年（1403）二月，命監察御史分巡各省民瘼，《明史》根據《實錄》記載了這件事，但在後面特別加了一句話：「為定制。」[1]《御批通鑒》也說：「自是遂為定制。」並作了附記：「至洪熙元年（1425），定出巡之期以八月。」[2]另《明太宗實錄》載，永樂十年六月成祖命都察院「每歲遣人巡行郡邑」[3]；《明宣宗實錄》載，宣德二年（1427）二月，行在都察院右都御史王彰奏：「先遣御史許勝等巡按江西、浙江，已逾一年，例應更代。」[4]可見，巡按御史每年一換之「例」，當形成於宣德之前，《明史》和《御批通鑒》的說法是有道理的。

既然是一年一換，而且有一定的派遣時間，御史巡按應該說是已成制度，但當時巡按御史、巡撫都御史及按察司的職責分工並不明確。

宣德八年，宣宗敕飭各處巡撫：「茲命爾等巡撫郡縣，務宣德意、撫民人，扶植良善。一切稅糧皆從爾設法區處，必使人不勞困、輸不後期；衛所屯種，從爾比較，水田圩岸，亦從提督，使耕耘以時、水旱無患。應有便民之事，悉具奏聞，宜秉公正、勵廉潔，無暴無刻，以副朕心。」[5]這段話和洪武十年明太祖對巡按御史們的敕諭在總體精神上是一致的，這當然與派遣巡撫和巡按的目的一致有關，但也說明二者之間的職責界線並不清楚。而且，巡撫都御史和巡按御史都是都察院的派出機關，職責的重疊也就很難避免。經過一段時間的磨合與調整，巡撫與巡按的分工逐漸明確。巡撫都御史的職責側重於政務和軍務，為一省最高軍政長官，雖然在編制

1 《明史》卷 6《成祖紀二》。

2 傅恆等：《御批歷代通鑒輯覽》卷 102，永樂元年二月。

3 《明太宗實錄》卷 129，永樂十年六月甲戌。

4 《明宣宗實錄》卷 25，宣德二年二月甲申。

5 孫承澤：《天府廣記》卷 23《都察院》。

和名稱上仍屬都察院，但實際上已屬地方長吏；巡按監察御史的職責側重於監察和司法，取代按察司為一省的最高監察官，但其體制仍屬中央派出機關。關於二者的職責界限，《嘉靖新例》作了很好的概括：

> 凡徭役、里甲、錢糧、驛傳、倉廩、城池、堡隘、兵馬、軍餉，及審編大戶糧長、民壯快手等項地方之事，俱聽巡撫處置。都、布、按三司將處置緣由，備呈巡按知會。巡按御史出巡，據其已行之事，查考得失，糾正奸弊，不必另出己見，多立法例。其文科武舉、處決重辟、審錄冤刑，參撥吏農、紀驗功賞，係御史獨專者，巡撫亦不得干預。[1]

《新例》明確無誤地規定，明太祖所定的都指揮使司和布政使司的職責，已歸於巡撫都御史，而原屬提刑按察使司的職責，則歸於巡按御史。對於三司及府州縣官員的考察，卻是由撫、按會同進行。巡按御史逐漸成為中央對地方的主要監察力量和都察院在各地的派出機構。正德時胡世寧就指出：「天下親民者，郡縣守令也；總督郡縣者，藩臬二司也；巡察二司守令者，巡按御史也。」[2] 景泰四年（1453）以後，巡撫均戴都御史銜，確定了都察院對巡按的統屬關係。但是，巡按御史在履行職責時仍保持獨立性，巡撫不得干預。王鏊《守溪筆記》有這樣一段記載：

> （景泰間，李秉）公以都御史巡撫宣府，張鵬以御史巡按。有武臣私役士卒，公將劾之。故事，（巡撫）都御史不理訟獄，公以屬鵬，親詣之。鵬不可，曰：「鵬非公問刑官也。」強之再三，必不可。公乃自為奏劾之。事下御史，鵬曰：「今日乃可理耳。」

1　萬曆《明會典》卷 211《都察院・撫按通例》。

2　胡世寧：《守令定例疏》，《明經世文編》卷 136。

可見，巡按並不對巡撫，而是直接對中央都察院負責。甚至對於巡撫所行之政，巡按也可查核糾劾。成化十八年（1482）五月，命巡按御史每年將鎮守總兵和巡撫都御史的政績奏上聽勘。[1] 嘉靖十一年（1532）重申：「地方之事，俱聽巡撫處置。都、布、按三司將處置緣由，備呈巡按知會。巡按御史出巡，據其已行之事，查考得失，糾正奸弊。」[2] 在巡撫和總兵、中官及三司、郡縣官發生互訐時，也由巡按御史勘核上聞。

至於巡按御史和按察司的關係，《明會典》作了一個過程性概括：

> 國初，監察御史及按察司分巡官巡歷所屬各府州縣，頡頏行事。洪武中詳定職掌，正統間又推廣申明，著為憲綱及憲體，相見禮儀事例甚備。迨後按察司官聽御史舉劾，而御史始專行出巡之事。[3]

論地位，按察使為正三品，分巡副使、僉事分別為正四品和正五品，品秩高出正七品的巡按御史四至八級，但御史為欽差出巡，「代天子巡狩」，口含天憲，又有糾舉之權，已為地方有司所側目，而明廷又有意提高其地位。宣德六年二月，宣宗採納監察御史胡智的建議：「御史任紀綱之職，受耳目之寄，糾劾百僚，肅清庶政。巡按一方，則御史朝廷所差，序於三司官之上。」[4] 接着，宣德七年令各處巡撫侍郎、巡按御史考察方面官，並會同方面官考察州縣官；弘治九年（1496）定，在外布按二司及府州縣官、教官等有政績才行者，許撫按官奏舉。[5] 巡按不但在禮儀上凌駕於按察司之上，而且可考察、舉劾按察司官，故而權勢日重，按察司實際上成了巡按

1 《明憲宗實錄》卷 227，成化十八年五月庚寅。

2 萬曆《明會典》卷 211《都察院．撫按通例》。

3 萬曆《明會典》卷 210《都察院．出巡事宜》。

4 孫承澤：《天府廣記》卷 23《都察院》。參見《明宣宗實錄》卷 76，宣德二年六月壬寅。

5 萬曆《明會典》卷 13《吏部．朝覲舉劾》。

御史的下屬。正如孫承澤所說：「撫按之權重，而憲司僅為承行之官。」[1] 儘管嘉靖時經大學士張璁奏請，重申在御史糾彈諸司的同時，如御史不法，按察司官也得糾彈，但一方面巡按積勢已重，難以逆轉，另一方面都察院為巡按的後台，按察司品秩雖高，仍得在巡按面前自甘下屬。

《明史》說：巡按「代天子巡狩，所按藩服大臣、府州縣官諸考察，舉劾尤專，大事奏裁，小事立斷」，又說：「（布政使）凡有大興革及諸政務，會都、按議，經畫定而請於撫按若總督」，「（按察司）糾官邪，戢奸暴，平獄訟，雪冤抑，以振揚風紀，而澄清其吏治，大者暨都、布二司會議，告（巡）撫、（巡）按，以聽於部、院。」[2] 如前文所說，巡按既取代按察司成為地方最高監察官，也直接插手地方的許多政務，實際上又代表中央的都察院對已經成為省級最高軍政長官的巡撫的監察和制約機關。

根據洪武二十六年所定巡按御史「出巡事宜」，御史巡按所至地方，所有合行事務，均可着令首領官吏抄案施行。其中財政監督方面的職責有：凡科差賦役，督令各地須於黃冊丁糧相應人戶內，周而復始，從公點差，毋得放富差貧、挪移作弊、重擾於民；凡荒閒田地，督令各府正官招民開墾，及時佈種，該納錢糧，須候年限滿日解征；凡稅糧課程，督令各府將歲辦數目保結開報；凡收買軍需等項、額造緞匹等物，以及度量衡器的檢校，均督令有司行辦。嘉靖十一年又定，凡各省傜役、里甲、錢糧、驛傳、倉廩、兵馬、軍餉及審編大戶糧長、民壯快手等項地方之事，都、布、按三司均得將處置緣由備呈巡按知會，以接受監督。[3]

永樂十三年，因鹽課壅滯，差御史、給事中、內官各一員，於各處閘支鹽課。這是監察機關和內府衙門聯合監察鹽政的開始。接着，成祖又差監察御史一員，巡視河間鹽運司私鹽，巡鹽御史也由此而設。但這時御史的職責只在「巡」，屬財政監督範圍。而成化九年差御史巡視河東運司及

1　孫承澤：《天府廣記》卷 23《都察院》。

2　《明史》卷 73、75《職官志二、四》。

3　萬曆《明會典》卷 211《都察院．出巡事宜》《撫按通例》。

陝西靈州鹽司時，特命陝西所屬關內、關南、關西、慶陽等道，河南所屬河北、汝南、河南等按察分司帶管鹽法者悉聽巡鹽御史節制。其餘福建、廣東、四川、雲南等地，則由巡按御史兼理。於是，財政監察官員成了財政管理官員。[1] 各處茶政、馬政、屯政、庫倉、鈔關、抽分局、兩京九門鈔法、金銀銅諸礦，以及馬房草料、光祿供品等一切與財政相關的事務，幾乎均由固定或非固定的巡視御史或者巡按監察御史兼理，實施財政監督並在不同程度上參與財政管理。此外，都察院長官的一些臨時性外差，如清理兩淮、兩浙、山東、長蘆等處鹽法都御史，總理山西等處屯鹽都御史，清理陝西等處馬政都御史等，也兼有財政監督和財政管理的雙重職能。

《皇明條法事類纂》有一則關於明代江西民眾訴訟的材料，對於了解當時的地方司法情況很有幫助：

> 江西地方小民，多被勢要土豪大戶佔種田地，侵佔墳山，謀騙產業，毆傷人命。狀投里老，畏懼富家，受私偏判，反告到縣。平日富豪人情稔熟，反將小民監禁，少則半年，多則一二年以上，賄屬官吏，止憑里老地鄰保結，妄行偏斷。小民屈抑，又逃司府伸訴，又行串查原案，本縣妄稱問結，一概朦朧申覆，屈抑不伸。及赴御史處伸冤，御史又行查審，曾經司、府、州、縣、里老剖斷過者，俱不行准狀，以致小民率至含冤受苦。[2]

可見，明朝的地方司法有一個由里老到縣（州）、府、按察司、巡按御史的程序。

明太祖屢命地方官挑選民間年高有德行者，每里置一人，稱為「耆宿」，讓其質正里中是非，後因戶部郎中劉九皋上書説耆宿多非其人、民

1 萬曆《明會典》卷 34《戶部・鹽法三》、卷 210《都察院・奏請點差》。

2 戴金等：《皇明條法事類纂》卷 48《斷罪不當》。

受其害而罷之。到洪武二十七年，又命有司擇民間年高老人公正可任事者，理其鄉人之詞訟，稱為「里老」，又稱「方巾御史」，主要是排解並裁決鄉里糾紛，同時也被賦予了初級司法機關的職能。上引《皇明條法事類纂》所反映的是成化年間的事情。另據呂坤《實政錄》，鄉都有婚姻田土之訟，里老可「笞杖斷決」。[1] 直至萬曆時，里老仍然作為初級調解及審判機關發揮作用。(詳見下文) 但是，里老對民間糾紛的裁決，嚴格地說只是民間調解和仲裁，不可能取代官方的法律審判。何況，里老能解決的只是發生在家庭、家族內部及鄰里之間的糾紛，如戶婚、土地、繼承、債務、孝悌等，其他謀逆、詐偽、人命等重案便需要交由州縣官解決。

《大明律》「越訴」條規定：「凡軍民詞訟，皆須自下而上陳告。若越本管官司，輒赴上司稱訴者，笞五十。」[2] 也就是民間的告狀及地方的刑名案件，首先要交由州縣官審理，由州縣—府—按察司，兩京及直隸地方，由縣—府—三法司。州縣官除處理其他行政事務外，每三五天有一「放告」日，用於接受民間訴訟的詞狀，並加以登記、驗看，作出一些必要的處理。當然這只是針對一般的案件而言。對於一些大案、要案，則不拘日期即時辦理。

州縣官對於獄訟須「躬親厥職」，不僅要對案件進行審判，還要主持勘查、訊問及緝捕罪犯。但並不是所有州縣官都能做到這一點。成化九年三月，陝西鳳翔府起服聽選同知毛瓊奏稱：

> 臣看得各處府州縣有等奸頑不才正官，凡民間詞訟，不量事情輕重，一概及覆批仰里老斷理，任其在鄉烏集多人，頻需酒食，顛倒是非，苦索財物，動輒累月經年，事無完結……推原其故，各該正官所以不肯清理，及不分與佐貳斷理，一則推頑躲懶，不任勞

1　呂坤：《實政錄》卷 5《鄉甲約》。

2　《大明律》卷 22《刑律五．訴訟．越訴》。

怨，而愚弄小民。[1]

州縣官對獄訟的玩忽態度，一方面造成了大量的越訟，另一方面使民間的詞狀轉向軍事機構。明制，軍事機構及軍官不得接受民人詞訟。但至成化時期，內外鎮守、總兵、參將等官，往往擅自接受軍民詞訟，致使「事不歸一」。他們「或出批帖，徑自差人捉拿，不分事情輕重，憑一面之詞，法外加刑，屈要招承；或批發所屬衙門問理，卻又不徇公道，分付務依原詞問斷」[2]，而這又是由於他們「或受賄與人追債，或假公報得私仇，號為軍法處置。」[3] 很明顯，這種狀況造成了案件審判的混亂，更為嚴重的是，它干擾了地方的司法和行政，在大同、宣府等軍隊勢重的地方，軍民人等的戶婚、田土、鬥毆、相爭、錢債等訴訟，均委之於軍職官員，當地法司幾乎被架空。

縣之上為府，府推官的職責是「理刑名」。負責一省司法刑名的是提刑按察使司。《明史．刑法志》說：「按察名提刑，蓋在外之法司也，參以副使、僉事，分治各府縣事。」府、按察司一般不直接受理民間訴狀。凡規定不得上訴的案件，若有官員受理，其人要受到懲處。

在按察司分司制度形成以後，各分巡道成了代表按察司行使司法權的準省級司法機關，受制於巡按監察御史。《明史．職官志四》說：按察司「糾官邪、戢奸暴、平獄訟、雪冤抑，以振揚風紀，⋯⋯告於撫按。」《明會典．撫按通例》說：「處決重辟、審錄冤刑，⋯⋯係御史獨專。」則巡按御史不但進行司法監督，而且已是省級最高司法機關。《明會典》正是根據這一變化作出了概述：

1　戴金等：《皇明條法事類纂》卷 38《在外問刑衙門官員務要親理詞訟不許輒委里老人等保勘例》。

2　戴金等：《皇明條法事類纂》卷 38《內外鎮守等官不許濫受民詞狀》。

3　戴金等：《皇明條法事類纂》卷 38《申明鎮守備管屯管糧等官不許濫受詞訟例》。

> 凡有告爭戶婚、田土、錢糧、鬥訟等事，須於本管衙門自下而上陳告歸問。如理斷不公或冤抑不理者，直隸赴巡按監察御史，在外赴按察司或分司及巡按監察御史處陳告，即與受理推問。如果得實，將原問官吏依律究治。其應請旨者具實奏聞。若見問未經結絕，又赴本管上司告理，不許輒便受狀追卷。變易是非，須要即時附簿，發下原問官司，立限歸結，如理斷不當，及應合歸結而不歸結者，即便究問。違者監察御史、按察司體察究治。如不係分巡時月及巡歷已過所按地面，卻有陳告官吏不公不法者，隨即受理追問。凡監察御史、按察司官分巡去處，如有陳告官吏取受不公等事，須要親行追問，不許轉委，違者杖一百。凡有軍民相干詞訟等事，移文到日，其應該會問官員隨即前去，若無故不即會問，及偏徇估吝者，從監察御史、按察司官按問。其應請旨者，具實奏聞。[1]

巡按監察御史既與按察司官一併受理訴訟，對各級「有犯」官員，也得「即便拿問」。[2] 如成化四年三月，兵部奏陝西洮州、泯州二衛「番賊出沒、殺略人財」，分守千戶閻慶、整飭兵備副使李玘等防禦不嚴，即命「監察御史逮（閻）慶問理」。[3] 當年十一月，四川總兵官奏「番賊」攻小壩關，守關官禦敵失利，被殺被虜共五十餘人，「令巡按御史逮分守地方官鞫治之」。[4] 成化五年三月，兵部尚書白圭等奏四川雙橋兒等寨「番賊」聚眾入境攻劫人口、搶奪糧食，皆因各官疏於防範，「命巡按御史逮問（都指揮使）龐福等」。這些都是發生在成化時期的事情，其後即為慣例，邊境有「失機」，

1　正德《明會典》卷 166《都察院・追問・憲綱》。

2　正德《明會典》卷 164《都察院・問擬刑名・憲綱》：凡告有司官吏人等取受或出首贓私等事，直隸赴巡按監察御史，在外赴按察司並分司及巡按監察御史處陳告，追問明白，依律施行。其應請旨者奏聞拿問，若軍官有犯，在京從都察院，在外從巡按監察御史、按察司並分司密切奏請施行。其各都司及衛所首領官有犯，即便拿問。

3　《明憲宗實錄》卷 52，成化四年三月甲申。

4　《明憲宗實錄》卷 60，成化四年十一月乙酉。

巡按御史必奉命「逮問」相關將領。而早在景泰時期，巡按監察御史就已自告奮勇「執問」分巡、分守官。《明英宗實錄》載：

> 巡按福建監察御史許仕達奏：近年福建布按二司分巡分守，地方官員多有年久不易，與所屬官吏情熟，恣意妄為。今後宜聽鎮守巡撫巡按官，歲一更委。如有故違，許巡按御史執問，具聞降用。從之。[1]

可見，在明代的國家權力結構中，如果說巡撫都御史是省一級的權力中心，巡按監察御史則是中央權力在地方貫徹的保障，是中央在地方的執法者。

四、國家權力在地方的聚散及其利弊

從巡撫的設置到它的全面地方化和制度化，成為地方最高權力機構，整個過程是在不自覺和被動中進行並完成的。明政府一開始就力圖維繫原有的三司並立體制，堅持巡撫為臨時性差遣的原則。成化以前一些巡撫的置而復罷、罷而復置說明了這一點。但是，客觀形勢的發展不斷衝擊並最終改變了明朝最高統治集團的主觀願望。明代巡撫的地方化和制度化，主要受以下幾個因素的推動。

首先是宣德、正統時開始激化的社會矛盾和各地發生的暴力事件。巡撫正是應強化對地方統治的需要而產生的。

明初社會經濟的恢復和發展，以及明政府推行的維護自然經濟的政策，帶來了兩個副產品——人口增長和土地兼併。其後果在宣德、正統時開始暴露出來，流民問題逐漸嚴重，各地農民的反抗時有發生，政府的賦役來源也受到影響。河南、江西、浙江、山西、南直隸等地巡撫，正是在這一形勢下設置的。明政府的初衷，是指望有廷臣處理，上述問題可很快

---

1 《明英宗實錄》卷 217，景泰三年六月甲子。

解決，巡撫就可以事畢覆命，不再復遣了。巡撫可以憑藉朝廷重臣的身份在災情嚴重地區開倉賑民、招撫流亡，以解燃眉之急；也可以督促地方有司平定民眾的鬥爭，以恢復正常的統治秩序；還可以持敕懲治某些橫行鄉里的鄉紳豪戶，祛除民害。但這只能緩和一時一地的階級矛盾，無法也不可能真正解決社會矛盾的激化。而自景泰、天順，尤其是成化以後，農民的流亡和鬧事乃至起義已不再是個別的地區性問題，而是普遍的全局性問題，因此，巡撫不僅不能「事畢覆命」，一些已被撤回的巡撫也紛紛恢復，並加速了地方化和制度化。如正統十四年（1449）在福建爆發的鄧茂七事件，就同時導致了江西、浙江二巡撫的恢復和福建巡撫的設置。[1]

社會矛盾的激化對巡撫軍事職能的強化更具有決定性的作用。王世貞代書的《重建（鄖陽）提督軍務行台記》充分說明了這一點：

> （鄖陽）名為提督撫治，而不恆受符節，不得從軍興法以便宜從事。雖亦用考功計吏，顧三方之撫臣實共之，而其黠桀者陽受束而陰撓（之），以左支右吾，甚或借軀椎埋，姦鑄亡命之徒，出一探丸，而緐醜麏至蛕附。距弘治於今未百年，而叛者十三。一殺倅，二殺令，三殺尉，而禍未已竟也。則豈其先臣之咸弗事事，毋亦縣官之所以委任之者未盡歟？臣不勝過計，竊以當武宗朝，贛實據江閩嶺海要害，數困賊，而都御史（王）守仁以提督軍務請，詔許之一切便宜從事，守仁用是得募卒搜伍，繕甲庀貲。……臣不佞，不敢望守仁，請鄖一切得比贛。[2]

明政府同意了這一要求，將撫治鄖陽的璽書更改為提督軍務兼撫治，給令旗令牌，許便宜行事。內地巡撫的提督軍務，多類此。

其次，在社會矛盾激化的形勢下，三司並立的體制暴露出事權不一、

1　《明英宗實錄》卷 177，正統十四年四月庚申。

2　王世貞：《重建（鄖陽）提督軍務行台記》，《明經世文編》卷 334。

運轉不靈的弊端，也不能適應統治集團內部新的力量對比關係。巡撫又是應解決地方政治體制的不合理性、適應統治集團內部關係變化的需要而產生的。

明初，為解決行省體制過重，權力過於集中和文、武兩大集團權力分配的問題，在各省設置都衛（後改都司）以統馭衛所，形成了行省—府縣、都衛（都司）—衛所兩大平行系統，並在此基礎上確立了都、布、按三司並立的省級政治體制。三司並立，有利於保持省級機構間的平衡，有利於中央的集權和地方的分權。從理論上說，又各有所司，事有所歸。但社會的發展，統治集團內部各種政治勢力之間的力量對比，平衡總是相對的，而不平衡則是絕對的。宣德、正統以後，三司並立的體制無法適應文官集團勢力的擴充和軍人集團地位的下降這一新的力量對比態勢，三司的平衡必然被打破。日趨激化的社會矛盾，又使三司條條分割、運轉不靈、相互牽制、事權不一的弊端暴露無遺。朱國禎對此有較為深刻的揭示：

> 二祖盪滌之後，威震殊俗，可謂盛矣。而中土數十餘年休養生息之民，顧時時見告。此豈經制未明、芽櫱易作，以致潢池之弄？想當時兵權尚屬都司，布、按藐為武吏，若不相干，有司觀望，不肯盡力。都司亦未必得人，所遣衛所之兵，素無紀律，不用命。而新設巡撫，行移體統間尚多彼此齟齬。故窺伺者易動，結聚者難除。[1]

三司的職權，也正是在這種情況下逐步向巡撫集中的。既然三司職權的集中已成必然，那麼，為什麼不提高三司中的一環，例如布政使的地位，卻在各省另置巡撫？這就更反映出明代最高統治集團堅持中央集權、地方分權原則的願望：即使不得已而使地方權力集中，也最好是臨時性的。但客觀形勢並不以這種主觀願望為轉移。行省之後的「三司」並立，「三司」之後的「三堂」鼎峙，其後又不得不歸於巡撫，均說明了這一點。

1 談遷：《國榷》卷 23。

其三是吏治的敗壞以及由此而造成的辦事效率低下和軍備廢弛。巡撫又是應提高統治效率、整肅軍備的需要而產生的。

吏治的敗壞在中央和地方是同時存在的，但由於地方要直面種種矛盾和掣肘，往往表現得更加突出。夏時在正統時為江西按察僉事，極言：「今之守令，冒牧民之美名，乏循良之善政，往往貪泉一酌而邪念頓興。」[1] 英宗則指責都司衛所官「佔種膏腴，私役軍士」，「倚恃勢強，欺虐良善」。[2] 吏治的敗壞，還表現為官吏的尸位素餐、辦事不力、相互扯皮、推諉塞責，以及軍隊的士氣低落、軍紀渙散、兵甲不繕、軍備廢弛，從而導致對內統治和對外防禦能力的下降。巡撫的考察屬吏、提督軍務，均與此有關。自秦漢確立君主專制的中央集權制度以後，對於吏治的腐敗，只能通過兩種途徑來解決。一是農民起義和農民戰爭的盪滌，二是統治集團內部自上而下的整肅。通過派遣廷臣管理地方事務和對原有機構進行某些改革來整飭吏治、革除積弊，已成為歷代雖然不自覺卻又經常性的措施，也確能取得一時實效。巡撫的派遣正屬後者。

在明代巡撫的設置及其地方化和制度化的過程中，可以看到兩股相反的作用力：一是秦漢開始形成，唐宋得到加強，明初進一步強化的中央集權、地方分權的原則和傳統；二是在社會矛盾激化形勢下地方集權的緊迫需要。

如果說漢代的州、唐代的道、宋代的路、元代的省，是我國歷史上省級建制形成的幾個階段，那麼，從行省到三司，再由三司到「三堂」到巡撫，客觀上則是省級權力結構的調整過程。繼權力集中的行省和權力分散的三司這兩個極端化的體制之後，在地方分權的原則和集中的需要這一矛盾的制約下，明中葉形成了介於行省和三司、三堂之間的新的省級政治體制——權力相對集中的巡撫，並為清朝所承襲。行省、三司、三堂作為省級權力機構的時間總共僅一百年，而巡撫則前後共達四百餘年。如果現實

1　《明英宗實錄》卷 40，正統三年三月乙巳。

2　《明英宗實錄》卷 108，正統八年九月戊寅。

性可以說明合理性，那麼，巡撫的合理性在於：權力相對集中，便於提高統治效率；只給關防、不給印信，保留差遣的形式，並建立各個層次的制衡力量，便於中央進行控制；對下屬只有考察、保薦權而無任免權，且巡撫不得在原籍任職，不易形成地方割據勢力。清朝幾乎繼承了以上明代巡撫的所有特點，並進行了若干調整，使之在制度上更為完備，效率上進一步提高。

從明代巡撫的地方化和制度化來看，與漢之刺史——州牧，唐之採訪處置使——節度使，宋之制置、轉運使，乃至元之行省丞相、平章，頗有相同之處，即均由中央的派出官員轉化為地方長吏，由臨時差遣轉化為正式機構。這已為許多學者所注意。但歷史上如此多的相似與反覆，主要原因並非一些學者所認為的那樣，是君主個人的集權欲望，而是在相同的社會生產關係和中央集權條件下，各個時期有相似的社會問題和社會要求。值得指出的是，從刺史到州牧、採訪使到節度使的轉變過程，是逐步獲得軍事指揮權的過程，但並沒有出現新的監察力量；無論是制置使、轉運使，還是巡撫，都沒有完全意義上的軍事指揮權和財政控制權，這兩大權力總是由中央牢牢控制，同時出現了新的監察力量，因此，它們都不易發展到與中央分庭抗禮的地步。

第三章
明代的「道」：分巡、分守與「整飭兵備」

第一節　三司職能的變化與分巡、分守道

一、三司職能的變化及分巡、分守「道」的發生

隨着三司地位被「三堂」取代，以及巡撫成為省級權力中心，都、布、按三司逐漸淪為省級職能部門。

《明史·職官志》對布政使的職掌作了如下表述：

> 布政使掌一省之政，朝廷有德澤、禁令，承流宣播，以下於有司。凡僚屬滿秩，廉其稱職、不稱職，上下其考，報撫、按以達於吏部、都察院。三年，率其府州縣正官，朝覲京師，以聽察典。十年，會戶版以登民數、田數。賓興，貢合省之士而提調之。宗室、官吏、師生、軍伍，以時班其祿俸、廩糧。祀典神祇，謹其時祀。民鰥寡孤獨者養之，孝弟貞烈者表揚之，水旱疾疫災祲，則請於上蠲振之。凡貢賦役，視府州縣土地人民豐瘠多寡，而均其數。凡有大興革及諸政務，會都、按議，經畫定而請於撫、按若總督。其國慶國哀，遣僚貳朝賀弔祭於京師。天子即位，則左布政使親至。

這是一段自相矛盾的文字，但文字上的矛盾是由制度上的矛盾造成的。如前文所說，布政使在洪武初設之時，確實是「掌一省之政」。但當永樂時向各省派駐鎮守總兵，宣德、正統時「三堂」形成，鎮守中官實際上主持

全省事務，特別是成化、正德以後巡撫成為省級最高軍政首腦，布政使已為其下屬。

《明史．職官志》的作者顯然已經註意到了這一變化，卻拘於明初的「定制」[1]，將洪武時布政使設置之初的地位、職掌和宣德、正統以後的情況糅合在一起，遂使布政使不倫不類地既「掌一省之政」，又聽命於巡撫、巡按。在上述職掌中，所謂宣告朝廷的「德澤」和「禁令」、掌管田冊戶籍、每十年主持編造賦役黃冊、每三年率府州縣正官赴京朝覲、表揚孝悌貞烈、贍養鰥寡孤獨、賑濟災民祀典神祇等，均為常規性事務而無決策性權力。真正可視為權力象徵的，是屬官的考察和政務的「大興革」，但這兩項不僅必須「報撫按」或「請於撫按」，即需要得到巡撫都御史和巡按監察御史的認可而後行，而且，主要是巡撫、巡按的職責，並非布政使能夠獨自「會都、按二司議」。[2] 所以，雖然左右布政使的品級仍為從二品，而初任巡撫僅為僉都御史正四品，巡按監察御史更為正七品，但布政使仍得聽命於巡撫都御史並接受巡按御史的監督。

這時，布政司的首腦布政使，在某種意義上說已是「閒曹」，布政司具有實質意義的政務，是參政、參議的分「道」理事。這個「道」實有兩種類型。一是業務性的，專理一事，如各省皆設的「督糧道」和間或設置的「督冊道」即是。前者以催徵糧餉、督運漕糧為專責，後者則專事督修黃冊。二是分區性的，守土安民，所以叫「分守道」，其職責是糧儲、屯田、清軍、驛傳、水利、撫民等事。

由於各省人口有多寡、轄區有大小、事務有繁簡，故各布政司的設官也因此而添革不一。弘治初修《明會典》時載：左右布政使各一員、左右

1 這種拘於「定制」而將政書編撰得不倫不類的事情在明代已經發生。正德、萬曆《明會典》均不記宦官的職掌，以致清代編修《明史》只能多採劉若愚的《酌中志》；又無視內閣實際地位的變化而將其仍列入《翰林院》，而清修《明史》既為其立《宰輔年表》，又在《職官志》中仍按「殿閣大學士」的思路進行羅列。

2 正德《明會典》卷 15《吏部．事例》載，弘治八年奏准：「各處巡撫巡按，會同從公考察布按二司並直隸府州縣、各鹽運司、行太僕寺苑馬寺等官賢否。」

參政各一員（後因事添設無定員）、左右參議各一員（後因事添設無定員）。[1] 至萬曆重修《明會典》時，左參政浙江、江西、福建、湖廣、廣東、廣西、四川、河南、山西、陝西、雲南、貴州各一員，山東二員；右參政福建、廣東、廣西、四川、陝西、山東、雲南各一員，浙江、江西、湖廣、河南、山西各二員，貴州不設。左參議浙江、福建、湖廣、廣西、四川、河南、山東、山西、雲南、貴州各一員，江西、廣東、陝西各二員；右參議浙江、江西、福建、廣東、廣西、雲南各一員，四川、山東、山西、貴州各二員，陝西、湖廣各四員，河南不設。[2]

所有這些參政與參議，大抵上分「道」理事，從中也可以看出各省事務的繁簡。以江西為例，萬曆時額設參政、參議六員，其中一員為「督糧道」，駐省城南昌，另有五「分守道」：南瑞道轄南昌、瑞州二府，駐南昌；湖東道轄廣信、撫州、建昌府，駐廣信；湖西道轄吉安、袁州、臨江三府，駐臨江；饒南九江道轄饒州、南康、九江三府，駐九江；贛南道轄贛州、南安二府，駐南安。參政和參議名為布政司的「堂上官」，卻大多長駐地方;雖然是布政司的派出單位，卻主要對巡撫而不是對布政使負責。

《明史．職官志》對按察使的職掌作了和布政使相類似的歸納和處理：

> 按察使掌一省刑名按劾之事。糾官邪，戢奸暴，平獄訟，雪冤抑，以振揚風紀，而澄清其吏治。大者暨都、布二司會議，告撫、按，以聽於部、院。凡朝覲慶弔之禮，具如布政司。

與布政使一樣，按察使也曾經「掌一省刑名按劾之事」，但在受控於撫、按特別是巡按之後，按察司的實質性職責也是副使、僉事分巡各道。而這個「道」，同樣也有兩種類型。其一是業務性的，包括常設的「提學道」及非常設的「清軍道」「郵傳道」等。前者主管學校、科舉，後者分理清

1　正德《明會典》卷 5《吏部．官制三．在外》。

2　萬曆《明會典》卷 4《吏部．官制三．外官》。

軍、刷軍及驛傳、郵政等。其二是分區性的，巡察民情吏治，所以叫「分巡道」。仍以江西為例，按察司設有提學副使一人，駐省城南昌，專理學校、科舉事，這是「提學道」。另有五分巡道，各設副使或僉事：饒南九江道，駐饒州；湖西道，駐吉安；南昌道，駐省城；湖東道，駐廣信；嶺北道，駐南安。

洪武二十五年（1392）分全國為四十八個分巡道，二十九年十月定為四十一道。後因事添革，至萬曆時為六十餘道。[1] 隨着「分巡道」的增加，按察司副使和僉事的員額也相應地增加。正德《明會典》記各省分設按察使一員、副使二員、僉事不定員。[2] 至萬曆修《明會典》，按察使仍為一員，但副使、僉事猛增。副使：福建三員，貴州四員，廣西五員，廣東、浙江、江西、河南各六員，四川七員，湖廣、雲南各八員，山西十員，山東十三員，陝西十六員。僉事：廣西、貴州各二員，江西、陝西、雲南各三員，浙江、廣東各四員，福建、河南、山東、山西各五員，湖廣、四川各六員。[3]

按察司各分巡道與布政司各分守道都是派出機構，職責相同，並且也都對巡撫負責。但布政司分守道更側重糧儲、賦役、屯田、水利等有關國計民生事，按察司分巡道更側重治吏、撫民、清軍等有關社會風氣與社會治安事。由於分巡道的職責更多的是維護社會治安，因而軍事職能被不斷地加強，致使在一些要害地區由「分巡道」發展到「兵備道」。如江西，萬曆時即有南昌（駐寧州）、九江（駐九江）、撫建廣（夏秋駐建昌、冬春駐撫州）、袁州（駐吉安）、贛州（駐會昌）五兵備道，專職治安，而九江兵備又兼分巡饒南九江道、撫建廣兵備兼分巡湖東道、袁州兵備兼分巡湖西道、贛州兵備兼分巡嶺北道。

從按察司副使及僉事的數量遠遠超過布政司參政及參議的數量，可以

1 《明史》卷 75《職官志四》。

2 正德《明會典》卷 5《吏部．官制三．在外》。

3 萬曆《明會典》卷 4《吏部．官制三．外官》。

看出，明朝地方國家權力的主要職責，已經不是引導民眾從事生產、發展經濟，甚至也不是徵收錢糧，而是防範民眾。對於一個政府來說，這不能不說是一個悲劇。

《明史・職官志》對都指揮使司的職責也作了概括：

> 都司掌一方之軍政，各率其衛所以隸於五府，而聽於兵部。凡都司並流官，或得世官。歲撫、按察其賢否，五歲考選軍政而廢置之。都指揮使及同知、僉事，常以一人統司事，曰掌印；一人練兵，一人屯田，曰僉書。巡捕、軍器、漕運、京操、備禦諸雜務，並選充之，否則曰帶俸……凡朝廷吉凶表箋，序銜布、按二司上。[1]

都司設置之初，確實是「掌一方之軍政」，但隨着各省鎮守總兵的設置和衛所制度的變化，都司所轄的衛所軍多抽調為鎮戍軍，由總兵統領。而練兵、屯田及巡捕、軍器、漕運、京操、備禦諸雜務，很大程度也被分守、分巡、兵備諸道參政、參議、副使、僉事等分割。到明中後期，都司的職責主要是管理衛所老家官舍、軍餘的文冊檔案，帶領番上班軍赴京、操練及戍邊，雖然仍有維護地方治安的職任，但已不被重視。而且，本來為地方最高軍事領導機關的都司，其衙門名稱漸成了營兵制中的一種軍職，其地位在總兵、副總兵、參將、游擊之下，與守備相當，故不能稱「將軍」，只為「營官」。[2]

成化十八年（1482）十一月的一道「聖諭」，倒是為三司職能作了新的定位。其時廣西布政司左參議唐盛分守梧州等處，按察司僉事蕭倉、陳璉先後分巡其地。自成化十六年正月以後，猺民鬧事，多次入境殺掠人畜，巡按御史劾奏守備指揮張灝、丁端，百戶王勝許銘不能禦敵，屢失軍機，又劾唐盛等暨梧州府知府陳棫不能及時彈壓。都察院覆奏，經內

1 《明史》卷 76《職官五》。

2 萬曆《明會典》卷 127《兵部・鎮戍二・將領下》。

閣票擬及司禮監批紅，成了成化帝的「諭旨」:「朝廷設布政、按察官，令分地巡守；設知府，令畫境而治。本以衛民保境也，比年各邊屢有失利，罪止武臣而不及藩郡，以故視為泛常，恬不知戒。盛等四人可下巡按御史逮治其罪，若邊將失機，自有常典，灝等四人俱如擬發邊衛充軍。」可見，在中央最高決策者眼中，三司的責任只是「分地巡守」，而非「總一省之政」。[1]

布政司、按察司及都指揮使司的分道巡守，本來也屬臨時性差遣，但當分區地盤日漸固定，巡守官員又長駐一地，並不斷兼具軍事功能和行政功能之後，客觀上成為省之下、府之上的新的單元。這與前朝曾經發生的，如漢之州、唐之道、宋之路極其相似，只是範圍有縮小的趨勢，說明國家權力對地方的控制更為嚴密。當然，這個「道」並非只由某司獨領，而由三司的佐貳官，即都指揮使司的同知、僉事，布政司的右參政、右參議，按察司的副使、僉事，共同組成。儘管如此，分巡、分守道在體制上仍然是三司的派出單位，稱為「司道」更加合適。[2]

二、按察司副使、僉事的分巡

明代三司官員的分巡與分守，首先發生於按察司的分道巡按，按察司的分巡即由此而來。而正是按察司的分道巡按，導致了明代地方二級權力結構「道」的產生。但是，明代的「分巡」有兩種情況，既有各省按察司副使或僉事的分道巡按，也有中央都察院監察御史的分省巡按。

洪武十年（1377）二月，明廷遣監察御史吉昌等十三人分巡山東、廣西等處。[3] 此後逐漸形成監察御史代表都察院分省巡按的制度，稱「代天子

1 《明憲宗實錄》卷 234，成化十八年十一月甲辰。

2 清代的「道」即由此而來，但具有更大的獨立性。嚴格地說，20 世紀下半葉中國各省的「地區」「專區」，其所謂「行署」，仍可視為明清「道」的延續，而其終結，則是今日成為一級獨立政府的「設區市」。

3 《明太祖實錄》卷 111，洪武十年二月己巳。

巡狩」。而此前的至正十八年（1358）三月，明太祖命當時的江南行中書省提刑按察司僉事分巡郡縣錄囚。[1] 這成為明代設按察司分道巡按的先聲，但當時尚無「分道」之說，也不具備分道的條件。洪武二十五年九月，命鑄各按察分司印，重新更定各按察分司巡按地方，共四十八道。

此時按察司分道巡按的「道」只是監察區，可以視為明代中央監察網絡下移後順乎自然的配套措施。巡按監察御史代表中央都察院分「省」巡按，某種意義上已經剝奪了按察司在全省行使監察權的職能，按察司的監察只能向下推移，由副使或僉事代表省一級的按察司分「道」巡按。如果單純從品級的角度看，二者卻是錯位的。巡按監察御史僅為正七品，卻負有監察一省的使命；按察司副使為正四品、僉事為正五品，卻只能分巡一道。這也正體現了明太祖設計的國家權力結構的基本原則：以內制外、以小制大。

洪武二十九年，分巡道由 48 個減為 41 個，並劃定了各道的分巡範圍。

表 2　洪武二十九年各道分巡範圍

直省名稱	各道及所轄府縣
直隸（南）	六道：淮西（治鳳陽、廬州二府，徐、滁、和三州及太僕寺、中都留守司）、淮東（治淮安、揚州二府及六合縣、兩淮都轉鹽運使司）、蘇松（治蘇州、松江二府）、建安徽寧（治池州、安慶、徽州三府）、常鎮（治鎮江、常州二府）、京畿（治太平、寧國二府，廣德州及句容、溧水、溧陽三縣）
直隸（北平）	二道：燕南（治保定、河間、真定、廣平、順德、大名六府）、燕北（治北平、永平二府及行都指揮使司所屬衛分）
浙江	二道：浙東（治紹興、寧波、溫州、台州、處州、金華、衢州七府）、浙西（治嘉興、湖州、杭州、嚴州四府）
江西	三道：嶺北（治南安、贛州、吉安、臨江、袁州五府）、兩江（治南昌、南康、九江、瑞州四府）、湖東（治建昌、饒州、廣信、撫州四府）

1　《明太祖實錄》卷 6，至正十八年三月己酉。

續表

直省名稱	各道及所轄府縣
福建	二道：建寧（治建寧、邵武、延平、汀州四府）、福寧（治福州、興化、漳州、泉州四府）
廣東	三道：嶺南（治肇慶、南雄、韶州、廣州、潮州、惠州六府）、海南（治瓊州府及海南等衛）、海北（治高州、廉州、雷州三府）
廣西	三道：桂林蒼梧（治桂林、梧州、平樂三府）、左江（治南寧、潯州二府）、右江（治慶遠、柳州二府）
四川	三道：川東（治重慶、夔州、保寧、順慶、潼川五府州及貴州都司所屬衛分）、川西（治成都、敘州、馬湖三府，嘉定、瀘、眉、雅、龍五州及建昌等衛、松潘軍民司）、黔南（治雲南、大理等府州縣並各衛分）
湖廣	四道：武昌（治黃州、德安、武昌、漢陽四府）、荊南（治荊州、岳州、襄陽三府，沔陽、安陸二州）、湖南（治長沙、衡州、寶慶、永州四府，桂陽、郴二州）、湖北（治常德、辰州二府，靖、沅二州）
山東	三道：濟南（治濟南、東昌、兗州三府）、海右（治青州、登州、萊州三府）、遼海東寧（治東寧、瀋陽中、遼海、鐵嶺、三萬、金州、復州、蓋州、海州、義州十衛及廣寧中護衛、廣寧左前後四屯衛、定遼左右中前後五衛）
河南	二道：河南（治開封、河南、汝寧、南陽四府）、河北（治懷慶、彰德、衛輝三府）
山西	三道：冀寧（治大原一府，澤、潞、遼、沁、汾五州）、冀北（治大同一府，東勝等衛）、河東（治平陽一府）
陝西	五道：關內（治西安、鳳翔、平涼三府）、關南（治漢中府）、河西（治延安、慶陽二府，寧夏衛）、隴右（治臨洮、鞏昌二府，洮州、岷州、河州、蘭州四衛）、西寧（治西寧、莊浪、涼州、永昌、山丹、甘州、肅州七衛）
合計	41 道

* 資料來源：《明太祖實錄》卷 247，洪武二十九年九月甲寅。

從上表可以看出，這時的分道是比較粗放的，也符合「巡察」的職責。此後，隨着行政功能和軍事功能的加強，分巡道的責任越來越重，「道」的劃分更加細密，「道」的數量也隨之增長。下表為洪武二十五年、二十九年，以及弘治、萬曆修《明會典》時的分道情況。

表 3　明代按察司分巡諸道表

直省名稱	洪武二十五年	洪武二十九年	弘治十五年	萬曆十五年
直隸（南京）	六道：淮西、淮東、蘇松、安池、京口、江東	六道：淮西、淮東、蘇松、建安徽寧、常鎮、京畿		
直隸（北平）	三道：盧龍、燕南、冀北	二道：燕南、燕北		
浙江	四道：浙東、海右、浙江、金華	二道：浙東、浙西	二道：浙東、浙西	二道：浙東、浙西
江西	四道：九江、嶺北、湖東、湖西	三道：嶺北、兩江、湖東	五道：南昌、湖東、湖西、九江、嶺北	五道：南昌、湖東、湖西、九江、嶺北
福建	三道：寧武、延汀、漳泉	二道：建寧、福寧	四道：福寧、建寧、武平、漳南	四道：福寧、建寧、武平、漳南
廣東	四道：嶺南、潮陽、海南、海北	三道：嶺南、海南、海北	五道：嶺南、嶺東、嶺西、海南、海北	五道：嶺南、嶺東、嶺西、海南、海北
廣西	三道：蒼梧、南寧、慶遠	三道：桂林蒼梧、左江、右江	四道：桂林、蒼梧、左江、右江	四道：桂林、蒼梧、左江、右江
四川	三道：東川、西川、劍南	三道：川東、川西、黔南	四道：川東、川西、川南、川北	四道：川東、川西、川南、川北
湖廣	五道：蘄黃、江陵、漢江、湖南、湖北	四道：武昌、荊南、湖南、湖北	六道：武昌、上湖南、下湖南、湖北、上荊南、下荊南	七道：武昌、上湖南、下湖南、湖北、上荊南、下荊南、荊西
山東	二道：濟川、膠西	三道：濟南、海右、遼海東寧	四道：濟南、東兗、海右、遼海東寧	四道：濟南、東兗、海右、遼海東寧
河南	三道：河南、汝南、河北	二道：河南、河北	四道：河南、河北、大梁、汝南	四道：河南、河北、大梁、汝南
陝西	四道：漢中、岐陽、河西、隴右	五道：關右、關南、河西、隴右、西寧	六道：關內、關南、關西、隴右、西寧、河西	六道：關內、關南、關西、隴右、西寧、河西
山西	四道：朔南、雲中、澤潞、河東	三道：冀寧、冀北、河東	五道：冀寧、冀南、冀北、河東、口北	五道：冀寧、冀南、冀北、河東、口北
雲南			四道：普安、臨元、金滄、洱海	四道：普安、臨元、金滄、洱海

續表

直省名稱	洪武二十五年	洪武二十九年	弘治十五年	萬曆十五年
貴州			四道：貴寧、新鎮、安平、思仁	四道：貴寧、新鎮、安平、思仁
合計	48	41	57	58

* 資料來源：《明太祖實錄》卷 221，洪武二十五年九月乙酉；卷 247，洪武二十九年九月甲寅。正德《明會典》卷 165《都察院二》、萬曆《明會典》卷 210《都察院二》。

相對於洪武二十五年，洪武二十九年的分巡道減少了七個，山東、陝西兩省不僅沒有減少，反而各增加了一個。山東增加的是「遼海東寧」道，陝西增加的是「西寧」道，這和洪武時期明朝的勢力在東北、西北兩個方向的拓展有關。雲南、貴州二布政司在洪武時都沒有分巡道。按貴州布政司設於永樂十一年（1413），故爾。但雲南布政司設於洪武十五年，同樣沒有設道。洪武時貴州由四川川東道帶管，雲南則專設四川黔南道。[1]這種設置，完全可以視為西南地區人口稀少之故，而雲南的地方建制還不完整。

至弘治修《會典》時，雲南、貴州已各設四道，而四川也由原來的三道分為四道，可見從洪武至弘治的一百年間，西南地區的局勢已經發生了很大的變化。而弘治、萬曆修《會典》時不列直隸分巡道，則是因為直隸未設按察司而由巡按直隸監察御史分巡。如果將洪武時直隸地區的六個分巡道和北平布政司的兩個分巡道除去，則弘治十五年（1502）較之洪武二十九年，百年間按察司分巡道的數量增加了 24 個。如果不計雲南、貴州的八個分巡道，弘治十五年時浙江、江西等十一布政司的分巡道比洪武二十九年增加了 16 個，平均每省約 1.5 個。這當然和人口的增加、經濟的增長及社會矛盾的發展有關，但各省情況也各異。如江西、福建、廣東、湖廣、河南、山西，各增加了兩個，四川從表面數字看雖然只增加了

1 《明太祖實錄》卷 247，洪武二十九年十月甲寅。

一個，但專巡雲南的黔南道已經剔除，川東道也不再帶管貴州，實際上可以認為是增加了 2.5 個。其他四省，浙江仍為兩道，廣西、山東、陝西則各增加一道。

從弘治十五年至萬曆十五年（1587），從《明會典》的記載看，分巡道只增加了一個，即嘉靖十九年（1540）三月在湖廣增加了一個專管承天、德安二府的「荊西道」。[1] 但這絲毫不能説明近百年間明代社會平靜，而是因為按察司的另外一種「道」即「兵備道」的大量出現。即如荊西道，初置時已各設布政司、按察司守、巡官各一員，數年之後，即改為「整飭荊西等處兵備兼管分巡」，其轄地除承天、德安二府外，增加了鄰近嘉魚等八縣。[2]

三、布政司參政、參議的分守

布政司參政、參議的分守，起於永樂時方面官的「巡視民瘼」[3]。而此事的發生，與按察司副使、僉事的分巡極其相似。成祖即位後，既命都督府都督、同知往各省鎮守，為「總兵官」，又命六部及都察院官往各省「巡視民瘼」。

《明太宗實錄》載，建文四年（1402）七月，成祖即位伊始，即對羣臣發表了一番感慨：「朕居藩邸時，凡百姓艱苦，靡不知之。而數年兵興，北方之民疲勞尤甚。朕所以舉義者，為宗社生民之計，今宗社既安，而北方之民未安，吾夙夜不忘。」遂命前工部尚書嚴震直、戶部致事尚書王鈍、應天府尹薛正言等分往山西、山東、河南、陝西等布政司「巡視民瘼」，要求「何弊當革，何利當建，速具奏來」。[4] 永樂元年（1403）二月，又命監察御史等分往各布政司「巡視民瘼」[5]，這批御史的職責和巡按監察御

1　《明世宗實錄》卷 235，嘉靖十九年三月乙卯。

2　《明世宗實錄》卷 342，嘉靖二十七年十一月丙申。

3　《明太宗實錄》卷 178，永樂十四年七月甲寅條：「時命方面官巡視民瘼」。

4　《明太宗實錄》卷 10，洪武三十五年七月甲辰。

5　《明太宗實錄》卷 17，永樂元年二月乙卯。

史重在察官察吏不同，凡官民利病，皆在「巡視」範圍之內。

京官的分省巡視，推動了布政司官員即方面官的分區巡視，布政司參政、參議之分道「守土安民」即由此而起。但從事務性的「巡視」到分區性的「分守」，應該有一個相當長時間的過渡，所以布政司官的「分守」時間，要晚於按察司官的「分巡」。景泰三年（1452）六月，巡按福建監察御史許仕達奏：「近年福建布按二司分巡、分守地方，官員多有年久不易，與所屬官吏情熟，恣意妄為。今後宜聽鎮守巡撫巡按官，歲一更委。如有故違，許巡按御史執問，具聞降用。」[1] 這是著者所見到的最早的一條關於布政司官員分守的明代官方記載。從這個記載看，福建布政司官員的「分守」當發生在正統、景泰之際，而這段時間正是福建民變頻繁的時期。此後，有關「分守」的記載逐漸多了起來，到成化、弘治年間，已是動輒「分巡分守」並稱了。

根據《明史．職官志》記載，常設的布政司分守道60個，見下表。

表4 明代布政司分守諸道表

布政司	分守道名	駐地	所轄府（州）縣
浙江 （四道）	杭嘉湖道 寧紹台道 金衢嚴道 溫處道	駐省（杭州） 駐省 駐省 駐省	杭州、嘉興、湖州三府 寧波、紹興、台州三府 金華、衢州、嚴州三府 溫州、處州二府
江西 （五道）	南瑞道 湖東道 湖西道 饒南九江道 贛南	駐省（南昌） 駐廣信 駐臨江 駐九江 駐南安	南昌、瑞州二府 廣信、建昌、撫州三府 吉安、臨江、袁州三府 饒州、南康、九江三府 贛州、南安二府
山東 （三道）	濟南道 東兗道 海右道	駐省（濟南） 駐省 駐省	濟南府 東昌、兗州二府 青州、登州、萊州三府

1 《明英宗實錄》卷217，景泰三年六月甲子。

續表

布政司	分守道名	駐地	所轄府（州）縣
山西（四道）	冀寧道 河東道 冀北道 冀南道	駐省（太原） 駐蒲州 駐大同 駐汾州	太原府 平陽府 大同府 潞州府及沁、澤、遼、汾四州
陝西（六道）	關內道 關西道 西寧道 關南道 河西道 隴右道	駐省（西安） 駐鳳翔 駐涼州 駐興安 駐慶陽 駐鞏昌	西安府 平涼、鳳翔二府 涼州、肅州二府 漢中府 慶陽、延安二府 鞏昌、臨洮二府
河南（四道）	大梁道 河南道 汝南道 河北道	駐省（開封） 駐河南 駐南陽 駐懷慶	開封、臨德二府 河南府及汝州 南陽、汝寧二府 彰德、衛輝、懷慶三府
湖廣（八道）	武昌道 上荊南道 下荊南道 荊西道 上湖南道 下湖南道 上江防道 下江防道	駐省（武昌） 駐鄖陽 駐澧州 駐安陸 駐衡州 駐長沙 駐荊州或岳州 駐蘄州	武昌、漢陽、黃州三府 襄陽、鄖陽二府 荊州、岳州二府 安陸、德安二府 衡州、永州二府 長沙、寶慶二府 武昌以上 武昌以下
福建（四道）	興泉道 福寧道 漳南道 建南道	駐泉州 駐興化 駐漳州 駐延平	興化、泉州二儲 福州府及福寧州 汀州、漳州二府 建寧、邵武、延平三府
廣東（五道）	嶺東道 嶺西道 羅定道 海北道 嶺南道	駐潮州 駐高州 駐羅定州 駐廉州 駐南雄	惠州、潮州二府 肇慶、高州二府 羅定州 雷州、廉州二府 廣州、韶州、南雄三府
四川（六道）	川西道 川北道 上川東道 下川東道 上川南道 下川南道	駐省（成都） 駐保寧 駐重慶 駐涪州 駐雅州、嘉定 駐敍州、瀘州	成都、龍安二府及潼川州 保寧、順慶二府 重慶府 夔州府 雅州府及建昌行都司 敍州、馬湖二府，鎮雄、東川二軍民府及嘉定、眉、瀘、邛四州

續表

布政司	分守道名	駐地	所轄府（州）縣
廣西 （四道）	桂平道 蒼梧道 左江道 右江道	駐省（桂林） 駐梧州 駐潯州 駐柳州	桂林、平樂二府 梧州府 南寧、潯州、太平三府 柳州、慶遠、思恩、思明、鎮安五府
貴州 （四道）	安平道 貴寧道 新鎮道 思仁道	駐省（貴陽） 駐省 駐平越 駐思南	安順、平越等軍民府 貴陽府 平越、鎮遠諸府 思州、思南、銅仁、石阡諸府
雲南 （三道）	臨安道 騰沖道 瀾滄道	駐臨安 駐騰沖 駐瀾滄	臨安等處地方 騰沖等處地方 瀾滄等處地方

資料來源：《明史》卷75《職官志四》、卷41—46《地理二至七》，萬曆《明會典》卷128《兵部》，《明會要》卷73《方域三》。

第二節　整飭兵備副使、僉事：兵備道

一、兵備道的設置及地位

自宣德、正統開始向各地差遣的巡撫都御史，一方面逐步地方化成為省級行政領導機關，另一方面又是中央都察院在各省、邊的軍事督察機關，進而成為軍事領導機關。儘管直至明末，巡撫都御史與提督軍務也沒有完全合二為一，但據萬曆《明會典》，當時作為定制的二十五處巡撫，除廣西因有總督兩廣軍務兵部尚書外，其餘二十四處巡撫均參預軍務。其中，內地各省加提督軍務銜，各邊鎮有總兵處加贊理軍務銜，而總兵及標下副、參、游擊等均聽其調度。[1]

各省按察司副使、僉事本有分道巡察之責，既巡察民政、財政、學

1　萬曆《明會典》卷126、卷128《兵部·鎮戍一、三》。

政，也巡察軍政。隨着社會矛盾的加劇，明廷開始在一些要衝之地，或者加強分巡道的軍事職能，或者增設整飭兵備副使或僉事，當地及附近的衛所官軍聽其節制，從而導致了「兵備道」的設置。關於明代「兵備道」之設，沈德符《萬曆野獲編》認為始於弘治十二年（1499）八月：

> 兵備官之設，始於弘治十二年。其時馬端肅（文升）為本兵，建議創立此官，而劉文靖（健）在內閣，則力阻以為不可。馬執奏愈堅，本年八月始設江西九江兵備官一員。蓋以九江既管江防，又總轄鄱陽湖防，故特以專敕令按察司官領之。繼則湖廣之九永、廣西之府江、廣東之瓊州、四川之威茂，皆添設兵備，蓋皆邊方，多屬夷地也。其時事寄本不輕，此後以漸添設。在正德間，流寇劉六等起，中原皆設立矣。至嘉靖末年，東南倭事日棘，於是江、浙、閩、廣之間，凡為分巡者無不帶整飭兵備之銜。[1]

沈德符關於兵備道初設緣起及續設過程的敍述，與明代兵備道的設置大致是相吻合的。為控制南京上游及鄱陽湖區，遂有九江兵備道之設；為彈壓少數民族地區的民變，遂有九永、府江、瓊州、威茂諸兵備道之設；為鎮壓劉六等的流民起義，遂有中原各地兵備道之設；為抵禦倭寇，遂有江南各省的兵備之設。

按兵備道設置之初，皆稱「整飭兵備」而無「道」之說。也就是說，兵備道的設置與內閣、巡撫一樣，都有一個由臨時性的權宜到永久性的定制的過渡。上述的九江兵備道，當時也只是稱「整飭兵備」江西按察司副使，在其尚未過渡到「道」時，已經在弘治十二年十月被撤除。[2]

1　沈德符《萬曆野獲編》卷22《整飭兵備之始》。關於九江兵備之設，《明孝宗實錄》卷153「弘治十二年八月己酉」條也作了記載：「兵部尚書馬文升奏，江西九江府當長江上流，實荊南江西之襟喉、南京之藩屏。比來湖廣、江西盜起，沿江亦有鹽徒為患，請增設江西按察司副使一員，專理九江、安慶、池州、建陽等府衛地方，整飭兵備。從之。」

2　《明孝宗實錄》卷155，弘治十二年十月戊子。

需要説明的是，「整飭兵備」副使及僉事之設，卻並非始於沈德符所說的弘治時馬文升之議。

就著者所見，明代第一位被冠以「整飭兵備」的按察司官始見於天順八年（1464）二月的「整飭松潘兵備四川按察司副使王用」。時英宗「以其勤勞於外故」，賞賜了南京參贊機務並各處巡撫、鎮守、守備內外文武官一批人。冠以「整飭兵備」的，僅王用一人，與其同樣受賞十五兩白金的均為武臣，包括都指揮使、同知、僉事及指揮同知等。[1] 雖然王用何時開始「整飭松潘兵備」未見記載，但《明英宗實錄》中有一條相關信息：天順六年三月，「升四川道監察御史王用為四川按察司副使，松潘等處撫治羌夷」[2]。王用乃至整個明代按察司副使或僉事的「整飭兵備」之始，或者說，明代按察司副使及僉事開始「整飭兵備」，時間應該在天順六年三月至天順八年二月之間。

《實錄》中第一則關於「兵備道」的記載，見於嘉靖元年（1522）十一月：「更定山東四兵備道所屬州縣。」[3] 此後則在各種文字中大量地出現。雖然兵備道的名稱應該早於這則記載，但至少可以說，由「整飭兵備」到「兵備道」，是有一個過程的。這個過程比巡撫從差遣到定制的時間大約晚半個世紀。

就明代省之下、府縣之上的「道」而言，成化以前主要是分巡、分守道，它們同時承擔着維護地方治安、保證邊境防禦及催徵田糧賦役的職責，但軍事職能逐漸明晰；成化至嘉靖年間，由於內地的社會騷亂、北部邊境的蒙古內侵，以及東南沿海的倭變，兵備道大量出現，其主要的職能是整飭兵備，統領指定地區的軍事力量，或鎮壓內亂，或抗禦外侮；隆慶、萬曆及此後的天啟、崇禎年間，兵備道已遍佈各地，成了巡撫之下的

---

1 《明憲宗實錄》卷 2，天順八年二月辛亥。

2 《明英宗實錄》卷 338，天順六年三月壬戌。

3 《明世宗實錄》卷 20，嘉靖元年十一月己酉。當時的山東四兵備道為濟寧（改為沂州）、曹州、武定、臨清。

地方主要軍政機關，它們統領軍隊、管轄府縣，聽命於督撫，同時取代了分巡、分守道，成為「道」的主體。

二、兵備道的分佈及其職責範圍

郭培貴教授通過對明代歷朝《實錄》的檢索，稽得自天順八年（1464）至崇禎元年（1628）的 164 年間，明廷在全國各地先後設置的兵備道及整飭兵備副使（僉事）凡 219 處。[1] 這些兵備道和巡撫、總督一道，構成了明代中後期地方軍事力量的控制體系，下表所體現的，正是這一體系。

表 5　萬曆十年前後明代兵備道及其統屬表

總督、巡撫	兵備道	駐地	所轄地區及管轄事務
總督薊遼保定等處軍務兼理糧餉			
整飭薊州等處邊備兼巡撫順天等府地方	薊州兵備道	薊州	管理喜峰口、馬蘭谷、松棚谷、太平寨四路，監督副、參等官；分管薊州、遵化、豐潤、玉田四州縣，薊州、鎮朔等九衛及寬河所兵馬、錢糧，兼屯田
	昌平兵備道	昌平	管理黃花鎮、居庸關、橫嶺城三路，監督副、參等官；分管昌平州及懷柔、順義二縣，長陵等九陵衛，延慶、營州左屯二衛，奠靖、鎮邊等四所兵馬、錢糧，兼屯田
	永平兵備道	永平	管理燕河營、台頭營、石門寨、山海關四路，監督副、參等官；分管永平府、灤州及盧龍、遷安、撫寧、昌黎、樂亭五縣，撫寧、永平等六衛兵馬、錢糧，兼屯田
	密雲兵備道	密雲	管理石塘嶺、古北口、曹家寨、牆子嶺四路，監督副、參等官；分管通州及密雲、三河、寶坻、平谷四縣，密雲中後等八衛及梁城守御千戶所兵馬、錢糧，兼屯田
	霸州兵備道	霸州	管理霸州及香河縣、營州前屯衛，及西山、瀾河一帶兵馬、錢糧，兼屯田、河道

1　郭培貴：《〈明史·職官志四〉兵備道補正》，《文史》2004 年第 3 輯（總 68 輯）。

續表

總督、巡撫	兵備道	駐地	所轄地區及管轄事務
巡撫保定等府兼提督紫荊等關兼管河道	天津兵備道	天津	專在天津、滄州二處來往，所管自天津起德州止，並河間、滄州軍衛有司兵馬錢糧，兼屯田、河道
	紫荊兵備道	易州	管理紫荊關並該關所轄隘口，東起沿河口總、西至白石口，及保定府所屬二十州縣，保定五衛及茂州衛，並山西廣昌等州縣軍衛有司；仍聽保定巡撫節制干涉，山西都御史一體呈請施行
	井陘兵備道	井徑	管理倒馬、龍泉、故關並各關隘口，東起插箭嶺、西至石榴觜等口，及真定府所屬三十二州縣，真、神、定三衛，平定守御千戶所，並平西平定州，樂平、五台、繁峙等縣，兼馬政、驛傳
	大名兵備道	大名	管理順德所轄邊隘，北起錦繡堂等口，南至數道巖等口，並順、廣二府各九縣，大名府所屬十一州縣，順德守御千戶所，兼制山東、河南、直隸鄰境州縣衛所操練、防盜、馬匹等項，兼驛傳
巡撫遼東地方兼贊理軍務	寧前兵備道	寧遠前屯	東至寧遠塔山所，西至前屯中前所，抵關所轄寧、前二衛城堡驛所，共三十二處，兼管屯田、馬政
	開原兵備道	開原	兼管屯田、軍政
	苑馬寺卿兼金復海蓋兵備道	蓋州海州	照舊管理馬政，整飭四衛，並東昌、東勝、耀州、連邦谷等堡
	分巡遼海東寧道	錦州義州	帶管廣寧、錦、義等處兵備，東至廣寧鎮武，並西興、西寧、平洋等堡，西至錦州杏山驛，所轄廣寧等九衛城堡驛所三十五處，兼管屯田、馬政
	分守遼海東寧道		帶管遼陽、瀋陽、撫順、蒲河、寬奠各城堡邊備，兼管屯田、馬政
總督宣大山西等處軍務兼理糧餉			
巡撫宣府地方贊理軍務	懷隆兵備道	懷來	整飭南山等處，分理北、東二路
	分巡口北道	馬營赤城	管理北、中二路，兼管屯田、馬政
	分守口北道	宣府	兼理兵備

續表

總督、巡撫	兵備道	駐地	所轄地區及管轄事務
巡撫大同地方贊理軍務	陽和兵備道	大同	整飭沿邊地方兵備，專聽軍門委用，管天城、陽和二衛，並東路、新平二路十三城堡，兼屯牧
	左衛兵備道	大同左衛	經理左右雲、玉及威遠五衛
	分巡冀北道	大同	管理北東、北西二路，並渾源、聚樂、高山等二十三城堡，兼屯牧
	分守冀北道	朔州	防秋移駐平虜城，管理平虜等城堡邊備，仍兼原管懷、應等州縣，兼屯牧
提督雁門等關兼巡撫山西地方	雁平兵備道	代州	管廣武、北樓、平刑等處兵備，管轄代州及繁峙、五台、崞三縣，兼屯田
	岢嵐兵備道	偏頭關	管轄岢嵐等五州縣，分管偏老、岢嵐、河曲等處兵備，西路參將老營游擊地方兵馬，兼屯田
	潞安兵備道		帶管冀南道分巡
	分巡冀寧道兼兵備		管轄永寧州、寧鄉、臨縣並靜樂、太源、清源、交城、文水五縣，兼管太原參將營兵馬、錢糧
	分巡河東道兼兵備		並管隰州西接陝西關隘地方
	行太僕寺卿兼寧武兵備道	寧武關	不妨馬政，兼理屯田，分管八角、神池、寧武三守備及中路參將地方兵馬
總督陝西三邊軍務	固原靜寧隆德鎮原等處兵備道		兼屯田驛遞
	洮岷兵備道		分管洮、岷二衛並西固、階、文三千戶所，兼管漳、成二縣，兼分巡屯糧、驛遞
	延安兵備道	鄜州	兼管分巡，專在鄜州駐紮，及督修延、慶所屬城堡，兼屯田
	臨鞏兵備道		專管臨洮府屬五州縣及甘、蘭、臨、河西諸衛倉場、驛遞、屯種
	鞏昌兵備道		整飭鞏昌府等處撫安兵備，兼分巡隴右道，巡禁茶馬，帶理屯種，分督鞏昌府衛所，並秦、徽二州及清、澧等十縣
	靖虜兵糧道		修舉馬政，整理兵糧，分管安定、會寧二縣並永樂等九堡衛所屯寨，專管靖虜屯田

續表

總督、巡撫	兵備道	駐地	所轄地區及管轄事務
巡撫延綏等處贊理軍務	靖邊兵備道兼分巡	定邊營	東至延綏西路舊安邊，西至寧夏萌城各營堡、倉場、邊務，俱聽經理，及大鹽池鹽法，兼分巡屯田
	神木兵備道兼分巡		管理榆林東路，兼分巡建安、高家、柏林、大柏油、永興鎮等城堡，並葭州、神木、府谷、吳堡四州縣
	榆林兵備道兼分巡		管理榆林中路，兼分巡雙山等堡，並榆林二衛，綏德、米脂、清澗三州縣及清平、威武、懷遠三堡邊牆
	分守河西道	慶陽	分理延安、慶陽二府所屬州縣，兼管督修就近所屬城堡，分管慶陽衛並環縣千戶所各屯田、驛遞
巡撫寧夏地方贊理軍務	寧夏管糧道	寧夏	管理糧儲，帶管本鎮東路及寧夏後衛等十二城堡，及小鹽池鹽法，兼理屯田
	寧夏兵糧道		太僕寺少卿兼僉事，不妨原務，兼理花馬池後衛及靈州、興武、韋州三所，東、中二路城堡、倉場、驛遞、兵政、糧儲、屯田、水利、鹽法，並經理清水營互市
巡撫陝西地方贊理軍務	西安兵備道		整飭西安等處衛所兵備，分守關內道，帶管糧斛、驛傳、鹽法、水利
	涇邠兵備道	邠州	分管關內道，專管西安府等二十七州縣，整飭兵備，管轄寧州等州縣及平、慶二衛牧地軍民糧草
	商洛兵備道	商州	兼管商州、洛南、商南、山陽、鎮原等處兵備，兼屯田遞驛
	潼關兵備道		專管潼關衛班軍，分管河南閿鄉、靈寶二縣，陝西同州九州縣，山西蒲州，並守御千戶所
	漢羌兵備道	漢中	兼撫民，及分巡關南道事務，分管漢中府屬南鄭等州縣並漢中衛、寧羌衛、沔縣千戶所驛遞、糧草
巡撫甘肅等處贊理軍務	西寧兵備道		撫治西寧番夷，兼管西寧等衛所，並西寧衛所屬倉場
	甘肅兵備道		專在肅州地方，撫治番夷、整飭兵備，並肅、鎮二衛錢糧，兼屯田
	莊浪兵備道		行太僕寺少卿兼按察司職銜，整飭莊浪兵備

續表

總督、巡撫	兵備道	駐地	所轄地區及管轄事務
總理糧儲提督軍務兼巡撫應天等府地方	徽寧池太安慶廣德兵備道	池州	管轄徽州、寧國、池州、太平、安慶五府，廣德州，句容等六縣及新安、建陽、宣州、安慶各衛所，提防江賊礦徒
	蘇松常鎮兵備道	太倉州	整飭蘇州、松江、常州、鎮江四府兵備
總理漕運兼提督軍務巡撫鳳陽等處兼管河道	潁州兵備道		管理廬州、鳳陽、滁州地方衛所，兼管江防事宜
	徐州兵備道		整飭徐、宿二州等處兵備，兼管淮安府、徐州及淮北衛所，及淮安、邳州、大河、徐州、沂州等衛，莒州、東海、西海等所京操官軍
	淮揚海防道	泰州	整飭淮揚、海防、江洋，仍分管揚州、儀真、高郵等衛，泰州、鹽城、通州等所京操官軍
提督軍務巡撫浙江地方	杭嚴兵備道	杭州	分巡杭州、嚴州二府，兼管兵備，及前後二衛軍兵，各府縣民壯，一併團練，督捕水陸盜賊
	金衢兵備道	衢州	整飭金華、衢州二府兵備，兼理分巡
	嘉湖兵備道	嘉興	分巡嘉興、湖州二府，兼管兵備
	台州兵備道	台州	分巡寧波、紹興、台州三府，兼提督操練
	溫處兵備道	溫州	整飭溫州、處州二府兵備，兼管分巡，管理遂、松、龍三縣
	海道兼理寧紹兵備道	寧波	巡海兼理寧紹兵備，經管沿海衛所，管理水陸兵糧
巡撫江西地方兼理軍務	南昌兵備道	寧州	整飭南昌兵備，專飭南昌、瑞州二府戎事，訓練營鄉等兵，兼制湖廣興國、通城、崇陽、瀏陽、咸寧、平江等七州縣，扼險捕盜
	九江兵備道	九江	分巡饒州、南康、九江三府，管理兵備，贊理南康湖防，提調上江船廠，轄安慶府
	撫建廣兵備道	建昌撫州	分巡湖東道，整飭撫州、建昌、廣信三府各屬縣額設精兵，並鉛山及撫、建二府各守御所官軍
	袁州兵備道	吉安	分巡湖西道，兼管轄湖廣茶、攸、郴、桂、瀏陽等處，不妨控制萬安，往來巡歷
巡撫南贛汀韶等處地方提督軍務		贛州	所轄江西嶺北贛州道及廣東惠潮道、嶺南韶南道，福建漳南道，湖廣上湖南郴桂道，俱聽節制
	贛州兵備道	會昌	整飭贛州地方兵備，兼分巡嶺北道

續表

總督、巡撫	兵備道	駐地	所轄地區及管轄事務
提督軍務兼巡撫福建地方	福州兵備道		歸併清軍道，仍兼管福州兵備，兼分巡福寧道，監督全省水陸官軍
	福寧兵備道	福寧	分巡福寧，分理軍務，管理該州並福州地方
	建南兵備道	建寧	分巡建南道，分理軍務，管理該府並邵武、延平地方
	興泉兵備道	泉州	分巡興泉道，兼分理軍務
	海道	漳州	督理沿海衛所官軍，專管兵糧海防，兼理團練，分理軍務
	分巡漳南道	上杭	分巡汀漳二處地方，操練軍快人等，分理軍務，兼管廣東大埔、程鄉二縣
巡撫湖廣地方兼提督軍務	岳州兵備道	岳州	管上江防道，由武昌而上，至沔陽、岳州、長沙等處，提督一帶江防、湖禁、巡私，兼制寧州並寧州守備
	蘄州兵備道	蘄州	管下江防道，由漢陽而下，至黃州、蘄州、德安等處，提督一帶江防、湖禁、巡私
	郴桂兵備道	郴州 衡州	提督本州五縣、桂陽州所屬各衛所地方，及廣東韶州府所屬縣守御千戶所，並續擬衡、永二府所屬十二州縣，廣東孔樂、連山，廣西富賀，江西大庾、上猶等縣，衡、永二衛，及連州陽山一帶地方
	靖州兵備道		在靖州銅鼓、五開等八衛並天柱等所居中駐紮，整飭兵備，操練衛所軍馬並錢糧
	沔陽兵備道	沔陽	整飭荊西等處兵備，兼管分巡，提督承天所屬堤垸，原管承天、德安二府屬及鄰近嘉魚等八縣地方
	分巡武昌道	省城	整飭武昌兵備，專一團練軍兵，所轄武昌，南至嘉魚北至白湖鎮二哨，及漢陽府黃陂縣地方
	分守荊西道	承天	與守備太監協同護守陵寢，管承天、德安二府
	分守上荊南道	澧州	整飭澧州（按：原文為岳州，誤）、九、永等處兵備，督理軍衛有司
	分守湖北道	辰州	兼撫苗夷，提督軍衛有司
	撫治荊州兼施歸兵備道	荊州	照舊分巡上荊南道，撫治荊州等府流民，整飭施、歸等處兵備，統轄荊州府所屬州縣，及荊州衛、右衛、瞿塘衛及枝江、惠州各千戶所，施州、永順等土司，巡歷夷陵、歸州、巴東一帶州縣，聽川、貴巡撫及四川巡按節制

續表

總督、巡撫	兵備道	駐地	所轄地區及管轄事務
提督軍務兼撫治鄖陽等處地方		鄖陽	所轄湖廣下荊南道、鄖襄道，河南汝南道，陝西關南漢羌道、商洛道，四川下川東夔瞿道，俱聽節制
	鄖襄兵備道	襄陽	整飭鄖襄兵備，及分巡下荊南事務，練兵捕道
總督兩廣軍務兼理糧餉帶管鹽法兼巡撫廣東地方	韶南兵備道	韶州	所轄南雄、韶州二府各縣衛所，並廣州府屬州縣，兼分巡，分管練兵事務
	惠潮兵備道	潮州	兼管惠、潮二府，兵巡事務，巡歷惠州府屬海豐等十縣、潮州府屬饒平等十縣，提督捕盜水陸官兵，往來山海地方，操練營寨
	高肇兵備道	肇慶	兼分巡嶺西道，整飭高、肇二府兵備，修理各該城堡，操練官軍、民快、鄉夫、打手，撫民捕盜
	羅定兵備道	羅定	專管新設一州，並南鄉、當霖、封門、出口四所，及黃姜洞、大峒二營，分管練兵事務
	雷廉兵備道	廉州	整飭雷、廉二府地方兵備，兼理分巡海北道，監督海康烏兔寨
	瓊州兵備道	瓊州	整飭兵備，監督瓊州寨，操練兵船
	海道兼整飭廣州兵備	東莞南頭城	巡視海道一帶地方，整搠船隻，操練水戰，監督南頭、白鴿二寨
巡撫廣西地方	蒼梧兵備道	郁林	整飭蒼梧、北流、興業、博白、岑溪、陸川地方兵備，兼管分巡
	賓州兵備道	賓州	整飭賓州等處地方兵備，兼分巡
	府江兵備道	平樂	整飭府江兵備，帶管平樂府分巡事務
	分巡桂林道	省城	分巡桂林一府，兼全州、永寧、永福兵備事務，帶管撫夷
	分巡左江道	南寧	兼潯州、太平、思明等府憑祥、桂平、宣化、養利等州縣，奉議、訓象、向武、太平、武緣等衛所，及武緣縣膺、葛二墟地方兵備
提督軍務巡撫四川等處	安綿兵備道	綿州	整飭安、綿、石泉等處兵備，提督關堡，操練土兵民壯，兼督利州衛，並保寧府官軍民快
	威茂兵備道	茂州	整飭威茂等處兵備，撫治羌夷
	重慶兵備道	重慶	分巡上川東道，管轄重慶府衛州縣，並貴州、酉陽等處土司

續表

總督、巡撫	兵備道	駐地	所轄地區及管轄事務
提督軍務巡撫四川等處	夔州兵備道	達州	整飭下川東道兵備，即兼分巡，專轄夔州府衛州縣並石柱土司，撫民捕盜，兼治施州
	敘馬兵備道	建武鎮	招集民兵充實墩堡，整飭敘、馬二府瀘州所屬及敘、瀘二衛新所，並永寧、東川、鎮雄、烏撒、烏蒙等地方土司兵備
	建昌兵備道	建昌	會、鹽、寧、越、禮州、德昌、鎮西、寬山、迷易、打沖河等衛所，並昌州馬喇邛部威龍普濟等土司地方兵備，兼管分巡
	松潘兵備道	松潘衛	整飭松潘等處兵備，撫治羌夷，兼管紅花、潭厍等八屯
	分巡上川南道	雅州	管嘉、眉、邛、雅四州，並雅、大二所，天全招討、黎州安撫二土司
巡撫山東等處地方贊理營田兼管河道提督軍務	武定兵備道	武定德州	往來武定、濱、德三州，並陽信、商河各州縣，督理屯營，操練防守
	濟寧兵備道	濟寧	專管河鹽，兼濟寧州及寧陽、魚台、汶上三縣，並濟寧一衛兵備，仍分巡
	曹濮兵備道	曹州	督捕盜賊、操練衛所屯營兵馬，兼管分巡
	沂州兵備道	沂州	督捕盜賊，操練州縣衛所屯營，帶管分巡馬政
	臨清兵備道	臨清	整飭東昌府屬、兗州府屬各州縣兵備，帶管分巡馬政、河道
	青州兵備道	青州	整飭青州所屬萊蕪、新泰、蒙蔭、沂水、長山、淄川各縣，兼分巡青、萊二府
	海道	登州	仍治登萊二府，兼管登州一處分巡
巡撫河南等處地方兼管河道兼提督軍務	開封兵備道	省城	管理開封及本府屬二十九州縣並宣武一衛，往來提督軍衛有司
	磁州兵備道	磁州	擒捕盜賊，修理城池，撫安民兵，排練軍馬，其衛輝所轄縣分，兼馬政
	大梁兵巡道	陳州	巡歷歸、睢地方，練軍、禦盜、馬政（係睢陳兵備道歸併）
	分巡汝南道		兼整飭兵備

續表

總督、巡撫	兵備道	駐地	所轄地區及管轄事務
巡撫雲南兼建昌畢節等處地方贊理軍務兼督川貴糧餉	臨安兵備道		整飭臨安等處兵備
	騰沖兵備道		整飭騰沖等處
	瀾滄兵備道		整飭瀾滄、姚安等處
	曲靖兵備道		整飭曲靖尋甸馬龍木密沾益等處
巡撫貴州兼督理湖北川東等處地方提督軍務	都清兵備道		整飭都清等處，分巡新鎮道，兼治廣西南丹等州，平清、偏鎮、銅鼓、五開等衛所
	威清兵備道		整飭威清等處，分巡平安道，兼制泗城、沾益等州，節制普安爊陽守備等官
	畢節兵備道		整飭畢節等處，分巡貴寧道，兼治烏撒、鎮雄、永寧等司府
	思石兵備道		整飭思石兵備，分巡思仁道，兼治鎮篁、平茶、播州等處

資料來源：萬曆《明會典》卷128《兵部．鎮戍三．督撫兵備》。

從上表可以看出，在萬曆十五年（1587）重修《明會典》時，具有軍事功能的布政司、按察司分司及其他相關機構共119處，分別是：「兵備道」92處，「分巡道」兼兵備11處，「分守道」兼兵備七處，「太僕寺」「苑馬寺」卿兼兵備各一處，「兵糧道」「管糧道」兼兵備各一處，「海道」兼兵備四處，「撫治荊州」兼兵備一處。在92處兵備道中，有43處兼分巡，其中，兼分巡道者37處、分巡指定地區者兩處、分巡具體事務如屯田屯糧驛遞馬政者四處，另有兼分守者一處（關內道）。

從表面上看，上表反映的是明後期地方軍事力量的統屬關係，但在一定程度上也是整個國家地方權力結構的展示。由於治安逐漸上升為地方政府的主要職能，各巡撫通過提督軍務強化了軍事功能，兵備道則通過兼分巡、分守道強化了行政及監察功能，因此，上表清晰地反映了明後期國家地方權力結構的特徵及統屬關係：在北部邊境地區，形成了總督—巡撫—兵備道（含分巡、分守、兵糧等道）—府縣、衛所的統屬關係；在內地，則沒有總督這一層，為巡撫—兵備道—府縣、衛所的統屬關係。

以北方重鎮薊、遼為例，設有總督薊遼保定等處軍務、兼理糧餉兵部尚書一員，下有整飭薊州等處邊備兼巡撫順天等府地方都御史、巡撫保定等府兼提督紫荊等關兼管河道都御史、巡撫遼東地方兼贊理軍務都御史三員，巡撫之下又有兵備副使若干員。如順天巡撫下，有薊州兵備一員，管理喜峰口、松棚谷、馬蘭谷、太平寨四路，監督副將、參將等官，分管薊州、遵化、豐潤、玉田四州縣和薊州、鎮朔、遵化、營州右、東勝右、安義中、興州前、開平中屯、興州左屯等九衛以及寬河千戶所的兵馬錢糧，並兼管屯田。另有昌平兵備、永平兵備、密雲兵備、霸州兵備，職責與薊州兵備相似。無論是總督、巡撫還是兵備道，均統軍治民，並兼理錢糧、屯田等事項。再以江南腹地江西為例，巡撫江西都御史兼理軍務，下轄南昌、九江、撫建廣、袁州四兵備道。除南昌兵備道「專飭」南昌、瑞州二府軍事外，九江兵備道分巡饒州、南康、九江三府並轄南直安慶府，撫建廣兵備道分巡湖東道（轄撫州、建昌、廣信三府），袁州兵備道分巡湖西道（轄吉安、袁州、臨江三府），而南贛巡撫下的贛州兵備道分巡嶺北道（轄贛州、南安二府）。因此，江西布政司的十三府及所屬州縣及所在衛所，均在兵備道的管轄之下。

但是，與作為中央都察院派出的權力機關巡撫一樣，作為省按察司派出權力機關的兵備道與法定的府、縣權力機關相比，也表現出其「權宜」性。

首先，明廷始終將兵備道視為權宜機構，地方發生動盪時增設，一旦動盪平息即予撤除。如成化六年（1470）三月，升監察御史涂棐為廣東按察司副使，提督兵備，分守瓊州地方。原因是巡撫廣東都御史吳琛等認為瓊州「孤懸海外」，轄十三州縣，而原設海南衛及儋州等六個千戶所又遠離省城廣州，分巡、分守官每年難得巡視一次，「遇有警急，猝難馳報」，故請求專任副使一員，「提督兵備、防禦倭寇」。[1] 六年之後，因總督兩廣都御史朱英認為「邊方無事」，瓊州兵備道被革除，涂棐的繼任者

1 《明憲宗實錄》卷 77，成化六年三月甲申。

徐懷也調往湖廣，瓊州仍「歲委副使或僉事一員分巡」。[1] 再如被沈德符誤認為是「兵備官」之始的九江兵備道，兵備副使尚未到任就被革除。《明孝宗實錄》載：

> 弘治十二年（1499）十月戊子，監察御史陳銓等劾奏兵部尚書馬文升：「前以王越之故而添設總制三邊都御史，以楊時敷之故而添設清理軍冊員外郎，又徇沈輝之請添設湖廣九永等處兵備僉事李宗泗，今又以歐鉦舊屬於腹裏地方，添設江西九江兵備副使。乞裁革此二處兵備，並黜鉦及文升等，以正朋比之罪。」上命二處兵備官俱革去，鉦等二人俱調用。文升等已之吏部，以鉦雖升副使，未到任，又被劾不可復任副使，請仍調知府，與僉事李宗泗俱候缺聽用。從之。[2]

雖然九江兵備道被革除，但《實錄》的修撰官們認為九江位於南京上流，「宜設兵備官」，陳銓等人為此事劾奏馬文升，乃其同列王鼎欲得之，馬文升卻用歐鉦，故遭到劾奏。而弘治帝（當然，主要是內閣和司禮監的作用）准陳銓之奏，仍然說明朝廷一直將兵備道視為「權宜」，並不想到處增設。

其次，兵備道最明顯的特徵是它的軍事職能，即「整飭兵備」，雖然屬於按察司系統，但其設置及革除均由兵部負責，故《明會典》將其納入「兵部」的統屬之下。除此之外，各兵備道並不像府、縣官那樣，有歷代相承因而約定俗成並通過「諸司職掌」確認的職掌，而是根據各地情況，通過「敕書」的方式，增加其行政、財政、監察及其他方面的職掌，從而不但成為省之下、府之上的軍事領導機關，而且取代分巡、分守道，成為同

1　《明憲宗實錄》卷 160，成化十二年十二月丙子。

2　《明孝宗實錄》卷 155，弘治十二年十月戊子。

一級別的軍政機構。[1]

以南、北二京所在地的順天、應天兩巡撫為例。同為順天巡撫統轄的薊州、昌平、永平、密雲、霸州五兵備道，薊州等四兵備為京師北部屏障，故分段管理邊隘各路、監督副參等將領、分管所在地區的府縣衛所兵馬錢糧等事，並兼理屯田。唯霸州在京師南面，所以無管理邊隘各路的職責，只理所在地區州縣衛所兵馬錢糧及屯田；又因轄區內渾河、會通河縱橫，所以又兼理河道。應天巡撫統轄徽寧池太安慶廣德、蘇松常鎮二兵備道，前者「管轄」徽州等五府、句容等六縣及廣德州，以及新安等衛所，並有防江、護礦的職責；後者則只是整飭蘇州等四府兵備，並不得理民事。蘇松常鎮兵備道不同於上述江西諸兵備道，不理民事，很大程度上是因為蘇州、松江、常州、鎮江諸府為國家財賦之地，雖然常因「江南重賦」的問題引起當地輿論的不平，但總體上是國內社會秩序最為穩定的地區，似乎並不需要運用軍事力量來對地方進行彈壓。從中也可以看出，如果不是出於無奈，明廷並不希望賦予權宜的兵備道以過大的權力。

儘管明廷並不希望遍設兵備，也不希望兵備擁有過大的權力，但時局的發展使兵備道遍設於全國各地，成為集特殊職能與分區管理為一體、雖是按察司的派出機關但主要對巡撫及兵部負責的特殊建制，成為明朝地方國家權力結構中的重要組成部分。但也正如沈德符所說：「其始欲隆其柄以鈐制武臣，訓習戰士，用防不虞，意非不美。但承平日久，仍如守土之吏，無標兵可練，無軍餉可支。雖普天皆云兵備，而問其整飭者何事，即在事者亦茫然也。」[2]

1 兵備道之取代分巡、分守道對於統一政令是有積極意義的，早在弘治時，就有人指出分巡、分守、兵備道設置的重疊。《明孝宗實錄》卷 151 載，弘治十二年六月癸卯，致仕都督同知魯鑒言四事，其一說甘州一處，有左副總兵，又有游擊參將，「兼有分守分巡兵備等官，政出多門」。

2 沈德符：《萬曆野獲編》卷 22《整飭兵備之始》。

第四章
明代府州縣「親民官」及其施政方式

第一節　府州縣機構的設置與調整

一、府州縣機構的設置及官員的職業道德要求

明朝建立以後，在對省級權力機構進行改革的同時，也對省級以下國家權力機關和行政區劃作了調整，將元朝的路、府、州、縣四級，簡化為府（或直隸州）、縣（或屬州）二級，形成了省—府（直隸州）—縣（屬州）三級地方行政系統。

府是省之下、轄若干縣和屬州的接近基層的行政單位，為法定的二級地方權力機關。按稅糧的多寡，府分為三等：稅糧額在 20 萬石以上的為上府，10 萬至 20 萬石的為中府，10 萬石以下為下府。各府均設知府（正四品）一員，根據情況不同及府等的高下，分設同知（正五品）、通判（正六品）、推官（正七品）。

縣為明代基層行政單位，也是基層國家權力機關，按稅糧數額分為三等：稅糧額六萬至十萬石的為上縣，三萬至六萬石的為中縣，三萬石以下的為下縣。各縣均設知縣一人，也根據不同情況及縣等設縣丞（正八品）、主簿（正九品）。

州在明朝分為直隸州和屬州兩種，但這兩者都不成為一級行政機關。從級別來說，直隸州直轄於布政司，管轄一縣或數縣，地位相當於府而低於府；屬州則轄於府，地位相當於縣而略高於縣。無論是直隸州還是屬州，均設知州一人（從五品），同知（從六品）、判官（從七品）的設置則視情況而定，多有被裁革者。大體上說，直隸州裁革同知，只留知州和判

官，屬州則只留知州，同知、判官均予裁革。[1]

為了便於統治，明代州、縣大多設有巡檢司、水陸驛站、稅課司等業務部門。巡檢司為縣的派出單位，洪武二年（1369）始設於廣西，其後各府州縣關津要害處俱漸次設置。各巡檢司都設有巡檢、副巡檢（俱從九品），「主緝捕盜賊，盤詰奸偽」。[2] 洪武十三年二月，明太祖諭各處巡檢：「朕設巡檢，扼要道，驗關津，必士民之樂業，致商旅之無艱。然雖法古之良能，未經點督。今特差人詣所在，諭以巡防有道，譏察多方。有能堅守是職，鎮靖所司，役滿來朝，朕必嘉焉。」[3] 可見，設置巡檢司的主要目的在於維護地方治安，因而顧炎武比之為秦漢時的游徼。[4] 驛站設有驛丞，主郵傳迎送之事；稅課司設大使、副使，主收工商諸稅。

洪武元年十二月定府、州、縣衙門的規制：府衙圍牆高一丈五尺，內深七十五丈，闊五十丈；州治次之，縣治又次之。府、州、縣衙內均蓋公廨正廳三間，東西耳房各二間，通計七間。公廨後起蓋房屋，供守令正官居住；左右兩旁，佐貳官及首領官居住。公廨東另起蓋分司一所，供巡按監察御史及按察司分巡官臨時居住。公廨西起蓋館驛一所，供來往差使居住。[5]

據《明史·地理志》，明朝南北直隸及十三布政司共轄府 159 個、州 240 個，縣 1144 個。自從布按二司分守、分巡制度形成後，府（州）縣也分道而治。

由於知府、知州、知縣為牧民官，代表政府直接與民眾接觸，故明政府對其甚為重視。明太祖多次公開表示，治國之本在保民，保民之要在擇守令，並諭吏部：「任官惟賢才，凡郡得一賢守，縣得一賢令，足以致

1 《明史》卷 75《職官志四》。

2 《明史》卷 75《職官志四》。

3 《洪武御製全書》卷 7《諭各處巡檢》。

4 顧炎武：《日知錄》卷 8《鄉亭之職》。

5 陸容：《菽園雜記》卷 13。

治。」[1] 並對廷臣說：「古者帝王治天下，必廣聰明，以防壅蔽。今布政使司官，即古方伯之職。各府知府，即古刺史之職。所以承流宣化，撫安吾民也。然得人則治，否則瘝官曠職，病吾民多矣。朕今令之來朝，使識朝廷治體，以警其玩愒之心。且以詢察言行、考其治績，以觀其能否。苟治效有成，即為賢材，天下何憂不治？」[2] 成祖即位後也多次告誡吏部及都察院：「為國牧民，莫切於守令。守令賢則一郡一邑之民有所恃，而不得其所者寡矣。如其不賢，當速去之。」[3] 在這些思想的指導下，布政司及府、州、縣正官三年一朝覲並接受吏部和都察院考察的制度形成了。宣德時行保舉法，命大臣舉京官廉能者為知府，於是況鍾、趙豫等 34 人分知蘇州、松江等府，俱有治績。

對於地方官中的玩忽職守、克剝百姓者，明初多從重懲治。洪武九年，山東日照縣知縣馬亮考滿入覲，其評語是：「無課農興學之績，而長於督運。」明太祖大怒：「農桑衣食之本，學校風化之原，皆守令先務，不知務此，而曰長於督運，是棄本而務末，豈其職哉？苟任督責以為能，非愷悌之政也。為令而無愷悌之心，民受其患者多矣。」立命黜之。[4] 在三篇《大誥》中，有關明太祖親自處置地方守令中貪官污吏的誥文比比皆是，僅《大誥三編．臣民倚法為奸》一誥，就開列了江西建昌縣知縣徐頤、直隸松江府知府李子安、直隸江浦縣知縣楊立、陝西甘泉縣知縣鄭禮南、北平開州同知郭惟一、江西德安縣丞陳友聰、山東定陶縣知縣劉正、山東萊陽縣丞徐坦、直隸溧水縣主簿范允等九名為害一方的守令，以及與這些官員相勾結、魚肉鄉里的豪民數十人，處理辦法或是「梟令示眾、籍沒其家」，或是「淩遲示眾」。同時，太祖屢發禁令，不許地方官吏下鄉擾民，如有犯者，許當地百姓械送京師處置，茲舉兩篇誥文為例。

1　《明太祖實錄》卷 90，洪武七年六月戊午。

2　《明太祖寶訓》卷 3《任官》。

3　《明太宗實錄》卷 26，永樂元年十二月丁亥。

4　《明太祖寶訓》卷 3《任官》。

其一曰：

> 十二布政司及府、州、縣，朕嘗禁止官吏、皂隸，不許下鄉擾民，其禁已有年矣。有等貪婪之徒，往往不畏死罪，違旨下鄉，動擾於民。今後敢有如此，許民間高年有德耆民，率精壯拿赴京來。[1]

其二曰：

> 今後布政司、府、州、縣在役之吏、在閒之吏，城市鄉村老奸巨猾頑民，專一起滅詞訟，教唆陷人，通同官吏害及州里之間者，許城市鄉村賢良方正、豪傑之士，有能為民除患者，會議城市鄉村，將老奸巨猾及在役之吏、在閒之吏，綁縛赴京，罪除民患，以安良民。敢有邀截阻當者，梟令。拿赴京之時，關津渡口毋得阻當。[2]

永樂、宣德及以後各朝，也屢有嚴懲違法守令的記載。但隨着整個官場風氣的敗壞，從上到下貪贓成風，坑民成習，禁令多成空文，即便明廷對一些民憤極大的官員進行懲治，也多半與官場的權力鬥爭有關。

二、縣的增置與國家權力對地方控制力的體現

作為與社會基層最為接近的國家權力機關，縣的設置主要是由兩種因素推動的。一是由於人口的增長和經濟的發展，原有的縣級機關已經無法適應新的形勢，需要對原有行政區劃進行拆分，以加強政府對人口和財富的控制。二是原有的縣級機關對邊遠地區缺乏控制力，而這些地區恰恰成為流民的集聚地，並以此作為對抗官府的基地，政府則通過設縣的方式加

---

1 朱元璋：《大誥續編．民拿下鄉官吏第十八》。

2 朱元璋：《大誥．鄉民除患第五十九》。

強對這些地區的管轄。當然，這兩個因素是相互交織的。自從秦漢實行郡縣制以來，郡（州、府）及縣的增設，元、明、清三代省級區劃的變更緣由，大體上也不外乎以上兩大因素。當然，如果通過戰爭擴大疆域，省、府、縣的增設當作別論。

就明代而言，前者如南直隸松江府，宋、元時期已是繁華之地，入明之後，曾遭受明廷政策上的壓制。隨着經濟的恢復和發展，人口增加，稅收也增加，遂析上海、華亭二縣地，以新涇巡檢司所在地為縣治，增設青浦縣。而大量新縣的增設，則屬於後者。下面以江西為例進行討論。

明人王世懋説：「江西東南大都濱江帶湖，四要之地。自三代以還，其戰爭之略盡於此矣。此乏則彼乘，民安則盜戢，乘除機宜，可指諸掌者。入我朝，正德以後，則漸入於多事，蓋不復可以雅馴優游理矣。」[1] 王世懋其實討論了江西的兩大問題：一是明正德以前社會安定和人口增長的基本原因，即大抵上沒有發生戰亂，即使有戰亂，也只局限在鄱陽湖一帶，而未深入腹地。二是正德以後江西的社會動盪問題，他認為，從明正德以後，江西才進入多事之秋，才陷於動盪之中。其實，江西的動盪開始於成化年間，大批來自鄱陽湖區和吉泰盆地，以及福建、廣東的流民進入贛南山區，開荒種地、砍樹燒炭，由暫時性謀生發展為永久性居住，與土著的矛盾逐漸尖銳並受到官府的驅趕，動盪因此而發生，至正德時，贛南山區已成為明廷最為關注的多事地之一，也才有王守仁的「巡撫南贛汀韶」。而贛東北、西北，也同時陷入動盪之中。正是這些動盪，才使江西成為內地增設縣治最多的地區之一。

《明史·地理志》記載了明代江西布政司所屬的十三府，一州，七十七縣，其中有九縣屬正德及正德以後新置，增加了 13.2%：

撫州府東鄉縣，正德七年（1512）八月以臨川縣的孝岡所置，並析金溪、進賢、余幹、安仁四縣地益之。

饒州府萬年縣，正德七年八月以餘幹縣的萬春鄉所置，並析鄱陽、樂

1　王世懋：《實書》，《明經世文編》卷 345。

平及貴溪三縣地益之。

南康府安義縣，正德十三年二月析建昌縣所屬安義等五鄉所置。

南安府崇義縣，正德十四年三月以上猶縣崇義里所置，並析大庾、南康二縣地益之。[1]

廣信府興安縣，嘉靖三十九年（1560）八月以弋陽縣的橫峰寨所置，並析上饒、貴溪二縣地益之。

臨江府峽江縣，本新淦縣之峽江巡檢司，嘉靖五年四月改為縣，並析新淦縣六鄉地益之。

贛州府定南縣，隆慶三年（1569）三月以龍南縣之蓮蒲鎮置，並析安遠、信豐二縣地益之。

贛州府長寧縣，萬曆四年（1576）三月以安遠縣之馬蹄岡所置，並析會昌縣地益之。

建昌府瀘溪縣，本為府治所在地南城縣的瀘溪巡檢司，萬曆六年十二月在此置縣。

除個別之外，上述新設縣均與人口的流動特別是流民與政府的鬥爭密切相關。

東鄉縣。正德六年（1511），聚集在撫州府臨川縣的流民，以王玨五等人為首，與官府對抗，為官兵、狼兵所殺 11000 餘人，所破的聚落點 265 處。[2] 正德七年八月，明政府以流民鬧事的發起地臨川縣的東鄉為中心，設置了東鄉縣。同一天設置的便是萬年縣。

萬年縣。明武宗正德三年，聚集在饒州府鄱陽、余幹、樂平及廣信府貴溪、安仁一帶的流民因不堪忍受官府的欺壓，以姚源山為中心，推舉王浩八為首領，揭竿而起，聚眾數萬人，轉戰江西、浙江、南直三省邊界，與官兵周旋達五六年，活捉了樂平知縣、攻破了安仁縣城，官兵死傷上萬

1 《明史》卷 43《地理志四・江西》。

2 《明武宗實錄》卷 87，正德七年五月甲寅。

人。[1] 正德七年八月，明政府在姚源洞附近，以余幹縣萬春鄉為中心，建立萬年縣，用以管轄這一帶的流民。只是這個剛剛設置的縣級衙門，不久即被流民攻陷。

安義縣。正德五年，瑞州府高安縣的流民集結在華林寨，以羅光權為首，聚眾萬人，連破瑞州府城及新餘、分宜、上高、奉新、靖安、建昌等縣城，擊殺聲勢浩大。[2] 而在建昌縣安義鄉一帶，則活躍着以徐九齡為首的流民組織，他們出沒江湖幾十年，黃州、德安、九江、安慶、池州、太平「咸被其害」。[3] 正德十三年，明政府採納了南康府知府陳霖的建議，以建昌縣安義鄉為中心，設置安義縣。

南安府崇義縣的設置，更是流民與政府鬥爭的產物。

天順、成化時，江西南安府大庾、上猶、南康等縣的橫水、桶崗、左溪、長流等處，以及贛州府的安遠、信豐、會昌，福建汀州府的清流、上杭，漳州府的南靖、龍巖，廣東惠州府的龍川、長樂以及湖南郴州等四省毗鄰山區，聚集着大量來自江西吉安等府及廣東福建的流民。流民們成百上千，各為聚落，同時也因山場、田地的歸屬等問題與當地土著居民發生糾紛。地方官府在這些爭執中自然是維護土著居民的利益，流民只能通過自己的力量來保護自己。加上流民中多雜有流氓無賴之徒，往往挑起事端，搶劫殺掠也就難以避免。官府出面干預，流民輒行抵抗，遂釀成武裝衝突。時間一長，流民結成了無數股武裝勢力。其中勢力較大的，有江西上猶縣橫水的謝志珊、桶崗的藍天鳳，廣東龍川縣浰頭的池仲容，福建南靖縣的詹師富等。流民居住地地域相連，政府反覆用兵而流民聲勢愈加浩大，成為令明廷十分棘手的難題。

為了加強對閩、粵、湘、贛邊界流民聚集地區的管理，明廷於成化七年（1471）正月以福建汀州府清流縣之明溪鎮置歸化縣，並析將樂、沙

1　《明史》卷 187《陳金傳》。

2　《明武宗實錄》卷 92，正德七年九月乙酉。

3　《明史》卷 187《俞諫傳》。

縣、寧化三縣地益之；以上杭縣溪南里之田心地置永定縣，並析勝運等四里益之。成化六年，以漳州府龍巖縣九龍鄉置漳平縣，並析居仁等五里地益之。弘治七年（1494），明政府更批准了江西鎮守太監、巡按江西監察御史及三司的請求，設巡撫南贛汀漳都御史，開府贛州，遇有緊急軍情，閩、粵、湘、贛四省三司，皆聽節制。但這裏的「奸氓」「不逞之徒」並沒有因為南贛汀漳巡撫的設置而平息，相反，氣勢越來越大，而且不少已建號稱王。官軍屢次圍剿，不是無功而返，便是大敗而歸。直到正德十二、十三年間，王守仁苦心經營，才將其逐個鏟平。在平定了福建南靖詹師富後，王守仁於正德十四年六月奏准以南靖縣之河頭大洋陂置平和縣，並以漳浦縣地益之。平定龍川浰頭池仲容後，王守仁於正德十三年八月以龍川縣之和平司置和平縣，並析河源縣地益之。在此之前，正德十二年，王守仁平滅上猶橫水一帶的謝志珊時，當地鄉紳聯名上書：

> 上猶等縣橫水、左溪、長流、桶岡、關田、雞湖等處，賊巢共計八十餘處，界乎三縣之中，東西南北相去三百餘里，號令不及，人跡罕到。其初峯賊，原係廣東流來。先年，奉巡撫都御史金澤行令安插於此，不過砍山耕活。年深日久，生長日蕃，羽翼漸多，居民受其殺戮，田地被其佔據。又且潛引萬安、龍泉等縣避役逃民並百工技藝游食之人雜處於內，分羣聚黨，動以萬計。始漸虜掠鄉村，後乃攻劫郡縣。近年肆無忌憚，遂立總兵，僭擬王號，罪惡貫盈，神人共怒。今幸奏聞征剿，蒙本院親率諸軍，搗其巢穴，擒其首惡，妖氛為之掃盪，地方為之底寧。三縣之民歡欣鼓舞，如獲更生。訪得各縣流來之賊，自聞夾攻消息，陸續逃出頗眾，但恐大兵撤後，未免復聚為患。合無三縣適中去處，建立縣治，實為久安長治之策。[1]

---

1 王守仁：《王陽明全集》卷 10《立崇義縣治疏》。

於是，王守仁以這份或為自願或經授意而寫成的「上書」為由，奏准於上猶縣崇義里設置崇義縣，修築縣城，管轄原上猶縣崇義等三里、大庾縣義安等三里及南康縣的至坪里，認為這是「變盜賊強梁之區為禮義冠裳之地，久安長治無出於此」的最好辦法。同時在縣西南的鉛廠、東南的長龍及西北的上保三處分設巡檢司，又命千戶孟俊在茶寮伐木立隘，以扼要害。這樣，南安府的「山賊」便無處躲身了。[1]

嘉靖五年所設的峽江縣，其所在地雖然沒有發生大的流民起事，卻也騷亂不斷。錢琦《設縣事宜》記峽江縣設縣的由來：

> 照得本府所屬縣治地方，惟新淦最廣，難於控馭。考之前代，有石陽、巴丘、新淦三縣，至元改新淦為州。我朝尋復為縣。今之新淦，實為一州二縣之地也。東與樂安、豐城接界，南連吉水、廬陵、永豐。賊盜生發，吉水諸縣彼此為巢，難以力捕。夫立縣則亦吉水諸縣之便也。凡錢糧之催徵，公事之勾攝，民之弱者閉門上山，強者集眾拒抗，甚至中途哄奪府縣。添人拘捕，則假稱激變，以挾制官府。……再照新淦原額五百七十里，今歸併止五百二十里。開國以來，戶口日增，何新淦民日減哉？化不行也。歸併之地，必皆頑民所居也。歸併日多猶無害也，頑民日多為可慮也。……蓋峽江之地，離官僻遠，又多深山阻谷，小民被狡鷙者霸佔田地而不收糧，或賣以與人而收糧不盡。間有訴告，又因依山負固，官府不能一一拘理，甚至物料佚差，百端催迫，至不能存，而竄徙於他鄉，或商販於別省，或投入勢要，為家奴佃僕。民之逃亡，此其故也。民雖逃亡，田糧如故，一遇徵期，官府只將里長催併。里長幾何，能堪而出官哉？中間固有被積年歇家包克者，然而頑者不肯出官，弱者不敢出官，亦自不能無矣。民與里長既逃亡而不出官，則不特秋糧之拖欠也。一應坐派軍需物料，里長委之，人

1　王守仁：《王陽明全集》卷 11《再議崇義縣治疏》。

戶逃亡；官府委之，里長不出。逐年拖欠，又積而至無算矣。由此言之，錢糧逋負，由於里長之不出；里長不出，由於小民之逃亡；小民逃亡，由於田糧之不明。其根源所自，斷斷無疑也。[1]

可見，峽江縣之設，也是因為人口的流動。一方面，由於「田糧之不明」，致使本地居民不斷逃亡，戶口減少；另一方面，由於「離官僻遠」「深山阻谷」，致使外地流入的「頑民日多」，政府卻無法進行管理或控制，錢糧無法徵收。

隆慶三年（1569）設置的定南縣、萬曆四年（1576）設置的長寧縣，同樣是為解決流民問題。吳百朋《分建長寧縣疏》說：

安遠縣黃鄉、雙橋等堡地方，離縣三百餘里，與廣東平遠、和平、龍川等處接壤，實為江、廣兩省上游，層巒疊嶂，不逞之徒，向來嘯聚其中，歷稽往牒，如酈子安、黎仲瑞、王齊壤、高安、陳良玉、張士錦等相繼猖獗，積久而後勘定。正德五年，該縣貢生林大綸等具呈，乞於地名李福灣，三省巢峒之衝，建立州治以控制之，竟因會議遷延，遂使三百餘里土地人民，盡沒於葉楷之手。迄今八十餘年，橫極而禍烈矣。近賴朝廷威武神靈，逆楷伏誅。然特一時之利，未為永久之規。須趁此時會，開設縣治，控制要衝，敷聲教而化導之，如先臣平桶岡而建崇義，平浰頭而建和平，平高砂、下歷而建定南，皆杜遺孽潛滋之萌，貽生靈久安之休。不然，堤防疏闊，萬一有復如楷者，誠不知其終也。為今經久之圖，孰有逾於建縣者哉？[2]

1 錢琦：《設縣事宜》，《明經世文編》卷 226。

2 吳百朋：《分建長寧縣疏》，同治《贛州府志》卷 67《藝文志》。亦可參見江一麟：《平黃鄉疏》，同治《贛州府志》卷 69《藝文志》。

贛州府安遠縣地處閩粵贛交界地區，早在明成化、弘治、正德時，就是流民的聚集處，南、贛、汀、漳一帶流民起事時，這裏是中心地區之一。王守仁平定流民後，分別在福建、廣東、江西設立了平和、和平、崇義三縣進行管理，當時或出於平衡關係的考慮，沒有在安遠分設他縣，但此後騷亂不息，明政府最終不得不另立定南縣及長寧縣以行鎮壓。

以上八縣的增設，都與當地的社會動盪有關，唯瀘溪縣的設置，是防患於未然。據陳王庭《瀘溪縣記》，萬曆時建昌知府王之屏以南城地域廣袤四百里，而東北尤曠遠，易生變故。宋元豐時始設瀘溪巡檢司，然不足以治地方。於是請江西撫、按會疏，經明廷批准，以南城縣東北置瀘溪縣，縣治即巡檢司所在，縣名也沿用「瀘溪」。巡檢司則遷至伏牛市。[1]

從上述江西八縣之設置情況，大致可以看出明朝乃至歷代府、縣增設的一般情況。而國家權力也正是在這一過程中更深入地向基層延伸。

第二節　官的責任與吏的義務

一、府州縣的設官及派駐機關

各府的正官為知府，正四品，這一品級相當於都察院僉都御史（正四品）而高於國子監祭酒（從四品）、六部各清吏司郎中（正五品），在明朝已屬於高級官員的序列。《明史．職官志》對其職掌作了如下歸納：

> 知府掌一府之政，宣風化，平獄訟，均賦役，以教養百姓。每三歲，察屬吏之賢否，上下其考，以達於省，上吏部。凡朝賀、弔祭，視布政使司，直隸府得專達。凡詔赦、例令、勘札至，謹受之，下所屬奉行。所屬之政，皆受約束於府，劑量輕重而令之，大

1　雍正《江西通志》卷 3《沿革．建昌府》。

> 者白於撫、按，布、按議允乃行。凡賓興科貢，提調學校，修明祀典之事，咸掌之。若籍賬、軍匠、驛遞、馬牧、盜賊、倉庫、河渠、溝防、道路之事，雖有專官，皆總領而稽核之。

從這段文字可以看出，比起布政使，知府才真正有責有權。而且，這種責任和權力是全面的，包括行政、財政、司法、教育、治安、水利、交通乃至軍事等，即本府的一切事務及所發生的一切事件，知府都必須進行處置並承擔責任。

按明朝的制度，各府還設有副職，名為同知、通判、推官，但並非各府並設。以江西為例，南昌、南康二府，同知、通判經常缺額，但推官是常設，專理刑名並協管錢糧。可見司法和財政在地方事務中的地位。根據需要，推官還可以不止一名。成化時，吉安知府張銳上疏奏稱：「江西多大家，往往招納四方流移之人，結黨為非。如吉安一府，健訟尤甚，囚犯監禁，常累至千人。緣官少不能決斷，多致瘐死。今宜增設推官一員，專理詞訟，不得以他事差遣。」[1] 明廷從其請，吉安府遂有兩名推官，但同知、判官不時置。

縣的首腦為知縣，掌一縣之政，其佐為縣丞、主簿，分掌財務（糧馬）和治安（巡捕）。《明史．職官志》將知州的職掌併入知縣條下記述：

> 知縣掌一縣之政。凡賦役，歲會實征，十年造黃冊，以丁產為差。賦有金穀、布帛及諸貨物之賦，役有力役、僱役、借債不時之役，皆視天時休咎，地利豐耗，人力貧富，必調劑而均節之。歲歉則請於府若省蠲減之。凡養老、祀神、貢士、讀法、表善良、恤窮乏、稽保甲、嚴緝捕、聽獄訟，皆躬親厥職而勤慎焉。若山海澤藪之產，足以資國用者，則按籍而致貢。

1 《明憲宗實錄》卷 280，成化二十二年七月壬戌。

如果說地方發生問題，知府作為「親民官」還有推諉責任的理由，那麼，知州、知縣則全無退路，本州、本縣的任何事務都必須「躬親厥職而勤慎焉」。如果無同知、判官或縣丞、主簿，其有關職掌也由知州或知縣一併掌管。

下面以江西南昌府、南安府為例，分析明代府州縣設官置吏及派駐機構的情況。

作為省、府以及南昌、新建二縣三級地方權力機關的所在地，南昌城內外分佈着大大小小的官署，駐紮着大大小小的官員。

省級官員有：巡撫江西都御史，巡按江西監察御史；江西左、右布政使，江西督糧道、清軍道參政或參議；江西按察使，江西驛鹽道、清軍道副使或僉事；江西都指揮使及同知、僉事。江西布政司的派出機構分守湖東道、湖西道、南昌道、九江道，江西按察司的派出機構分巡南昌道、湖東道、湖西道、九江道，其參政或參議、副使或僉事，也都在南昌設有臨時官署。

南安雖然偏處江西南端，卻因為扼江西、廣東兩省通道而為按察司嶺北分巡道所在地，駐有分巡道副使或僉事，另有提督學政署和布政分司署，以便接待提學副使及分守嶺北道參政或參議。

兩府均設有知府，以理府事。據雍正《江西通志》，明末南昌有知府公署、督糧廳、推官理刑廳，但無同知廳、通判廳，這是因為南昌只設知府、推官而不設同知、通判。南安有知府公署、通判廳、理刑廳，但無同知廳，則是因為南安府有知府、通判、推官而不設同知。

各縣設官也並不相同。南昌府所屬各縣，縣丞、主簿並設，而南安府所屬南康、崇義二縣因人口較少，縣丞、主簿並不常設。又，南昌府除了「附郭」縣即府治所在地的南昌、新建二縣，其他豐城、進賢等縣及寧州，南安府的南康等縣，均設有各種「行署」。多者如豐城，有巡按御史的察院、分守參政或參議的布政分司公署、分巡副使或僉事的南昌道公署，少者如上猶縣，也有分巡副使或僉事的嶺北道公署。

二、《到任須知》與「親民官」的職責

洪武年間所定《諸司職掌》定：「凡在外官員，三年遍行朝覲。其各布政司、按察司、鹽運司、府州縣及土官衙門流官等衙門官一員，帶首領官吏各一員名，理問所官一員，照依《到任須知》，依式對款攢造文冊，及將原領敕諭、諸司職掌內事跡文簿，具本親賫奏繳，以憑考核。」[1]同時規定，朝覲者應該是各衙門的正官，但如果正官到任「日淺」，則由到任「日久」的佐貳官代行。而考核的依據，是「到任須知」。王恕在成化、弘治年間歷任南、北二京吏部尚書，主持朝覲官的考核，對兩廣地區以路程遙遠、地方不寧為由而多次規避朝覲提出批評，重申地方官必須遵循「祖宗以來之舊制」，於朝覲時照依《到任須知》，對款造文，並將原領敕諭及諸司職掌內事跡文簿，親賫奏繳，以備考核。[2]

可見，《到任須知》乃明朝考核地方官尤其是府縣官員的基本依據，也是政府對府縣官的基本要求和府縣官的基本職責所在。按《到任須知》全稱為《敕諭授職到任須知》，首見於洪武二十六年（1393）所定《諸司職掌》，其編撰是明太祖整飭吏治、加強地方統治的重大舉措。

自隋唐行科舉制後，門蔭衰而進士盛。進士多出自寒門，於官場規則一竅不通；科舉以「四書」「五經」命題，所謂「策論」不過是書生空論，於行政處事風馬牛不相及。上層官員固然可以「祖宗法度」和「聖賢道理」，或票擬批答、以備顧問，或頤指氣使、高談闊論，但面對基層的親民官，則需要了解鄉情民俗、熟悉行政程序，《到任須知》正是應這種需要而制定的，可以說是明朝國家權力行使的重大進步，它告訴官員特別是「親民官」們到任後應該知道哪些事情、應該如何處理這些事情。

《到任須知》共三十一項，開列極為具體，要求府州縣官到任之日始，便向前任官、首領官及六房吏典諮詢明白，以掌握入仕的門徑，茲移錄於下：

---

1 正德《明會典》卷 15《吏部．諸司職掌》。

2 王恕：《王端毅奏議》卷 14《吏部．定奪兩廣朝覲官奏狀》。

一、祭祀：祀神有幾。各開：祭祀國之大事，所以為民祈福。各府、州、縣每歲春祈秋報二次。祭祀有社稷、山川、風雲雷雨、城隍諸祠，及境內舊有功德於民應在祀典之神、郡厲邑厲等壇。到任之初，必首先報知祭祀諸神日期、壇場幾所、坐落地方、周圍壇垣祭器什物見在，有無完缺。如遇損壞，隨即修理，務在常川潔淨，依時致祭，以盡事神之誠。

二、救濟：養濟院孤老若干。各開：養濟院見在孤老、月支糧米、歲支布匹，逐一開報。須親自點視給賜，毋致失所，以副朝廷存恤之意。

三、錄囚：見在獄囚若干，已未完。各開：刑獄者死生所繫，實惟重事，故報祀神之次，即須報知本衙門見禁罪囚。議擬已完若干、見問若干。其議擬已完者，雖係前官之事，亦宜詳審決放。見問者到任尤宜究心，中間要知入禁年月久近、事體重輕。何者事證明白，何者取法涉疑，明白者即須歸結，涉疑者更宜詳審。期在事理獄平，不致冤抑。

四、土地錢糧：入版籍官民田地若干官糧民糧若干。各開：版籍田糧，政事之大。故於祀神、理獄之次，即須報知此件。中間須要分豁軍、民、匠、灶、僧、道、醫、儒等戶各若干，官田地若干、民田地若干，每歲民間夏秋二税該糧若干、官田租糧若干，各分款項開報，以備度量支用。

五、朝廷政策：節次聖旨、制書，及奉旨榜文諭官民者若干，曾、無存者若干。各開：為官之道，政治禁令，所當先知。須考求節次所奉聖旨、制書，及奉旨意出給榜文、曉諭官民事件，逐一考究講解。立法旨意，已、未施行，中間或有損缺不存者，須要採訪抄寫，如法收貯，永為遵守。

六、察吏：本衙門吏典若干。各開：分科辦事，在吏典之能否。必須先報吏典總數若干，然後分豁六房，某房司吏幾名、典吏幾名。備細開報所該房分，須令常川掌管，考其所辦事務，驗其能否勤怠，以示懲勸。

七、治吏：各房吏典不許那移管事，違者處斬。凡有司內吏典各有所掌房分，如刑房專掌刑名、戶房專掌錢糧。該吏承管日久，則知事首尾，容易發落。近有司多聽從吏員託囑，將所管房分，時常遷調，以致所管事務不知首尾，多生情弊。今後各房若有仍前那移管事者，吏處斬、官別議。若一房事更過十名、二十名或二三名接管，人人不到，了時都拿來要處斬罪。其有事故接管者，不拘此例。

八、處事：承行事務，已完若干、已施行未完若干、未施行若干。各開：六房吏典各將節次承受上司來文及照行事件，分豁已完若干、已作施行未曾完結若干、未作施行若干，各另開報。除已完外，未完事件要分事體急緩重輕，先後催並完結。其未施行者即作施行，毋致沉匿稽遲，以致耽誤公事。

九、所屬衙門：在城印信衙門若干。各開：除本衙門外，所屬衙門，如一府所轄有州、縣、學校、巡檢司、水馬驛、河泊遞運所、倉場庫務，凡有印記衙門各若干，逐一報開，庶知所轄處所及所理庶務。州縣所屬印記衙門，一體開報。

十、庫藏：倉庫若干。各開：凡本衙門所有倉庫，須分豁報知某倉見儲，某年收到官糧若干、民糧若干，幾年官糧若干、民糧若干，已支若干、見存若干。其庫分依上分豁。金銀錢貨什物某件若干，逐一開報，以憑稽考支用，無致侵欺埋沒。

十一、境內庫藏：所屬境內倉場庫務若干。各開：除本衙門倉庫已報外，所屬境內應有倉場庫務，某倉儲某年所收官民糧米見在若干，某場所收竹木等項數目若干，某庫盛貯金銀錢貨什物各若干，某稅課司局歲收錢鈔若干，逐一開報，庶知境內所產所稅錢糧物貨數目。

十二、官養牲畜：係官頭匹若干。各開：本衙門或有係官頭匹及所屬驛分所有馬驢孳畜等項頭匹數目，務要逐一取勘見數，或有孳生數目，隨即報知作數，以憑考核。

十三、糧儲貨物：會計糧儲，每歲所收官民稅糧若干，支用若干。各開：量入為出，國家經費重事，須要開報每歲收到入官租糧若干、民間稅糧若干，或漕運鄰境、或折收布匹錢鈔貨物，各該若干，及每歲官吏俸給軍士月糧等項，支用若干，各另開報，庶知每歲所收及支用數目，以候經度。

十四、工商稅收：各色課程若干。各開：所屬境內出產貨物、各色課程、酒醋茶礬等項，各別開報每歲所收數目，以憑稽考支用。

十五、水產稅收：魚湖幾處歲課若干。備開各湖多少：所屬境內若有魚湖，須報總計幾處、歲辦魚課若干，內某湖坐落某處、歲辦若干，逐一開報，以憑稽考。

十六、金銀礦：金銀場分若干，坐落何山川，所在若干。各開：所屬境內或有出產金銀場分，須知總計若干，分豁坐落某處金場額辦數目若干，某處銀場額辦數目若干，須要稽考實辦數目，以革侵欺隱匿之弊。

十七、諸色窯礦：窯冶。各開：是何仗器及磚瓦名色，所屬境內若有窯冶去處，須要各另開報某窯出產，或銅鐵錫歲辦若干、燒窯去處所燒是何器物，或磚或瓦碗碟什物等項名色，逐一開報。

十八、鹽場：近海郡邑煮海場分若干。各開：國家所需，多資鑄山煮海之利，以省民租。所轄境內或係邊海郡邑，須將所有煮海場分，某場灶戶若干、該工本錢若干、歲辦鹽課若干，所有場分，逐一開報，以憑稽考。

十九、公物：公廨間數及公用器皿裀褥之類若干。各開：署事公廳及住歇房屋、公用器皿，皆民所辦，須分豁公廳左右兩廂門屋後堂等項間數，內公用什物椅桌裀褥等項，逐一開報，遇有缺壞，隨即修理。務在整治，灑掃潔淨，相沿交割。其有毀壞者，必須究治，庶令愛護使用，免致重勞民力。

二十、境內公物：邑內及鄉村係官房舍有正有廂若干。各開：係官房舍，若不以時整點，恐致頹敝埋沒，必須逐一開報，某處官房幾間、正房幾間、廂房幾間，其有便於民間租賃者，約量租賃，從便住歇。須令時加葺理，免致頹敝。

二十一、官學生：書生員數若干。各開：培養生員，所以作成人才，以資任用。如一府所屬本府學肄業生員幾名、中間通經成才者幾名、年幼及未成才者幾名，時加考試勉勵，勸勤懲怠。遇有缺員，隨即選補。其有入學已久、不遵教養者，隨即黜退，罰充令典。若建言實封告訐、把持公事者，照依已行榜文內事理治罪。所屬州縣依前開報，考試勉勵，務求實效，以稱善俗良才之意。

二十二、老人：耆宿幾何、賢否若干。各開：設耆宿，以其年高有德，諳知土俗、習聞典故，凡民之疾苦、事之易難，皆可訪問。但中間多有年紀雖高，德行實缺，買求耆宿名色，交結官府，或蔽自己差徭，或說他人方便，蠹政害民。故到任之初，必先知其賢否，明註姓名，則善者知所勸，惡者知所戒，自不敢作前弊矣。

二十三、孝悌：孝子順孫、義夫節婦，境內若干。各開：如前官未明，到任之後，須當日訪以開之，移風易俗，在於激勸善良。所屬境內或有孝子順孫、義夫節婦、孝行可稱、節操顯著、已行旌表者，必須報知數目；其有未經旌表者，必須親自體訪的實，申請旌表，以勵風俗。

二十四、本籍官員：境內士君子在朝為官者幾戶。所屬境內有士人君子在朝為官，及任府州縣事者，須逐一開報，幾戶及見任是何職事，其有仕於朝廷年老致仕還鄉者，一體開報。

二十五、儒士：境內有學無學儒者若干。各開：所屬境內之賢愚不等，其間儒者，或有精通經典，或有長於文章，或有牧民馭眾之能，或有幹辦小才之用，皆當察其能否，記其姓名。一可訪問，以補政治；二可充貢，以資任用。

二十六、惡霸訟棍：境內把持公私、起滅詞訟者有幾，明註姓名。為政之要，必先除奸去惡，則良善得安。所轄境內或有把持公私事務、說事過錢、教唆起滅詞訟、騙詐良善者，着令備細開報。但恐到任之初，一時吏典人等，訪尋不實，以善為惡，反害忠良，必須到任之後，詳細究問的實，註其姓名，以候再犯，則惡者知懼不敢為非矣。毋得縱令吏典人等指此為名，遍行取勘，以致擾民。

二十七、遊民術士：好閒不務生理、異先賢之教者有幾。民有常產，則有常心。士農工商，各居一業，則自不為非。或有遊手好閒不務生理，及行邪術左道以惑人視聽、扶鸞禱聖燒香結會，夜聚曉散，並不孝不悌好飲賭博、不遵先賢之教者，須採訪姓名，註於簿籍，以示懲戒。其人畏懼更改則止，若仍前不悛，則治之以法。毋得縱令吏典人等指此為名，遍行取勘，以致擾民。

二十八、諸色衙役：本衙門及所屬該設祗禁弓兵人等若干各報數目。本衙門見設祗從、禁子、弓兵人等，各報數目若干，分豁額設定數。到役日月，毋令容留濫設作弊。

二十九、本籍犯罪黜罷官員：境內士人在朝為官，作非犯法、黜罷在閒幾人、至死罪者幾人。所屬境內有為官作非犯法、斷發他所工役、遷徙安置家不存者及罷閒在家住坐者，須逐一開報。其已犯死罪家小見存者，一體開報。

三十、違法犯罪：境內民人犯法被誅者幾戶。境內民人有作犯非為、已經誅戮者，逐一取勘數目，及所犯是何罪名。

三十一、境內警跡人若干。各開：所屬境內充警跡人若干，逐一開報。

不能不讚歎明太祖的處心積慮。一個地方官員，如果能夠在到任前後掌握並熟悉以上所列各款事項，至少可以說對當地的官場民情心中有數，也能夠避免因情況不明而帶來的諸多不便。正如《諸司職掌》要求諸官熟悉《到任須知》說的那樣：

> 士人未官，不可不知受任應行之事。但肯於閒中先知《到任須知》，明白為官之道，更有何加？若提此綱領，舉是大意以推之，諸事無有不知辦與不辦；若人懶於觀是綱領，雖是聰敏過人，官為之事亦不能成。若能善讀勤觀，則永保祿位，事不勞而疾辦。此書所載，學生及野人輩皆可預先講讀，以待任用。且五經四書，修身為治之道，有志之士，固已講習此書。雖粗俗，實為官之要機，熟讀最良。[1]

三、「首領官」與「吏」

以上的敘述，僅限於「主官」及「佐貳官」的層面。而權力的運行、

1　正德《明會典》卷 10《吏部．諸司職掌》。

公務的處置，很大程度是在「首領官」和「吏」的層面進行的。中國民諺說：不怕現官、就怕現管。所謂「現官」，指的是主官及佐貳官；而「現管」，則是指首領官和吏員，因為具體辦事的是這批人。要了解明朝國家機器的運行狀況，要了解當時地方官員們如何對民眾實施統治，有必要對「首領官」和「吏」的設置予以說明。

一般來說，南北兩直隸及浙江、江西、湖廣、福建、山東、河南、山西等地府、州、縣的主官及佐貳官，除了州通判和縣丞、主簿可以由舉人出身者擔任，其餘都是進士出身。但首領官則只需舉人或儒士，乃至由吏撥充。而雲南、貴州、四川、廣西及廣東、陝西的部分地區因屬「邊遠」，府推官乃至知州、知縣也可能由舉人及儒士充任。

據《明史·職官志》，布政司的首領官有：經歷司經歷（從六品）、都事（從七品），照磨所照磨（從八品）、檢校（正九品），理問所理問（從六品）、副理問（從七品）、提控案牘。經歷司的職責是掌管往來公文，照磨所的職責是掌管各類卷宗，理問所掌管訴訟文檔。

按察司的首領官相對少一些，只有經歷司經歷（正七品）、知事（正八品），照磨所照磨（正九品）、檢校（從九品）。他們職掌與布政司一樣，但品秩低一級。

府的首領官也有經歷司經歷（正八品）、知事（正九品），照磨所照磨（從九品）、檢校（未入流），職責和布、按二司同名首領官相同，品級又相應降低。州的首領官為吏目（從九品）、縣為典史（未入流）。

從職掌和品級可以看出，首領官中管理文書者地位較高而管理具體事務者地位較低。布政司品級最高的首領官為經歷，品級（從六品）超過知縣（正七品），但由於是「首領官」出身，其升遷機會遠遠少於知縣；其低者如府檢校、縣典史，均未入流，但又因為他們是「官」而非「吏」，所以升遷仍在官的系統內進行。指出這一點，是因為明代官與吏的身份完全不同。但這些低品級乃至未入流的「官」，就其出身來說，有相當部分由吏「撥充」，故情況十分複雜。

在省、府、縣各級政府中，還有一些具體的職能部門，這些部門也設置了主管官員，主要有：司獄司司獄（布、按二司從九品，府未入流），管理監獄；庫大使（布政司從九品，州縣未入流）、副使（僅布政司設，未入流），掌管錢物；倉大使（布政司及府從九品，州、縣未入流）、副使（布政司及府、州、縣設，均未入流），掌管糧儲；儒學教授（府學設，從九品）、正學（州學設，未入流）、教諭（縣學設，未入流）、訓導（府、州、縣學均設，未入流），掌教誨生員；稅課司（縣為局）大使（從九品），掌徵收商業稅及財產過戶稅；河泊所官，掌收漁稅；遞運所官，掌遞運糧物。

又有一些對特殊行業進行管理的機構及相應官員。管理醫生的衙門叫醫學，府設醫學正科（從九品）、州設醫學典科（未入流）、縣設醫學訓科（未入流）。管理術士如算卦、占卜的衙門叫陰陽學，府設陰陽學正術（從九品）、州設陰陽學典術（未入流）、縣設陰陽學訓術（未入流）。管理僧人的衙門，府設僧綱司，有都綱（從九品）、副都綱（未入流）；州設僧正司，有僧正（未入流）；縣設僧會司，有僧會（未入流）。管理道士的衙門，府設道紀司，有都紀（從九品）、副都紀（未入流）；州設道正司，有道正（未入流）；縣設道會司，有道會（未入流）。這些機構的官員本身也從事該行業，所以只設官而不給俸祿，帶有民間團體的自治性質，與後來的商會頗為相似。

上述機構均設於府、州、縣治所在地。還有一些機構則根據需要，分佈在各地。在這些機構中，巡檢司和驛站是需要關注的。

巡檢司置巡檢、副巡檢（均為從九品），掌「緝捕盜賊、盤詰奸偽」。這些巡檢司多設在遠離府州縣城的關津要害處。[1] 如南安府大庾縣，在郁林鎮黃泥巷設有郁林鎮巡檢司、赤石鎮峰山里水西村設有赤石鎮巡檢司；再如吉安府廬陵縣，在淳化鄉設有富田巡檢司、宣化鄉設有敖城巡檢司、安平鄉設有井岡巡檢司。巡檢司所在地一般都是要害去處，嘉靖時增設峽江縣，隆慶時增設定南縣，縣治所在地即為巡檢司所在地。

1　《明史》卷 75《職官志四．巡檢司》。

驛站置驛丞（未入流），掌管郵傳和官員迎送事。驛站既有設在府州縣城之內及城郊者，如南昌縣的市汊驛、青浦驛；也有設在遠離府州縣城而地處交通樞紐的重要市鎮，如鉛山縣的車盤驛、鵝湖驛。

所有這些機關，構成了明朝在基層的統治網絡。但所有的機關，又離不開「吏」。

明朝的吏有各種名目，正德《明會典》説：

> 國初因前代之制，令有司設司吏，許各保貼書二名，其後定設掾史、令史、書吏、司吏、典吏，俱視政事繁簡為額。及政事益繁，又設提控、都吏、人吏、胥吏、獄典、攢典，事簡者則裁減之。[1]

明朝各衙門吏的名目並不相同，吏的數量則根據需要而變化。以下根據《明會典》的記載，對布政司以下各衙門的吏員設置及其名目綜述如下，但吏員的數量因缺乏記載而從略。[2]

巡撫都御史衙門：令史（正九品出身）、典吏（雜職出身）。

巡按監察御史衙門：書吏（從九品出身）、典吏。[3]

布政司衙門：通吏（正九品出身）、令史（正九品出身）、典吏（雜職出身）、承發架閣庫典吏、庫攢典；經歷司：典吏；理問所：司吏、典吏。

府衙門：司吏（雜職出身）、典吏、承發；經歷司：典吏；司獄司：獄典。

州、縣衙門：司吏、典吏、承發。

府、州、縣屬機構，儒學：司吏；稅課司（局）：司吏、攢典；庫、倉：攢典；遞運所：司吏、典吏；水馬驛：驛吏；巡檢司：司吏。

---

1 正德《明會典》卷 6《吏部 · 吏》。

2 編輯註：關於吏的名目及來源，可參考方志遠《外廷、內府與科道：明代中央管理系統的權力制衡》第二章，香港：中華書局（香港）有限公司，2025 年。

3 正德《明會典》卷 6《吏部 · 吏》、卷 9《吏部 · 洪武禮制》。

按察司衙門：書吏（從九品出身）、典吏、承發；經歷司：典吏；司獄司：典吏；架閣庫典吏。

都指揮使司衙門：令史（正九品出身）、典吏（雜職出身）、承發、架閣庫典吏；經歷司：典吏；斷事司：司吏、典吏。

各衛衙門：令史（從九品出身）、典吏；鎮撫司：司吏。

各守御千戶所衙門：司吏。[1]

明太祖出身貧苦，對於元末官昏吏貪的社會現實刻骨銘心[2]，故對吏員的出身有較為嚴格的要求：凡僉充吏役者，應該出身農民，自身和家庭沒有過失的記錄，年齡在三十歲以下，並且能夠識字書寫。時人稱吏員為「書吏」，即因為吏的職責多為文書。為了預防他們作弊，又規定，即使符合上述條件，但如果曾經在各衙門主寫文案、攢造文冊，或者曾經充當過衙役，或者雖為農民而實在城市游盪者，皆不得充吏。[3] 而蘇州、松江二府及浙江、江西二省之吏受到更為嚴厲的限制，不管實績如何，都不得調充戶部為吏。[4]

四、《供報須知》與吏員的職責

作為基層國家權力機關，府州縣衙門對所屬地區進行全方位的管理，所以在吏的層面上，六房俱設。所謂「六房」，指與中央六部、六科相對應的吏、戶、禮、兵、刑、工六房，各房有着比較嚴格的分工。

官員要掌握《到任須知》所須知的情況，需要吏員的積極配合，明政府對此也有相應的法令：「凡新官到任，其先任首領官、六房吏典，限十日以裏，將各房承管應有事務，逐一分豁，依式攢造文冊，從實開報。如有隱漏不實，及故不依式繁文紊亂並十日以裏遷延不報者，該吏各以違制律

1　正德《明會典》卷 7《吏部・吏》、卷 9《吏部・洪武禮制》。

2　關於這一情況，參見明太祖「御製」《大誥》。

3　關於對吏員的限制，正德《明會典》卷 9《吏部・憲綱、事例》有較為詳細的記載。

4　參見方志遠：《明代蘇松江浙人「毋得任戶部」考》，《歷史研究》2004 年第 6 期。

論罪。有所規避，從重論。」[1]

為與《到任須知》相配套，明廷要求府、州、縣正官上任之後，首領官須同六房司吏在十日內供報各種信息，以便新任官儘快了解當地情形，並頒佈了相應的「式樣」，即《供報須知》。

以吏房司吏為首，各房均須「供報」的信息為本房司吏、典吏的員數及具體信息，包括年齡、籍貫、籍別（民籍、軍籍、匠籍、灶籍、醫籍、儒籍等）、充吏時間及食俸年限。同時，也要供報各房尚未完結的事務，以免人去政亡。而各房另有具體事務，簡述於後。[2]

吏房須供報的主要情況是有關「印信衙門」及官吏設置狀況。所謂「印信衙門」, 指納入國家編制因而授予印信的各級、各類機構。以府為例，本府自在供報之列，還有所屬州、縣以及本府及各州縣所屬的各類機關。這些機關包括：官學，含府學、州學、縣學；稅課司局，含府稅課司，各州縣稅課局；僧道衙門，含府僧綱司、道綱司，州僧正司、道正司，縣僧會司、道會司；巡檢司、司獄司、水馬驛、庫倉、河泊所、金銀場及鐵冶所、遞運所、閘壩、雜造局、織染局、惠民藥局等。

對於府、州、縣及官學，須供報設官及現任官的員數，各官的姓名、出身（如進士、舉人、生員、人材、幹濟、孝弟力田、聰明正直、吏員等類）、到任年月日等。至於稅課司局及僧道衙門等，只需供報幾處（或幾所）及名稱，以及設官的員數。

當然，作為「吏房」，還須供報本籍在任及退休官員情況，包括各官的姓名及現任、原任官職，以讓新任官熟悉當地的人脈網。

戶房須供報的自然主要是戶口田地錢糧等有關國計與民生的情況。包括：戶口、田糧、倉庫、稅課司局、魚湖、鹽場、金銀場、各色課程、農桑藍靛、會計糧儲、係官房屋等，州縣衙門的戶房還須供報鄉都的情況，如里長、坊長員數。

1 正德《明會典》卷 11《吏部．新官到任各房供報須知式樣》。

2 正德《明會典》卷 11《吏部．新官到任各房供報須知式樣》。

關於戶口，須供報的有：本府、州、縣的戶、口數量，其中包括男子及「成丁」「不成丁」的數量、婦女及「大口」「小口」的數量，以及民、軍、醫、儒、灶、僧、道、匠各類人等的戶數。

關於田糧，須供報的有：官民田、地及夏稅、秋糧的總數，並分列官田官地、民田民地的數量以及各種田、地的夏稅、秋糧數。

至於倉庫、稅課司局、鹽場、金銀場等，吏房供報的是設官情況，戶房供報的則是儲藏和該辦稅收的情況。如軍儲倉所儲各色糧米的總數及各年收儲的數量，永益庫所儲金銀錢鈔及銅、錫、麻、綿、絲等的數量。再如稅課司，主要供報的是歲辦課程，包括銀、錢、鈔、米石等。

最能反映戶房職責及地方財政的是「各色課程」：酒醋課程、商稅、門攤錢、房地租賃錢、水磨課程、椒課、油炸課、紙課、水碾課、姜課、水銀課、缸課、礬課、漆課、硃砂課、皮硝課、棕毛課、鑄課、窯課、蜂蜜課、黑錫黃丹課、竹山租、蒲葦網門課、茶子油課、蓮子課、石膏課等。

戶房需要供報的重要信息還有糧儲情況，包括米、麥、雜糧等，以及歲用數量，如官吏俸給、軍士月糧、漕運鄰境的數量等。

相對於戶房，禮房需要供報的事項相對簡單。包括境內的祭祀壇場，如社稷壇、風雲雷雨山川城隍、郡厲邑厲壇的數量及所在地。此外，須供報的還有養濟院的孤老人數及所支米布；收到的制書榜文數量及時間、制書榜文涉及的內容；受旌表的孝子順孫義夫節婦姓名；在校生員數量及成材者、未成材者的姓名，儒者、耆宿的人數及姓名等。

兵房需要供報的則有：弓兵、祗候、禁子的數量；水馬驛的數量、所在地點及配備船隻、騾馬牲口、馬伕、水手的數量；遞運所的數量、所在地點及配備車、船、牛、運伕的數量；巡檢司的數量、所在地點及弓兵數量；係官牲口如馬、騾、驢、牛、羊的數量；急遞鋪的數量及鋪兵的數量；烽堠的數量等。

刑房需要供報的是：在獄囚犯人數；審判已畢及正在審訊的人數；各宗案件原、被告人，涉案人及具體審判結果，死罪、流罪、徒罪、杖罪、笞罪的數量等。

工房需要供報的有：公廳的間數，包括公廳、廂房、官員房屋、吏舍，公用物品（包括桌、椅、被褥、器皿等）；歲造段匹、紵、絲、綾、羅、紗、絹、綢等的數量；輪班人匠的總數及金銀匠、鐵匠、銅匠、錫匠、戧金匠、木匠、竹匠、石匠、瓦匠、鋸匠、刊字匠、漆匠、絡絲匠、繡匠、織匠、絛結匠、弓箭匠、船匠、搭材匠、墨匠、釘鉸匠等的數量；打捕戶的數量及歲辦瓴毛、皮貨的數量；鐵冶的數量及歲辦生鐵的數量。

為了保證情況的屬實，以上各房的供報，要求司吏及典吏作出保證：「當該未完事件，逐一分豁，依式開報，中間並不敢繁文及隱漏不實。如蒙查勘爭差，甘當重罪無詞。」並畫字簽押。

可以說，《到任須知》和《供報須知》所羅列的事情，對於作為親民官的府、州、縣正官來說，應該都是必須清楚的，或者說是理政的基礎和前提。但無論是官員的《到任須知》，還是吏員的《供報須知》，其落實的程度如何，既取決於上級部門的督責，也取決於各官、各吏的敬業態度。一方面是法久弊生，另一方面是沒有自下而上的監督，所以儘管政府有要求，而且在理論上完全必要、實踐中完全可以辦到，但仍然可以相信，敷衍塞責、得過且過的官員仍不在少數，而欺上瞞下、上下其手的吏員也大有人在。否則，一個好端端的明朝，為何有那麼多的流民及流民鬧事。但同時仍然可以相信，在傳統儒家學說的薰陶和激勵下，還是有大量的官員乃至部分的吏員在恪盡職守。如果說中國的傳統社會和官場，特別是明代的社會和官場，即使到山窮水盡、天崩地析之時仍然有可貴處，那麼，可貴處就是這種信念，這種世代相傳的「聖賢道理」。

五、《備忘集》與《惠安政書》

《四庫全書》將兩個同是舉人出身又同由縣教諭而為知縣的人物的作品，著名的海瑞的《備忘集》和並不著名的葉春及的《惠安政書》放在一起，應該不是巧合。從這兩個文獻中，可以看出當時一批「親民官」是如何通過行使國家權力來維護大明江山的基石、來維護底層民眾的利益的。

從一定意義上也可以解釋，為何當最高統治者及上層社會日趨散漫鬆懈之時，明朝的根基仍然堅固。其中最基本的原因當然是民眾的安貧樂道、日復一日的傳統的生產和生活習慣，但要使民眾有一個可以循着傳統習慣生產和生活的環境，需要國家權力的保護。知府、知州、知縣以及他們下屬的職責就在於此。

海瑞自嘉靖三十二年（1553）閏三月至四十三年十月的十一年半時間裏，歷任福建南平縣儒學教諭、浙江淳安及江西興國二縣知縣，[1] 加之出身貧寒、辦事認真，「惟以利民除害為事」，所以對縣務有較多的感受和領悟。在淳安知縣任上，海瑞對縣衙門及所屬官員提出了自己的評判要求，擇其要者錄於下。

對於知縣，其《知縣參評》云：

> 知縣知一縣之事，一夫不獲誰辜，一民失所予咎。……上而朝廷吾父母，中而撫按藩臬僚屬過客鄉士夫吾長兄弟，下而吏書里老百姓人等吾子姓，遇之各有正道。若謂止可潔己，不可潔人，潔人生謗，謂所行不可認真，認真生怨取禍；不顧朝廷之背否，以鄉愿之道待其身，以鄉愿之道待吾子吾長兄弟，浮沉取名，竊取官爵，非知縣也。本縣初意，直欲以聖賢之所已言者，據守行之，自謂效可還至。迄今四載，中夜返思。日日催徵，小民賣妻鬻子，未有完

1　《明史．海瑞傳》記：海瑞由南平教諭遷淳安知縣，擢嘉興通判，因得罪鄢懋卿而坐謫興國州判官，久之，因陸光祖為吏部文選司郎中而遷戶部主事。雍正《廣東通志．人物志三》則說由嘉興通判「改調興國」，而未明「興國」州或縣。據海瑞《備忘集》卷 1《乞終養疏》自云：「臣由嘉靖二十八年舉人，三十二年閏三月內授南平縣儒學教諭，三十七年五月內升淳安縣知縣，四十一年十二月內調興國縣知縣。……四十三年十月內，臣當朝覲，升戶部主事。」又同書同卷《自陳不職疏》云：「臣年五十六歲，廣東海南衛籍番禺縣人，由嘉靖二十八年舉人，歷任福建南平縣儒學教諭、浙江淳安縣知縣、江西興國縣知縣、戶部主事、兵部主事……」可見，海瑞並未任所謂興國州判官，而是任江西興國縣知縣，時間是嘉靖四十一年十二月至四十三年十月，約兩年的時間，著名的「興國八議」即在此時完成。

> 事之日；時時聽訟，小民爭鬥趨利，未有息訟之期。感孚之道薄而民不化，燭奸之智淺而弊猶存，徒有其心，未行其事；徒有其事，未見其功。誦法孔孟，幼學之壯，行之期月，而可三年有成，有深愧焉。俗吏非，所以語我，若曰稱知縣職，則全未也。[1]

兢兢業業而唯恐上對不起君父、下對不起百姓，嘔心瀝血而自認為尚不稱職，這是海瑞的個人感受，其實也是當時一批「親民官」的感受。如與海瑞同時在浙江為知縣的霍與瑕，天啟《慈溪縣志》載其在當地的作為：「令慈，鋤積梗、殲大盜，以民和召祥，歲屢稔。邑始城，形勝多缺，相天時地利之便，補偏鍾秀。遵令丈量田畝，過目不爽尺寸，吏民詫以為神。會鄢懋卿總理鹽法，巡行郡國，驕恣無度。與瑕清鯁無賂遺，懋卿怒，嗾鹺使者劾之。遂落職，蕭然出署，置書若干，盡捐之學官以去。」[2] 有了這些業績，又敢於和上司相抗，故與海瑞齊名，浙江稱之為「二廉吏」。

其實，做好知縣並不是容易的事情，且不說既要應付上司、又要善待百姓，既要安定地方、又要催徵錢糧，僅就社會輿論而言，至少得面對三個方面的壓力。一是潔己而不可潔人。潔己本屬不易，要求別人像自己一樣廉潔就更難，所謂「潔人生謗」。但海瑞則不但自己兩袖清風，而且要求同僚清廉節儉。二是遇事不可太認真，認真必「生怨取禍」，這是官場的箴言。但海瑞恰恰是事事認真，事事一絲不苟。三是朝廷的意志可以敷衍，「鄉愿」即當地強宗大族的利益卻不可侵害。但要維護普通百姓的利益，恰恰需要遏制強宗大族的侵奪。海瑞、霍與瑕等人正是在這三個方面都頂住壓力，所以才每到一處，即興利除弊。為知縣時如此，為巡撫時亦如此。隆慶時海瑞為僉都御史，巡撫應天等十府，《明史．海瑞傳》載：「屬吏憚其威，墨者多自免去。有勢家朱丹其門，聞瑞至，黝之。中人監織造者，為減輿從。瑞銳意興革，請浚吳淞、白茆，通流入海，民賴其利。素

1 海瑞：《備忘集》卷 6《附錄．知縣參評》。

2 雍正《浙江通志》卷 152《名宦》。

疾大戶兼併，力摧豪強、撫窮弱。貧民田入於富室者，率奪還之。徐階罷相里居，按問其家無少貸。」當被劾改督南京糧儲時，「小民聞當去，號泣載道，家繪像祀之」。七十五歲死於南京吏部右侍郎任上後，「喪出江上，白衣冠送者夾岸，酹而哭者百里不絕」。

海瑞對時世的觀察是準確的，如果只潔己而不潔人、敷衍塞責而不認真、只順鄉愿而置法律為虛文，國家的意志和民眾的利益是無法得到保障的。所以他不僅對知縣有要求，對屬官也同樣有要求。

其《縣丞參評》云：

> 官以縣丞名，蓋謂一縣事，宜與知縣和衷協濟，承流而宣化之也。⋯⋯縣丞之事，亦知縣之事；知縣之責，亦縣丞之責也。如未入官門，先營家計，爵祿賄賂，奪魄動心，國病民冤，如聾如啞，縣丞之謂耶？瑞自下車日，竊心鄙之。詎我寮列備官而未之講耶？每見時可共言、為之捲舌，事可獨任、為之卻步。⋯⋯治縣之績，無一足紀。是上人子惠元元之意，不能承而宣之也。非縣丞也。

《主簿參評》云：

> 主簿者，掌一縣簿書之事也。雖位有崇卑，職有詳要，夫人莫不有真性率真而行之，即古所謂僅得一官，亦可小試。苟不盡分稱職，金玉其外而敗絮其內也。即陟巍科、登仕，徒玷官常耳，餘無容覼縷。如錢穀一書，宜出入明允，無悖孔子會計當之說。苟勾稽錯亂，追呼朦朧，有錢則寬徵，無錢則急比，且計糧數之多寡而繭絲之，有大封小封，以為常規之入焉。是憑家兄為驅使，了不能以自主，徒老死於簿書間也，又何異於王恂輩唯唯諾諾，僅供公之喜怒也哉。非主簿也。

《典史參評》云：

典史掌巡捕，民間盜賊爭鬥微事盡屬之。所當小心翼翼，晝夜惟勤，栖僅一枝，飲惟滿腹而已。若位卑而言高，祿微而謀大，黑白出於脣吻，曲直任其心胸，指良為盜，為己驅利，欺肺石之無言，棘林之哭置不恤焉，何以為民長上哉？況屈一夫、冤一婦，天之霜旱隨之。為民上者，可不緣此為兢兢歟？且又偏聽衙蠹，相助朘削，盜賊分其贓，爭鬥罰之紙，不幾乎祥符之五鬼乎？非典史也。

《教官參評》云：

掌學教者，謂可安閒以自曠乎？應將經書性鑒子史諸集，與羣弟子朝夕講習，月日會課，切磋琢磨，使之義理明而心性醇。異日登之仕路，文章由道德發出，事功從學問做來，有裨於國家，有濟於生民，亦以見學優則仕之明驗也。瑞仕淳邑一載有奇矣，見諸生唱飲呼盧、逐膻蠅營則有之，所謂經義治事齋、忠臣孝子錄，懵然罔聞也。是誰之過與？若寄空名於諸士子之上，典籍無傳，模範不端，虛糜歲月，為身謀為家計，初入學則索其贄見之儀，既入學則需其送節之禮，於諸士子無毫末補焉，亦何以克稱廣文之職也哉？非教官也。

對陰陽官、醫官，也有相應的「參評」，即要求。按明制，知縣一任一般三年，任內能夠穩定地方、完納錢糧，已屬不易。其餘暇，悠遊山水者有之、舞文弄墨者有之、囑託鑽營者有之、朘削肥己者有之，但《備忘集》為我們呈現了一個恪盡職守、兢兢業業的海瑞，《惠安政書》，則為我們呈現了一個同樣恪盡職守、兢兢業業的葉春及。

葉春及比海瑞晚了一個時代。海瑞嘉靖二十八年中舉，三十二年任南平教諭，從此進入仕途，並經歷了人生的大悲大喜。葉春及雖然嘉靖三十一年即晚海瑞一科中舉，但直到隆慶二年（1568）才任福清縣教諭，而第二年，海瑞便以都察院右僉都御史巡撫應天了。雖然仕途坎坷，但葉春及與海瑞一樣，也是兢兢業業地對待自己的職守。《福建通志》記其在惠安：「單騎入境，採風謠、訪民苦，凡邑所困重役悉為申改。官僱徵納，規則纖悉曲盡，八郡傳以為式。」被稱為天下治績第一。[1] 而《惠安政書》，正是其施政的基礎和依據，也是其施政過程的心得。

《惠安政書》收錄在葉春及的《石洞集》中，共五卷。從《自序》中可以看出，葉春及本擬寫十二篇：《圖籍問》《地里考》《版籍考》《地里圖》《地里表》《戶口表》《田土表》《賦稅表》《鄉約篇》《里社篇》《社學篇》《保甲篇》。但真正分篇的是圖籍、地里、鄉約、里社、社學、保甲六篇，版籍等則合敍之，有綜述，有分述，地里圖表及戶口、田土、賦稅均按惠安一縣，三坊，三十四都分述。[2]

在《惠安政書．自序》中，葉春及言及當時的情景：「召邑中長老鄉里所信，鄉三十餘人，置酒設禮，諮便事厄塞、戶口、強弱之處，民所疾苦。……延茂才文學諸生，切劘究之。」[3] 可見，《惠安政書》其實是通過「調查研究」完成的集體作品。如第一篇《圖籍問》開篇即云：

> 問父老鄭若晦等。蓋聞古之為政，率用圖籍，以具知厄塞戶口多少，強弱之處，民所疾苦者。知縣寡昧，不逮古人遠甚，謬為爾牧，敢不求之？凡里中狀可繪為圖，圖不盡者，悉筆於籍，以匡知縣不逮。

該篇共分二十八節，從繪製圖籍的原則，到圖籍涉及的有關內容，一一列舉。如第一節，實為惠安政區圖的繪製說明：該縣南北縱九十里，東西橫八十里，共分三十都，則全縣總的圖形及各都的形貌皆在圖中。在有航拍

1　雍正《福建通志》卷 30《名宦》。

2　按：《四庫全書總目提要》的作者其實並沒有認真讀《惠安政書》的全文，而是根據葉春及的《自序》，說《石洞集》「載《惠安政書》十二篇」。

3　葉春及：《石洞集》卷 3《惠安政書．自序》。

技術的今天，這個工作比較簡單，但在當時，全靠製圖人對當地情形的熟悉及繪圖的經驗，而且要通過直觀的圖形和說明文字進行標明。所以，雖然運用了晉裴秀的「製圖六體」、唐賈耽的「計里畫方」及朱思本、羅洪先的「圖例標誌」等方法，仍然費時一年，方才告成。由於親臨現場，並有眾多的「父老」作顧問，故《惠安政書》的《圖籍問》以後的各篇，都糾正了大量過去府、縣志中的錯誤，為此後編修省、府、縣志提供了更為準確的信息，更重要的是成為此後歷屆知縣行政的依據。略舉《版籍考》中一例以證之。

黃冊和魚鱗圖冊是明代有關戶口田糧的最權威資料，也是政府徵收賦稅、徵發徭役的基本依據。《明史・食貨志》說：「魚鱗冊為經，土田之訟質焉。黃冊為緯，賦役之法定焉。」雖然黃冊十年一修，但其數據是否真實，全在於地方官的責任心及是否在轄區內具有真正的權威。而魚鱗圖冊更是年久而廢，難為依據。葉春及隆慶年間所面對的惠安縣情形正是如此：「今之土田從人，而魚鱗簿久廢，里胥為奸，蓋益易矣。」既然面對，就得解決，這是葉春及在惠安任內的風格。《惠安政書》中記載了解決問題的辦法。田地的來源有二，一是在冊的田地，一是實有的田地。二者相符，則無隱漏飛灑。於是專查二者不相符的田地，冊有載而無實地，冊不載而實地在，其中定有隱情。或是有地而不上冊不納稅，或者是無地而不去冊不納稅。經過反覆清查核實，版籍中關於田地的誤載得到糾正，被隱瞞的田地被清查出來，失去田產之後的稅收被廢除。但是，版籍的記載只能說明過去，田地數量及歸屬是變化的，繼任者是否和自己一般認真不得而知。葉春及不禁感歎：「邑志云，法久弊生，莫不援引版賦以為左驗，自非精密小心傍推遠考，未有不為所眩者，況以簿書應接之間乎？故盡信書不如無，豈不信哉，豈不信哉？余猶恐以志為左驗者，將廢國法而不知也。」

可以相信，明朝的地方官中有不少人像海瑞、霍與瑕、葉春及一樣盡心盡職，但從海瑞的名氣和葉春及治績為「當時第一」來看，當然也不會太多。而明代國家權力之向社會底層伸展，則正是由海瑞、霍與瑕、葉春及等人體現出來。

第五章
明代國家權力向基層社會的延伸

第一節　深入民間的禮樂教化

一、國家的「教化」與《教民榜文》

明代國家權力向基層社會的延伸，主要是由三個方面表現出來。一是由府、州、縣及其所屬的權力機關如巡檢司等加強對地方的管理和控制。二是重建傳統等級制度，通過教化來傳輸並體現國家的意志。三是建立里甲、保甲等各種地方組織，設立老人制度、利用宗族勢力，化基層社會權力為國家權力。

明太祖生於貧寒，長於困苦，對民間的惡俗陋規極為熟悉，也深知民風民俗對於政權穩定的重要意義，故而特別注重對民間的教化，其實是通過教化的功能來實施國家權力在基層社會的影響。吳元年（1367）十月對御史大夫鄧愈等人的一番話，可以看出他在這方面的考慮：

> 治天下當先其重且急者，而後及其輕且緩者。今天下初定，所急者衣食，所重者教化。衣食給而民生遂，教化行而習俗美。足衣食者，在於勸農桑；明教化者，在於興學校。學校興，則君子務德；農桑舉，則小人務本。如是為治，則不勞而政舉矣。[1]

1　《明太祖寶訓》卷 1《論治道》。

通過勸農桑，使民足衣食，有恆產者有恆心；通過辦學校，使民知禮數，安分守己則國家太平。

明代的「教化」，其實早在至正十八年（1358）征浙東、下金華時就已開始。當時明太祖召儒士范祖幹、葉儀、許元等十三人講經義，並命王宗顯開郡學，進行教化。其後，隨着統治區域的擴大及明朝的建立，明太祖也逐步將朝廷的禮樂教化推廣到全國，以形成全國統一的規範和習俗。當時的教化工作，主要是從以下幾個方面進行的。

一是興辦學校，通過學校的教育功能進行教化。

洪武二年（1369）十月，命郡縣立學校：

> 古昔帝王育人材、正風俗，莫先於學校。自胡元入主中國，夷狄腥羶污染華夏，學校廢弛，人紀盪然。加以兵亂以來，人習鬥爭，鮮知禮義。今朕一統天下，復我中國先王之治，宜大振華風，以興治教。今雖內設國子監，恐不足以盡延天下之俊秀，其令天下郡縣並建學校，以作養士類。[1]

各地學校興建之後，又因北方久經戰亂，人才凋零，命國子監選國子生分教北方各地：

> 致治在賢，風俗本乎教化。教化行，雖閭閻可使為君子；教化廢，雖中材或墜於小人。近北方喪亂之餘，人鮮知學，欲求方聞之士，甚不易得。今太學諸生中，年長學優者，卿宜選取，俾往北方各郡分教，庶使人知務學，人材可興。[2]

國子監根據這道諭旨，選取國子生林伯雲等 360 人，往北方各地為教師。

1 《明太祖實錄》卷 46，洪武二年十月辛卯。

2 《明太祖寶訓》卷 1《興學》。

為了統一思想，又向北方學校頒發「五經」「四書」，作為教材。明太祖將這兩部書的作用比作衣食：「人非菽稻布帛則無以為衣食，非『五經』『四書』則無由知道理。」物質生活不可缺菽稻布帛，精神生活則不可缺「五經」「四書」。

其實，興辦學校的意義不僅僅在於教化，還在於使各地「精英」們對新政權寄予期望，看到自己的前途和命運。這對於爭取人心、實現中央權力向地方伸展起着重要的作用。

二是勸民學法守法，通過法律的威懾作用進行教化。興辦學校是為了從思想上統一認識，但正面的教育從來代替不了法律的規範和懲罰。法律的作用固然是懲罰於已然，但更重要的是「使人不犯法」。《孫子兵法》主張不戰而勝人，法律的制定者也希望不罰而治人。所以，《大明律令》初頒之時，明太祖便命大理寺卿周禎等人編《律令直解》，用以宣傳，不但要使士大夫們通曉法律，而且要使全國百姓知法守法。《明太祖實錄》載：

> 吳元年十二月戊午，命頒《律令直解》。先是上以律令初行，恐民一時不能盡知法意，或有誤罹於法者，乃謂大理卿周禎等曰：「律令之設，所以使人不犯法。田野之民，豈能悉曉其意？有誤犯者，赦之則廢法，盡法則無民。爾等前所定律令，除禮樂制度錢糧選法之外，凡民間所行事宜，類聚成編，直解其義，頒之郡縣，使民家諭戶曉。」至是書成以進，上覽而喜曰：「前代所行通制條格之書，非不繁密，但資官吏弄法，民間知者絕少，是聾瞽天下之民，使之不覺犯法也。今吾以《律令直解》遍行，人人通曉，則犯法自少矣。」[1]

《大明律令》頒佈，《律令直解》頒佈，《大誥》也頒佈，都是為了「使人不犯法」，這是明太祖法律思想的獨特之處。不管實際效果怎樣，畢竟是明

1　《明太祖實錄》卷 28，吳元年十二月戊午。

代在推行法治方面的重要嘗試。

令明太祖不解的是，雖然法令昭昭，但仍有人違法犯法，屢禁不止，《大誥三編》的第一篇說：

> 於戲！世有奸頑，終化不省，有若是！且如朕臣民有等奸頑者，朕日思月慮，籌計萬千，務要全其身命，使揚祖宗、顯父母、榮妻子、貴本身，共安天下之民。朕所設一應事務，未嘗不穩，一一盡皆的當。其不才臣民，百般毀壞，不行依正所行，故意亂政壞法，自取滅亡，往往如此，數百數千矣。故入此奸頑，終了殺身者，莫知其數。[1]

僅此一篇，便列舉了十八宗案子，涉及被處置的貪官污吏、刁民頑民數百人，均公佈於眾，以示警戒。

三是要求民眾各安其業，各守其分，服役納稅，做國家的良民順民。

洪武十五年十月通過戶部對兩浙、江西的榜諭，明太祖提出了做良民順民的基本要求：

> 為吾民者，當知其分。田賦力役，出以供上者，乃其分也。能安其分，則保父母妻子，家昌身裕，斯為仁義忠孝之民，刑罰何由而及哉？近來兩浙江西之民，多好爭訟，不遵法度，有田而不輸租，有丁而不應役，累其身以及有司，其愚亦甚矣。曷不觀中原之民，奉法守分，不妄興詞訟，不代人陳訴，惟知應役輸租，無負官府，是以上下相安，風俗淳美，共享太平之福。以此較彼，善惡昭然。今特諭爾等，宜速改過從善，為吾良民。苟或不悛，則不但國法不容，天道亦不容矣。[2]

1 朱元璋：《大誥三編・臣民倚法為奸》。

2 《明太祖實錄》卷 150，洪武十五年十一月丁卯。

洪武十九年四月又敕戶部，讓其榜示天下，曉諭士、農、工、商各安其業：

> 古先哲王之時，其民有四，曰：士、農、工、商，皆專其業，所以國無遊民，人安物阜，而致治雍雍也。朕有天下，務俾農盡力畎畝，士篤於仁義，商賈以通有無，工技專於藝業。所以然者，蓋欲各安其生也。…… 爾戶部即榜諭天下，其令四民務在各守本業，醫卜者土著，不得遠遊。凡出入作息，鄉鄰必互知之，其有不事生業而遊惰者，及舍匿他境遊民者，皆遷之遠方。[1]

南京為六朝故都，歷來是風物繁華之地，民風崇尚奢靡，明太祖對此極為不滿：「京師天下之統會，萬民之瞻仰，四方所取則者也。而積習之弊，率以奢侈相高、浮藻相誘，情日肆而俗日偷，非所以致理。」命禮部整齊風俗，導之以儉樸。[2]

貧富不均，以強淩弱，歷來都是嚴重的社會問題，明太祖也希望通過教化來解決。洪武二年二月，他將浙西富民召至南京，當面告誡：「汝等居田里安享富貴者，汝知之乎？…… 使天下一日無主，則強淩弱，眾暴寡，富者不得自安，貧者不能自存矣。今朕為爾等立法更制，使富者得以保其富，貧者得以全其生。爾等尚循分守法，能守法則能保身矣。毋陵弱，毋吞貧，毋虐幼，毋欺老，孝敬父兄，和睦親族，周給貧乏，遜順鄉里，如此則為良民。若效昔之所為，非良民矣。」[3]

洪武三十年，明太祖將在位期間所頒佈的各種告諭、榜令，共四十條彙編成冊，取名為《教民榜文》，作為對民眾進行教育的讀本和里甲、里老對本地居民進行制裁的依據。而此前頒佈的《大誥》及其續編、三編，

1　《明太祖實錄》卷 177，洪武十九年四月壬寅。

2　《明太祖寶訓》卷 2《厚風俗》。

3　《明太祖寶訓》卷 2《崇教化》。

以及《大誥武臣》《大明律令》等，雖然是法律及案例，但在明太祖看來，也是「教民榜文」。

二、申明亭、旌善亭與鄉飲酒禮

對於民眾的教化，明太祖在充分注意「以吏為師」即政府的教化功能之外，特別關注「民自為師」即家族及其他社會組織的教化功能，即利用家族、家庭及其他社會組織，補充國家權力的局限和空白，以達到國家權力延伸的極大化。

民自為師的重要措施，是在各地建起申明、旌善二亭，並恢復傳統的鄉飲酒禮。

申明亭始建於洪武五年（1372）二月，完全是明太祖自己的主張。《明太祖實錄》載：「上以田野之民不知禁令，往往誤犯刑憲。乃命有司於內外府州縣及其鄉之里社，皆立申明亭。凡境內人民有犯，書其過名，榜於亭上，使人有所懲戒。」[1] 從這段材料的記載來看，申明亭所「榜」列的，應該是「不知禁令」而「誤」犯過失的鄉民。但由於纖細皆書，遂書不勝書。

十年後，明太祖對這一做法進行了指責：「天下郡邑申明亭，本以書記犯罪者姓名，昭示鄉里，以勸善懲惡，使有所警戒。今有司概以百姓雜犯小罪書之，使良善一時過誤者，為終身之累，雖欲改過自新，其路無由。」[2] 實際上是對十年前自己所定的申明亭的功能進行修正，由榜書「誤犯刑憲」者改為榜書「犯罪」即被政府處以刑罰者。於是禮部建議，此後犯有「十惡、奸盜、詐偽、干名犯義、有傷風俗及犯贓至徒（罪）者」，方書寫於申明亭，其餘「公私過誤非干風化者」，均不書寫。申明亭於是失去了其初始的意義，其所懲之「惡」已經不是過失的惡，而是故意的惡，是對國家法律審判的宣傳，類似於「佈告」。而其教化的防微杜漸作

1 《明太祖實錄》卷 72，洪武五年二月附條。

2 《明太祖實錄》卷 147，洪武十五年八月乙酉。

用也轉化為對犯罪的警示作用。當然，申明亭強調的仍然是教化問題，所以對於「傷風化」者的處置更為嚴厲。禮部同時要求，凡是私毀亭舍所懸的法令榜文等及塗抹姓名者，都由巡按監察御史及按察司官依法處置。《大明律》更規定：凡拆毀申明亭房屋及毀板榜者，杖一百、流三千里。[1]可見明廷對申明亭的重視。

旌善亭始建的時間應該稍晚於申明亭，記載始見於洪武十八年三月：「命禮部錄有司官善政著聞者，揭於其鄉之旌善亭。刑部錄內外諸司官之犯法罪狀明著者，揭於申明亭，以示勸戒。」[2]但旌善亭之建，當在此之前。

關於申明亭和旌善亭，顧炎武《日知錄》載：

> 宣德七年正月乙酉，陝西按察僉事林時言：「洪武中天下邑里皆置申明、旌善二亭，民有善惡則書之，以示勸懲。凡戶婚田土鬥毆常事，里老於此剖決。今亭宇多廢，善惡不書，小事不由里老，輒赴上司。獄訟之繁，皆由於此。」景泰四年詔書猶曰：「民有怠惰不務生理者，許里老依《教民榜例》懲治。」天順八年三月，詔軍民之家有為盜賊，曾經問斷不改者，有司即大書「盜賊之家」四字於其門，能改過者許里老親鄰人相保管，方與除之。[3]

申明、旌善二亭的設置，是明前期民自為教的基本手段。民為善者，在旌善亭張榜表彰其善，為惡而犯罪者，則在申明亭張榜公佈其惡、揭示其所犯罪的由來，以此來激勵人們從善戒惡。

從各種記載來看，當時全國各縣鄉似乎大多建立了申明、旌善二亭，但至嘉靖年間，有相當多的申明亭、旌善亭已不復存在或改作他用。王鏊作《姑蘇志》，記府衙廄門之外，東為旌善亭，西為申明亭，而且特別註

1　正德《明會典》卷 142《刑部．雜犯．明律》。

2　《明太祖實錄》卷 172，洪武十八年四月壬寅。

3　顧炎武：《日知錄》卷 8《鄉亭之職》。

明：「二亭俱洪武中建。」[1] 康海作《武功志》，記該縣申明亭在「縣門外」，並特別註明：「與旌善亭同處。」[2] 二志皆作於正德時，說明至少當時部分府城、縣城的申明亭、旌善亭還是完好的。其所在地，一般在府衙、縣衙前，酷似「告示」亭。如南直青陽縣、山西定襄縣的旌善亭都在「縣衙門外」[3]，浙江錢塘縣、會稽縣的旌善亭、申明亭則在縣衙「儀門外」[4]。由此可見，康海所記武功縣申明、旌善亭在「縣門外」的「縣」當是縣衙而非縣城。另外，雖然申明亭之建早於旌善亭，但其後發揮作用更多的應該是旌善亭，凡當地鄉紳、商人有所貢獻者，以及在危難中出現的「烈女」「義士」等，多在旌善亭張榜表彰。

葉春及在給撫按的一份公文中詳細敍述了從洪武至隆慶間福建惠安縣城申明、旌善二亭置毀的始末：

> 本縣旌善、申明亭被侵沒蓋四十年餘矣。往有司答憲綱，謬云見在善惡，備載章章也，職覽羞之。竊歎天下飾空文以相謾者，大率類此。故於憲綱，據事而書，本條之下，明標侵沒未復之狀，不敢謾也。考之邑志，遍問父老子弟，申明亭初建名賢坊中，旌善亭在登龍坊。嘉靖三年，知縣萬夔闢居民吳伯厚宅，廣儒學門，而以申明亭易之。於是為吳伯厚宅，今為黃孟和宅。云旌善亭者，當時不竊，故莫得而問也。萬知縣既以申明亭廣學門，乃並旌善亭改建龍津橋北，蓋龍津庵外當市地也。嘉靖八年，有謝敏者請於莫知縣而有之，自言納官銀一十二兩。至三十七年以賣徐淑卿，其價五十兩。余驗敏所執縣帖，以後為前、以彼抵此，豪強兼併……可痛也。職為政務，舉祖宗之舊，所轄二十八都，已除淫祠建亭，獨附

1 王鏊：《姑蘇志》卷 21《官署上》。

2 康海：《武功縣志》卷 1《建置》。

3 雍正《江南通志》卷 24《輿地・公署三・寧國府》、雍正《山西通志》卷 156《列女八》。

4 雍正《浙江通志》卷 30《公署上・杭州府》、卷 31《公署中・紹興府》。

> 郭不備，何以示彰癉而成教化哉？龍津故址近市湫隘，請如晉江縣，建於儀門左右，以縣贖成之。謝敏得利久，價又倍本，宜追論。但今窿然一窶人耳。乞免徐淑卿歲得租銀五兩，凡十四年，價足償矣。宜歸於學，以贍貧生。[1]

從這段文字看，惠安縣城內確實建有申明、旌善二亭，一在名賢坊，一在登龍坊。申明亭嘉靖八年（1529）之前一直存在，只是在嘉靖三年發生了一次變故。而旌善亭則不知廢於何時，「莫得而問」。嘉靖三年知縣萬夔在置換申明亭時，一併重建二亭。但嘉靖八年，知縣莫某以十二兩銀子的價錢賣給了謝敏；三十年後，謝敏以五十兩的價錢轉賣徐淑卿。三十年的經營所得不算，僅房價謝敏就賺了三十八兩，所以葉春及說「謝敏得利久，價又倍本，宜追論」。從嘉靖三十七年後至隆慶時的十四年中，徐淑卿出租所得每年五兩，共獲租銀七十兩，所以葉春及說「價足償矣」。

這裏暫不考索莫姓知縣到底得了謝敏多少好處費，也不考察嘉靖八年至三十七年間惠安縣房價的上漲情況，僅從莫知縣收十二兩「官銀」便將申明、旌善二亭的產權讓謝敏「有之」，而葉知縣因為謝敏「得利久」且賣價倍於買價即主張「追論」、並將已歸徐淑卿所有的申明、旌善二亭收「歸於學」，可以清晰地看出當時代表國家權力的地方官員與普通縣民之間的關係。在進行了一系列調查的情況下，葉春及通過國家權力收回了「龍津庵」外的二亭產權，同時通過其他商業運作在縣衙的儀門之外重建申明、旌善亭。在此之前，葉春及則重建或新建了本縣二十八個都的申明、旌善亭。從萬知縣置換土地，到莫知縣出讓產權，再到葉春及收回產權並重建二亭，也可以看出，至明代中後期，作為教化象徵的申明、旌善亭，其存其亡，完全取決於府、州、縣長官個人的作用。而明太祖對民眾進行教化以加強國家對民眾控制的願望，在很大程度上也決定於府、州、縣官的個人信念和辦事能力。

1　葉春及：《石洞集》卷 8《公牘一 · 立申明旌善亭》。

鄉飲酒禮是中國傳統的民間教化活動，同時也是傳統等級制度和國家權力在基層的體現方式。

古之鄉學，三年業成，考其德藝，以其賢者能者薦於朝，臨行之時，由鄉大夫為主人，設宴餞行，飲酒酬酢，皆有儀式，這套儀式就叫「鄉飲酒禮」。《儀禮》有《鄉飲酒禮》篇，記載鄉飲酒的儀式。與鄉飲酒禮相似的儀式還有「賓興」，見於《周禮．地官》。後來，人們將地方官設宴為應舉之士餞行稱為「賓興」，鄉飲酒禮則專指地方燕會的儀式。

《明會典》說：「洪武初，詔中書省詳定鄉飲酒禮條式，使民歲時燕會，習禮讀律，期於申明朝廷之法，敦敍長幼之節。」[1] 即將前代「歲時燕會、敦敍長幼之節」的鄉飲酒禮，注入新的內容，與「習禮讀律、申明朝廷之法」的教化功能結合起來。明代「鄉飲酒禮」始定於洪武五年四月，《明太祖實錄》載：

> 洪武五年四月戊戌，詔天下舉行鄉飲酒禮。上以海內晏安，思化民俗，以復於古，乃詔有司舉行鄉飲。於是禮部奏取儀禮及唐宋之制，又採周官屬民讀法之旨，參定其儀：在內應天府及直隸府州縣，每歲孟春正月、孟冬十月，有司與學官率士大夫之老者，行之於學校。在外行省所屬府州縣，亦皆取法於京師。其民里社，以百家為一會，糧長或里長主之；百人內，以年最長者為正賓，餘以序齒坐。每季行之於里中。大率皆本於正齒位之說。而賓興賢能、春秋習射，亦可通行焉。所用酒肴，毋致奢靡。若讀律令，則以刑部所編申明戒諭書兼讀之。其武職衙門，在內各衛親軍指揮使司及指揮使司，凡鎮守軍官，每月朔日亦以大都督府所編戒諭書，率僚佐讀之。如此則眾皆知所警而不犯法矣。制曰：可。[2]

1 正德《明會典》卷 78《禮部．鄉飲酒禮》。

2 《明太祖實錄》卷 73，洪武五年四月戊戌。

根據這一規定，鄉飲酒禮並非僅僅行之於「鄉」，而且還行之於京師內外各文武衙門。所不同的是，各衙門舉行的飲酒禮每年春冬各一次，由主管官員行於學校；里社舉行的飲酒禮則一年四次，每季一次，後來為一年二次，春秋行於里中。又，各衙門飲酒禮的物品和費用由官府開銷，而里社飲酒禮的物品和費用則由各家共同承擔。但讀律令、讀戒諭則是共同的。由此可見，「飲酒」只是形式，習禮讀律即明確等級制度、強化等級觀念、宣講國家法律、強化國家權力才是實質。

洪武十八年，頒《大誥》七十四篇於天下，其第五十八篇為「鄉飲酒禮」，對鄉飲酒禮的具體細節作了詳盡規定，並特別其強調了「敍長幼、論賢良、別奸頑、異罪人」的功能：

> 朕本不才，不過申明古先哲王教令而已。所以鄉飲酒禮，　長幼，論賢良，別奸頑，異罪人。其坐席間，年高有德者居於上，高年淳篤者併之，以次序齒而列。其有曾違條犯法之人，列於外坐，同類者成席，不許干於善良之席。主者若不分別，致使貴賤混淆，察知，或坐中人發覺，主者罪以違制。奸頑不由其主，紊亂正席，全家移出化外。的不虛示。……吾今特申明之，從者昌，否者亡。[1]

從洪武十六年所頒佈的圖式和條例看，鄉飲酒禮儀式的繁瑣甚至不讓朝廷的經筵。府、州、縣的鄉飲酒禮暫且不説，即以里社為例，略而言之。

每年春秋社祭，會飲畢，行鄉飲酒禮。

鄉飲酒禮所用酒肴，於一百家內供辦。可見以明代在鄉坊中所推行的里甲制的「里」為基本單位。百家之內，除乞丐外，其餘只要是年老者，即使赤貧，亦須上坐；年少者雖至富，也必序齒下坐，不許摻越，違者以違制論。其有過犯之人，雖年長財富，也得坐於眾賓席之末，聽講律，受戒諭，行禮均由里長主席，推年齡最高且有德者一人為「賓」，其次一人

1　朱元璋：《大誥．鄉飲酒禮第五十八》。

為「介」，其餘各依年齒序坐。如有鄉人為官致仕者，則請以為「僎」。擇通文學者一人為「揚觶」，一人為「讀律」，二人為「贊禮」。

行禮的前一天，主席者親往賓家相請，止於門。「賓」出大門迎接，迎入家中。相見畢，主稍前致詞：「某日行鄉飲酒禮，吾子年高德劭，敢請為賓。」賓必須推辭說：「某固陋，恐辱命，敢辭。」主再請：「詢諸眾，莫吾子賢，敢固請。」賓謝道：「夫子中命之，某不敢辭。」主再拜，賓答拜。請過「賓」，再用同樣的禮節請「介」。

行禮之日清晨，賓、介及眾賓皆至里中門外，主出迎，西向揖，賓東向答揖。主先入門而右，賓入門而左。至階，主揖賓，賓揖主，主先從東階上，賓從西階上，至中堂，主西向立，賓東向立。贊禮唱「拜興」，主賓皆兩拜。主請眾賓各就位。賓席在堂中稍西，南向；主席在堂東南，西向；眾賓六十以上者，席於堂中上兩席，東西相向；如賓眾過多，則年較少者席於堂下。

眾人就座後，贊禮唱「揚觶」，揚觶者舉觶酌酒，詣中堂北向而立。贊禮又唱「在坐皆起」，賓主以下，皆起拱立。揚觶者乃揚觶而揚言曰：「恭惟朝廷，率由舊章。敦崇禮教，舉行鄉飲。非為飲食，凡我長幼，各相勸勉。為臣盡忠，為子盡孝。長幼有序，兄友弟恭。內睦宗族，外和鄉里。無或廢墜，以忝所生。」言畢，贊禮唱「揖」，揚觶者揖，主賓以下皆揖。揚觶者遂將酒飲訖，眾人也飲訖。揚觶者復揖，眾人皆揖。落座。

此後是讀律、讀申明戒諭，儀式和「揚觶」相同。最後是飲五巡或七巡。食畢，撤案。贊禮唱禮畢，主先行而西向立，贊禮引賓以下東向立，贊「拜、興」，於是主賓皆拜、興，兩拜之後，主送賓於門外，東西相揖。各退。

第二日，賓、介及眾賓均至主家拜謝鄉飲之賜。主出門外拜，謂「辱屈昨日之來」。

至此，鄉飲酒禮結束。[1]

1 正德《明會典》卷 78《禮部．鄉飲酒禮》。

這套繁文縟節如今在戲劇中也難得一見，即在當日，也未必演習得如此規矩。表面上看，鄉飲酒禮除了一系列儀式，並無實際意義。但一切制度都離不開儀式，所有的權力也都在儀式中體現，只是儀式有繁有簡，場面有大有小而已。政府的目的，是通過提倡行鄉飲酒禮，不斷提醒人們注意長幼之序、尊卑之禮，灌輸「為臣盡忠、為子盡孝」的思想，並宣傳國家的法律法令。[1]

政府強調的是長幼之序、尊卑之禮，當二者之間發生矛盾時，長幼之序又讓位於尊卑之禮。《周禮》有言：「一命齒於鄉里，再命齒於父族，三命而不齒。」[2] 蘇州太倉籍著名學者陸容以江西安福籍大學士彭時在家乡受到禮遇，特別強調這一點：

> 鄉黨莫如齒，此先儒之論也。然禮亦有「一命齒於鄉、再命齒於族」之文。今學校老生，凡遇仕而返鄉者，輒以齒自居，略無貴貴之義。彼為命士大夫者，又皆避嫌之厚，不以自明。於是先王之禮，遂成偏廢而不明……聞安福彭文憲公（時）省親還家，族黨以三命不齒於族致隆於公。公不敢當，乃受異席。蓋其族黨，多讀書知禮之士故耳。[3]

這個事例的意義在於，它明確了社會等級的「尊卑」比血緣關係的「長幼」更為重要，更受政府的重視，也就是說，家族權力、社會權力必須服從於國家權力。

1　洪武二十二年的圖式中甚至規定：凡良民中，年高有德無公私過犯者，列為一席，坐於上等；有因戶役差税遲誤，及曾犯公杖私笞者，另為一席，序坐於中門之外；曾犯姦盜詐偽、説事過錢、起滅詞訟、蠹政害民、排陷官長，及一應私杖徒流重罪者，又別為一席，序坐於東門之內。執壺供事，各用本等之家子弟。當然，這種善善惡惡的情緒化條例是不利於社會安定的，所以各地並未認真執行。（正德《明會典》卷 78《禮部．鄉飲酒禮》。）

2　［漢］鄭玄註，［唐］陸德明音義、賈公彥疏：《周禮註疏》卷 12《地官司徒二》。

3　陸容：《菽軒類記一》，鄧士龍輯《國朝典故》卷 68。

三、鄉約與家規

律、例、《大誥》與《會典》，都是明代的「國法」，體現的是國家意志，並由國家權力機關貫徹執行。但所有的國家意志、所有的國家法律，都是以民間的「習慣」為基礎的。從反映民間習慣的角度看，鄉約和家規比國家法律更直接也更便捷。從這個意義上說，鄉約和家規本是國家的前提和基礎，但國家法律一經制定，便對鄉約和家規產生巨大的示範作用，成為所有鄉約和家規必須遵循的法則。因此，鄉約、家規與國家法律之間其實是一種互補的關係。在國法指導下的鄉約與家規，一方面維護本約本家族成員的共同意願和利益，另一方面又協調本約本家族成員的關係及其與國家、與社會其他人羣的關係。在很大程度上，鄉約和家規又是國家意志的表現，只是所規範的事情更為明確，所規範的人羣更為具體而已。而其產生的社會效果，在一定意義上也可被視為國家權力在基層社會的體現。

如果說在《顏子家訓》《朱子家訓》的時代，鄉約與家規對國法具有重要的啟示意義，那麼至明代，由於國家法律的日趨健全，鄉約與家規更多的是在重申國家法規。而其中起重要作用的，則是在任與鄉居的官員，以及準備出仕的舉人、監生、生員，或者說，是在職的官員與在鄉的士紳。

王守仁巡撫南贛時所頒「南贛鄉約」，被視為明代鄉約的垯本，茲節錄於後，以便分析：

> 諮爾民，昔人有言：蓬生麻中，不扶而直；白沙在泥，不染而黑。民俗之善惡，豈不由於積習使然哉？往者新民，蓋常棄其宗族、畔其鄉里，四出而為暴，豈獨其性之異、其人之罪哉？亦由我有司治之無道、教之無方。爾父老子弟，所以訓誨戒飭於家庭者不早，薰陶漸染於里閈者無素，誘掖獎勸之不行，連屬葉和之無具，又或憤怨相激、狡偽相殘，故遂使之靡然，日流於惡。則我有司與爾父老子弟，皆宜分受其責。嗚呼，往者不可及，來者猶可追。故

今特為鄉約，以協和爾民。自今凡爾同約之民，皆宜孝爾父母、敬爾兄長、教訓爾子孫、和順爾鄉里，死喪相助、患難相恤，善相勸勉、惡相告戒，息訟罷爭、講信修睦，務為良善之民，共成仁厚之俗。嗚呼，人雖至愚，責人則明；雖有聰明，責己則昏。爾等父老子弟，毋念新民之舊惡而不與其善，彼一念而善，即善人矣；毋自恃為良民而不修其身，爾一念而惡，即惡人矣。人之善惡，由於一念之間。爾等慎思吾言，毋忽！

一、同約中推年高有德為眾所敬服者一人為約長，二人為約副，又推公直果斷者四人為約正，通達明察者四人為約史，精健廉幹者四人為知約，禮儀習熟者二人為約贊，置文簿三扇，其一扇備寫同約姓名，及日逐出入所為，知約司之；其二扇一書彰善、一書糾過，約長司之。

一、同約之人每一會，人出銀三分，送知約具飲食，毋太奢，取免飢渴而已。

一、會期以月之望，若有疾病事故不及赴者，許先期遣人告知約，無故不赴者，以過惡書，仍罰銀一兩公用。

一、立約所於道里均平之處，擇寺觀寬大者為之。

一、彰善者，其辭顯而決；糾過者，其辭隱而婉。亦忠厚之道也。如有人不弟，毋直曰不弟，但云聞某於事兄敬長之禮頗有未盡，某未敢以為信，姑書之以俟。凡糾過惡皆例此。若有難改之惡，且勿糾，使無所容，或激而遂肆其惡矣。約長副等須先期陰與之言，使當自首，眾共誘掖獎勸之，以興其善念。姑使書之，使其可改，若不能改，然後糾而書之。又不能改，然後白之官。又不能改，同約之人執送之官，明正其罪。勢不能執，戮力協謀官府，請兵滅之。

一、通約之人，凡有危疑難處之事，皆須約長會同約之人，與之裁處區畫，必當於理濟於事而後已。不得坐視推託，陷人於惡，罪坐約長約正諸人。

一、寄莊人戶，多於納糧當差之時，躲回原籍，往往負累同甲。今後約長等勸令及期完納應承，如蹈前弊，告官懲治，削去寄莊。

一、本地大戶、異境客商，放債收息，合依常例，毋得磊算。或有貧難不能償者，亦宜以理量寬。有等不仁之徒，輒便捉鎖磊取，挾寫田地，致令窮民無告，去而為之盜。今後有此，告諸約長等，與之明白，償不及數者，勸令寬捨。取已過數者，力與追還。如或恃強不聽，率同約之人鳴之官司。

一、親族鄉鄰，往往有因小忿，投賊復仇，殘害良善，釀成大患。今後一應鬥毆不平之事，鳴之約長等公論是非。或約長聞之，即與曉諭解釋。敢有仍前妄為者，率諸同約呈官誅殄。

一、軍民人等，若有陽為良善、陰通賊情，販買牛馬、走傳消息，歸利一己、殃及萬民者，約長等率同約諸人，指實勸戒，不悛，呈官究治。

一、吏書、義民、總甲、里老、百長、弓兵、機快人等，若攬差下鄉、索求賫發者，約長率同呈官追究。

一、各寨居民昔被新民之害，誠不忍言，但今既許其自新，所佔田產，已令退還，毋得再懷前仇，致擾地方。約長等常宜曉諭，令各守本分，有不聽者，呈官治罪。

一、投招新民，因爾一念之善，貸爾之罪。當痛自克責、改過自新，勤耕勤織、平買平賣，思同良民，無以前日名目，甘心下流、自取滅絕。約長等各宜時時提撕曉諭。如踵前非者，呈官懲治。

一、男女長成，各宜及時嫁娶。往往女家責聘禮不充，男家責嫁妝不豐，遂致愆期。約長等其各省諭諸人，自今其稱家之有無，隨時婚嫁。

一、父母喪葬，衣衾棺槨，但盡誠孝，稱家有無而行。此外或大作佛事，或盛設宴樂，傾家費財，俱於死者無益。約長等其各省諭約內之人，一遵禮制，有仍蹈前非者，即與糾惡簿內書以不孝。

一、當會，前一日知約預於約所灑掃張具於堂，設告諭牌及香案，南向。當會日，同約畢至，約贊鳴鼓三，眾皆詣香案前序立，北面跪聽約正讀告諭。畢，約長合眾揚言曰：自今以後，凡我同約之人，祇奉戒諭，齊心合德，同歸於善。若有二三其心、陽善陰惡者，神明誅殛。眾皆曰：若有二三其心、陽善陰惡者，神明誅殛。皆再拜。興。以次出會所，分東西立。約正讀鄉約畢，大聲曰：凡我同盟，務遵鄉約。眾皆曰：是。乃東西交拜，興。各以次就位。少者各酌酒於長者。三行，知約起，設彰善位於堂上，南向置筆硯，陳彰善簿。約贊鳴鼓三，眾皆起。約贊唱：請舉善。眾曰：是，在約史。約史出就彰善位，揚言曰：某有某善、某能改某過，請書之以為同約勸。約正遍質於眾曰：如何？眾曰：約史舉甚當。約正乃揖善者進彰善位，東西立。約史復謂眾曰：某所舉止是，請各舉所知。眾有所知即舉，無則曰：約史所舉是矣。約長、副、正皆出就彰善位。約史書簿畢，約長舉杯揚言曰：某能為某善、某能改某過，是能修其身也。某能使某族人為某善、改某過，是能齊其家也。使人人若此，風俗焉有不厚。凡我同約，當取以為法。遂屬於其善者。善者亦酌酒酬約長曰：此豈足為善，乃勞長者過獎，某誠惶怍，敢不益加砥礪，期無負長者之教。皆飲畢，再拜謝約長。約長答拜。興。各就位。知約撤彰善之席。酒復三行。知約起，設糾過位於階下，北向置筆硯，陳糾過簿。約贊鳴鼓三。眾皆起。約贊唱：請糾過。眾曰：是，在約史。約史就糾過位，揚言曰：聞某有某過，未敢以為然。姑書之以俟後圖，如何。約正遍質於眾曰：如何。眾皆曰：約史必有見。約正乃揖，過者出，就糾過位，北向立。約史復遍謂眾曰：某所聞止是，請各言所聞。眾有所聞即言，無則曰：約史所聞是矣。於是約長、副、正皆出糾過位，東西立。約史書簿畢。約長謂過者曰：雖然，姑無行罰，惟速改。過者跪請曰：某敢不服罪，自起酌酒，跪而飲曰：敢不速改，重為長者憂。約正、副、史皆曰：某等不能早勸諭，使子陷於此，亦安得無罪。皆酌自罰。過者復跪而請曰：某既知罪，長者又自以為罰，某敢不即就戮。若許其得以自改，則請長者無飲，某之幸也。趨後，酌酒自罰。約正、副咸曰：子能勇於受責如此，是能遷於善也。某等亦可免於罪矣。乃釋爵。過者再拜。約長揖之。興。各就位。知約撤糾過席。酒復三行，遂飯。飯畢。約贊起，鳴鼓三唱，申戒。眾起。約正中堂立，揚言曰：嗚呼，凡我同約之人，明聽申戒。人孰無善，亦孰無惡。為善雖人不知，積之既久，自然善積而不可掩；為惡若不知改，積之既久，必至惡極而不可赦。今有善而為人所彰，固可喜。苟遂以為善而自恃，將日入於惡矣；有惡而為人所糾，固可愧，苟能悔其惡而自改，將日進於善矣。然則今日之善者，未可自恃以為善；而今日之惡者，亦豈遂終於惡哉？凡我同約之人，盍共勉之。眾皆曰：敢不勉。乃出席，以次東西序立，交拜。興。遂退。[1]

王守仁以南贛巡撫的身份，親自制定並頒佈此約，要求在南贛汀韶巡撫管轄範圍內普遍推行，可以說是典型的由官方制定的鄉約，與明太祖時頒佈的「教民榜文」極其相似。《南贛鄉約》的內容涉及各個方面，要求民眾遵紀守法、敬畏官府，克己奉公、納糧服役，孝敬父母、尊重師長，罷爭息訟、和睦鄰里，有善必彰、有惡必改，其目的十分明顯。當然，這些內容也是一般的鄉約家規所要求的。其特點在於要求各地設置與申明、旌善亭相類似的「約所」，作為各約公會之處；並推舉出約長、約副、約正、約史、知約、約贊，定期召集本約之人集會，褒善糾惡，推行鄉約。而公會之時的禮儀，顯然又借鑒了「鄉飲酒禮」，甚至可以說是鄉飲酒禮以鄉約方式的再現。所以，「南贛鄉約」其實是在試圖恢復正在泯滅中的國家「教化」功能。

隨着王守仁功業的日隆、隨着王學傳播的日盛，「南贛鄉約」的影響也日增，以至嘉靖時政府號召並責成推行鄉約時，即以其為藍本，「南贛鄉

1 王守仁：《王陽明全書》卷 17《別錄九．公移二（巡撫江西征寧藩）．南贛鄉約》。

約」遂成為各地官員和鄉紳推行鄉約的範本。[1]

從目前能見到的材料看，可以相信，當時確實有不少地方官和鄉紳在做制定並推行鄉約的事情。略舉數例：嘉靖十二年（1533），陸粲遷江西永新縣知縣，興利除弊，鏟除豪強，而「尤厚學校、禮耆老，倡鄉約」，至清代修縣志時，仍稱：「民至今稱之。」[2] 可見其影響之大。萬曆十年（1582）申其學為直南睢寧知縣，也「行保甲、鄉約」，據稱「皆有實效」。[3] 這是地方官的作為。而另外一些推行鄉約者，卻是社會力量。如南直廬江縣有楊林書院，為嘉靖三十四年鄉紳朱紱所建，「聚族黨讀書其中，朔望伏臘，鄉約正副等宣讀上諭、申明鄉約」。[4] 而江西安福縣的復禮書院，則由名儒劉元卿建於隆慶間，萬曆間有鄉紳陳國相者捐田三十畝，「每歲於書院講鄉約、舉文會」，[5] 書院遂成為講論鄉約之所。而另有一些地方，則如「南贛鄉約」所言，有專門的「約所」。如撫州東鄉縣，其約所即在義倉之前。[6] 至於呂紳在山西、葉春及在福建惠安制定及推行的鄉約，在當時就已經產生了重大的影響。葉春及因為在惠安推行包括鄉約在內的一系列實政，而被稱為天下治績第一。至於呂坤的鄉約，清康熙間趙於京任臨潼知縣，作《風俗志》，仍念念不忘王守仁及呂坤的「鄉約」，並進行了總結和效法：

> 文成公（按：王守仁死後得謚「文成」）之法曰：立約所於道里均平之處，推年高有德、眾所推服者一人為約長、二人為約副，

1　葉春及：《石洞集》卷 7《惠安政書九・鄉約篇》云：「嘉靖間，部檄天下舉行鄉約，大抵增損王文成公之教，有約贊知約等名。其說甚具，實與申明之意無異。」

2　雍正《江西通志》卷 61《名宦五・吉安府》。

3　雍正《江南通志》卷 115《職官志・名宦四・徐州府》。

4　雍正《江南通志》卷 90《學校志・書院》。

5　雍正《江西通志》卷 21《書院一・吉安府》。

6　雍正《江西通志》卷 19《官署・撫州府・東鄉》：「義倉在鄉約所後。」

> 公直果斷者四人為約正、精健廉幹者四人為知約、禮儀習熟者二人為約贊；置文書三：一書姓名及日之所為，知約司之，一書彰善，一書糾過，約長司之，彰善之辭顯而決，糾過之辭隱而婉，蓋不輕棄人於過而欲引之同歸於善也。其要曰：一念而善即善人矣，一念而惡即惡人矣。文簡公（按：呂坤死後得謚「文簡」）之法曰：在城、在鎮，以百家為率，孤莊村落以一甲為率，立約正、約副、約講、約史各一人，選公道正直者充之。其十甲之中，亦擇一長，一甲之中，自有四鄰，以交相勸戒焉。約所設鐸書講案，傍豎一碑，碑上書：「天地神明、紀綱法度」八字。紀善有簿，紀惡有簿，和處有簿，改過有簿。其所以引人去不善而即於善者至詳且盡。[1]

鄉約的作用是教化，同時也具有一定的民間自治功能。所有的教化，無疑都是為了地方社會的安定。而地方的安定不僅僅是政府的事情，也是地方的事情，更是鄉里的事情。正是這個共同的利益點，使得國家權力和其他社會權力可以在一起做同一件事情。

規範一方者謂鄉約，規範一家一族者則為家訓、家規或族規。與鄉約一樣，家規是在國法的立場上來要求家人或族人的。

以楊士奇為子孫定的「家訓」為例，主要內容是：一、教育。訪求有德有學之人為師，教育子弟；先教正心修身事親為人之道，再擇資質聰穎者，教其治經，以備科舉，次者則教以詩文雜學，讓其粗知道理。二、敬祖。祭祀祖先，不可怠慢，一切按定規辦理，否則即不孝。三、事官。不許倚仗勢力干預官府公事，謀求私利，以辱家門。四、交友。當貴義賤利，務善循理，親近正人、勿交俗輩。五、褒善懲惡。子弟中有善行好學者，眾共禮之重之；有不受訓戒者，數其罪而笞之；有違法而家規無所治者，明告官府治罪。六、謙虛寬厚。子弟須謙虛為人、寬厚待下，少飲酒，保安康。七、兄弟同心。子弟須同一心，有狠戾者眾起攻之，不改者

1 雍正《陝西通志》卷 45《風俗》。

絕之不為兄弟。八、不聽婦言。兄弟本同一氣，不可因聽女人之言而傷至親之情。[1] 這是楊士奇在給子姪的信中提出的要求，並非嚴格意義上的「家規」，但已經包括了一般家規、族規的主要內容。而這些內容，也正是國家法律所要求的。

羅倫的「家訓」，更以「齊家」為要求。「齊家」的目的，則在「治國」：

> 未有治國不由齊家。家不齊而求治國，無此理也。何謂齊家？不爭田地、不佔山林、不尚鬥爭、不肆強梁、不敗鄉里、不凌宗族、不擾官府、不尚奢侈，弟讓其兄、姪讓其叔、婦敬其夫、奴恭其主，只要認得一「忍」字、一「讓」字，便齊得家也。其要在子弟讀書與禮讓。若不聽吾言，譬如爭一畝田、佔一畝住基，兩邊不讓，或致人命，或告官府，或集親戚，所損甚大。⋯⋯今後若有田地等物不明，只許自家明白，不許擾及官府。我若不仕，尤當守此言也。其餘取債之屬，民甚貧窮可憫，自已少用一分便積得一分德。奴僕放橫，不可放起。自今以後，無片言隻字經動府縣方好，不然外人指議：此人要做好人不能齊家，世間安有此等好人哉？由此得禍，不可知也。⋯⋯進退得失，有義有命，吾心視之，已如孤雲野鶴，脫灑無繫。自古壞事，皆是愛官職底人弄得狼狽了。脫使根本不安，枝葉自能保乎？戒之戒之，若使我以區區官勢來齊家，不以禮義相告，便成下等人了。但中間有等無知子弟與不才奴僕，弄出事來，則須治之以官耳。叔父須戒之，慎勿以吾言為迂也。[2]

在朝廷，羅倫為維護傳統道德標準，就「奪情」問題對首輔李賢進行了彈劾；在家族，羅倫則站在同樣的立場上，從家與國的雙重立場上，對族人提出了道德要求。在羅倫看來，國和家其實是一個統一的整體，治國的基

1　楊士奇：《東里續集》卷 53《家訓》。

2　羅倫：《一峰文集》卷 9《書・戒族人書》。

礎是齊家，齊家的目的是治國。羅倫的這些告誡，其實並無創新處，都是儒家學説的基本理論和觀點。在萬曆、天啟間被視為士林領袖但又不捲入黨爭的鄒元標，其四言體《家訓》，更為生動地表達了家國一體、和睦共處的主張：

> 詩詠多福，易言餘慶。積善之家，罔不繁盛。眇予小子，廁名士紳，愧無實德，裨補君民，未能治國，願教吾家：敷誠佈衷，寂聽無嘩。凡我宗人，無忽予言。洗心滌慮，培根達源。敬奉天地，孝養雙親。與其濁富，寧守清貧。勿利貨賄，囑託上官。小民叫冤，爾心何安。輸賦無訟，跡絕公室。尊憲守約，終鮮差失。里閈姻黨，情誼無涯。富貴輪流，轉眼虛花。出入以度，惟公惟平。夜半叩門，爾心不驚。永言孝思，世德作求。我語諄諄，我心悠悠。毫厘不差，神明臨汝。良心不昧，三復斯語。[1]

如果將明太祖的《大誥》《榜文》與王守仁、葉春及、呂坤等人的「鄉約」，楊士奇、羅倫、鄒元標等人的「家訓」對照，其基本精神是一脈相承的，那就是知禮、守法、克己、奉公，這正是國家法律所規定的，也貫穿着國家權力的精神。

當然，鄉約和家規必須得到國法的保護和認可，才可能發揮作用，才具有合法性，否則就是違法。所以羅倫因有族人違其家規而斃之，即受到章懋的質疑：

> 鄉約之行，欲鄉人皆入於善，其意甚美。但朱（熹）、呂（本中）之制，有規勸無賞罰，豈其智不及此？蓋賞罰天子之柄，而有司者奉而行之。居上治下，其勢易行。今不在其位而操其柄，已非所宜，況欲以是施之父兄宗族之間哉？或有尊於我者，吾不得而賞

1 鄒元標：《願學集》卷 1《家訓》。

> 罰焉，則約必有阻而不行者矣，可不慮其所終乎？……又聞族人有為盜者，必親置之死地。此於當代之典、先王之制、聖賢之事，皆所未聞。孔子曰：古之為盜，惡之而不殺也。……禮曰：公族其有死罪，有司讞於公，公既三宥之矣，而又使人追之曰：雖然，必赦之。有司對曰：無及也。然後為之素服。不舉，如其倫之喪，親哭之。夫以朝廷之上，法度所在，其處宗族之死罪者若是，而況於手自殺之乎？又況罪不應死者乎？[1]

章懋對羅倫的質疑，也是站在一個基本的立場上：鄉約、家規必須符合國家的法律。鄉約與族規應該在遵守和堅持國法的前提下，根據本鄉和本族的實際情況制定相應的條文，以更有效地對本鄉和本族進行管理。王守仁的「南贛鄉約」中便有許多條是針對當時南贛當地的一些具體情況而作出的特別規定。如「軍民人等若有陽為良善，陰通賊情，販買牛馬，走傳消息，歸利一己，殃及萬民者，約長等率同約諸人指實勸戒，不悛，呈官究治」，是針對當時南贛鄉民與「山賊」相通而規定的；父母喪葬，婚姻嫁娶，應量力而行，不得大肆鋪張，是針對當地風俗奢靡而規定的。同時，為維護本約民眾的利益，於是規定，凡有府州縣吏員及義民、總甲、里老、百長、弓兵、機快人等下鄉騷擾百姓、索求財物者，約長可率本約之民將其械送官府追究。[2] 這些都體現了鄉約的地方特色和「家法」特徵。

但鄉約發揮作用，仍然需要推行及監督的主體，這個主體可以是國家權力，也可以是其他社會權力，如宗族、鄉紳、商人、會館或其他民間團體或羣體。在傳統的聚族而居的狀態下，宗族起着重要作用；而在流民社會，會館則起着重要作用。但在會館中，仍然得依靠有勢力的商人或行會，或者隨着移民同時遷徙的家族勢力。

1　章懋：《楓山集》卷 2《覆羅一峰》。

2　王守仁：《王陽明全書》卷 17《別錄・公移二（巡撫江西征寧藩）・南贛鄉約》。

第二節　里甲、保甲與里老

一、里甲與保甲

明朝繼承了歷代的統治辦法，在省、府、縣各級政權之下，於城鄉普遍建立基層組織，以加強對民戶的管理。城內分坊，有坊長；近城為廂，有廂長；鄉村為里，有里長。坊、廂、里之下是甲，有甲首。由於明朝建立於大規模的農民戰爭之後，又大力推行重農政策，加之城市為各級政府部門所在地，管理較為便利，故基層組織的重點是在鄉村。因此，雖然明朝的里甲制度既指鄉村的里甲組織，也包括城郭的坊甲和廂甲組織，但人們通常都把它視為鄉村基層組織，並非沒有道理。里甲之上是鄉，但由於鄉在明朝是作為地區劃分而未建立起政府所要求的行政組織，所以縣以下基層單位主要是里甲。

明初設置並推行的這一基層組織，在銜接國家權力方面具有重要的意義。葉春及《惠安政書》將里甲視為上接府縣的基層行政組織：「惟皇制治，建府置縣，畫鄉分里，以奠民庶。乃立耆老以佐令敷政教。國家之法，十戶為甲，甲有首；一百一十戶為里，里有長。統以縣、府、布政使司，而達於部。」[1]

明朝的里甲制度定於洪武十四年（1381），是與編制賦役黃冊同時進行的。因此，從一定意義來說，里甲制度的建立是為了保證國家對人口的控制，適應徵發徭役、徵收賦稅的需要。

《明會典》和《明史》等史籍對里甲編排的記載略有不同，大抵以鄉、坊、廂為單位。每 110 戶為 1 里，推丁糧多者 10 戶為里長，其餘百戶分為 10 甲，每甲 10 戶，有甲首 1 戶;如有剩餘戶口，則編入本鄉的鄰里（或鄰廂、鄰坊）。據《明史 · 地理志》，全國共編里 59556 個。每年各里役里長 1 人，甲首 1 人，帶領本甲民戶「董一里之事」，十年一輪，叫「排

1　葉春及：《石洞集》卷 7《惠安政書九 · 鄉約篇》。

年」。因此，里長、甲首其實也是僉派，仍屬役的性質。每里除了里長、甲首，另有里書，由略通文字算術者充任，協助里長、甲首編制黃冊、攤派賦役，史籍上常說的「里胥」，主要就是指里書。里長、甲首、里書既為里甲的首領，對於國家來說自然是役，但對本里本甲的民戶來說，是國家的管理人員；雖然沒有被納入官或吏的編制，也不能從國家領取俸祿，卻可以在編制黃冊、攤派賦役中上下其手，樹立權威，得到好處。他們與政府官吏的區別，即在於此。

由於不是一級政府機關而只是基層行政組織，所以里甲的職責在明代政書中沒有明確記載，只是在律令中作了若干規定。丘濬《大學衍義補》曾概括說：「凡其一里之中，一年之內，所有追徵錢糧，勾攝公事，與夫祭祀鬼神、接應賓旅，官府有所徵求，民間有所爭鬥，皆在見役者所司。」[1] 他指出了里甲四個方面的職能：一是宗法職能，主持祭祀；二是司法職能，處理民間訴訟；三是接待職能，迎送政府有關人員；四是財政職能，追徵錢糧，採辦貢物，提供徭役。其實，里甲還有兩個重要職能，即戶籍管理的職能和督促鄉民從事農副業及其他生計的職能。據《大明律》，如果里長失於查勘，致使里中有脫籍者，一戶至五戶，笞五，五戶以上每五戶加一等，杖一百止；一口至十口，笞三十，十口以上每十口加一等，杖五十止。又，如本里田地無故荒蕪，應種桑麻稻麥之類而未種者，里長也得受懲罰，以十分為率，荒蕪一分笞二十，一分以上每一分加一等，杖八十止。[2] 十年一次的黃冊編造工作，也由里甲具體負責。

從實質上看，里甲制度是明政府以役的方式建立起來的強制性地方管理體制，完全可以視為國家權力在基層社會的延伸。里甲制度是以明初相對穩定的小土地佔有關係和自耕農經濟為基礎的，隨着土地佔有關係的變化和商品經濟的發展，人口流動成為不可逆轉的趨勢，雖說里甲每十年重新調整編排一次，但人口的流失必然造成里甲數量的減少和國家可征徭役

1　丘濬：《大學衍義補》卷 31《治國平天下之要．制國用》。

2　正德《明會典》卷 134《刑部．明律．脫漏戶口》。

及錢糧的減少。正德、嘉靖以後，各地紛紛進行賦役制度的改革，田賦丁銀逐步由民收民解改為官收官解，徭役也開始由政府出銀僱傭，里甲催徵錢糧、管理戶口的職能逐步減弱乃至喪失。而社會矛盾的發展，也必然要求地方基層組織的主要職能由催徵錢糧轉為維護治安。這樣，許多地區在里甲之外建立了保甲制度。

從景泰、成化開始，不斷有人提出設立保甲，以維持地方治安。弘治初，兵部正式提出了推行保甲法的方案，但並未認真實行。在明代，全力推行保甲法的第一人仍是王守仁。他在《申諭十家牌法》中對南贛地區推行保甲制的辦法和目的作了如下申諭：

> 凡置十家牌，須先將各家門面小牌挨審的實，如人丁若干，必查某丁為某官吏，或生員，或當某差役、習某技藝、作某生理，或過某房出贅，或有某殘疾，及戶籍田糧等項，俱要逐一查審的實。十家編排既定，照式造冊一本留縣，以備查考，及遇勾攝及差調等項，按冊處分，更無躲閃脫漏，一縣之事，如視諸掌。
>
> 每十家各令挨報甲內，平日習為偷竊及喇唬教唆等項不良之人同具，不致隱漏，重甘結狀，官府為置，捨舊圖新，簿記其姓名，姑勿追論舊惡，令其自今改行遷善，果能改化者，為除其名。境內或有盜竊，即令此輩自相挨緝，若係甲內漏報，仍並治同甲之罪，又每日各家照依牌式，輪流沿門曉諭覺察。如此，即奸偽無所容，而盜賊亦可息矣。
>
> 十家之內，但有爭訟等事，同甲即時勸解和釋。如有不聽勸解，恃強凌弱及誣告他人者，同甲相率稟官，官府當時量加責治省發，不必收監淹滯。凡遇問理詞狀，但涉誣告者，仍要查究同甲不行勸稟之罪。又每日各家照牌互相勸諭，務令講信修睦，息訟罷爭，日漸開導。如此則小民益知爭鬥之非，而詞訟亦可簡矣。[1]

1 王守仁：《王陽明全書》卷 17《別錄九．公移二（巡撫江西征寧藩）．申諭十家牌法》。

為了解決各甲不相統屬的問題，王守仁又令所屬府州縣於各鄉村推選「才行為眾信服者」一人為保長，專門防禦盜賊。平時各甲詞訟之事，保長不得干預，以免其武斷鄉曲。「但遇盜警，即仰保長統率各甲設謀截捕。」[1]

從上可以看出，保甲並不像里甲那樣以催徵錢糧為職責，而是重在維護社會治安，且貫穿着王守仁一貫主張的以教化為主、教化與鎮壓相結合的思想。對於這套辦法，王守仁自己也頗為得意，他認為：「凡十家牌式，其法甚約，其治甚廣，有司果能着實舉行，不但盜賊可息，詞訟可簡，因是而修之，補其偏而救其弊，則賦役可均；因是而修之，連其伍而制其什，則外侮可禦；因是而修之，警其薄而勸其厚，則風俗可淳；因是而修之，導以德而訓以學，則禮樂可興。」[2]

因為不存在均徭均役的問題，所以保甲的編制不像里甲那樣強求劃一，而是根據各地情況的不同而變化。如王守仁在巡撫南贛時推行十家牌法，十家為一牌，設牌長；五至十牌為一保，設保長。海瑞在行保甲法的告示中則明確要求編甲時不必一定十戶為甲，「多或十餘戶，少或不及十戶，但取守望之便，不必分析割補，拘定數目」。北京城內十家一甲，十甲一保。而江西農村則多隨居民村落相附，多則五十家為一保，少則二三十家為一保。南直一些地區多以姓氏組成保甲，一族有千戶以上者立保長三四人，保甲組織與宗族制度結合起來了。[3]

保甲組織和其他基層組織一樣，其存其亡以及效率的高下，完全視時局及地方官員的重視程度而異。葉春及敍及惠安縣的狀況：「餘觀往保甲冊，少者一丁為戶，多止二三，謾以應有司督責耳。」這種應付差事的做法在當時應該十分普遍。雖然葉春及到任後以立鄉約、復保甲為務，但仍然是人去政亡。

1　王守仁：《王陽明全書》卷 17《別錄九．公移二（巡撫江西征寧藩）．申諭十家牌法增立保長》。

2　王守仁：《王陽明全書》卷 17《別錄九．公移二（巡撫江西征寧藩）．申諭十家牌法》。

3　參見王昊：《明代鄉里組織初探》，《明史研究》第 1 輯。

二、里老

與里甲、保甲相類似，由政府推動設置並在基層社會中發揮重要作用的，是當地有聲望的「老人」，稱「里老」。但這裏說的里老，並不是一般意義上的老人甚或「年高德劭」的老人，而是具有特殊政治含義並制度化的老人，它既代表一個羣體，更代表一個制度。

所謂「制度化」的老人即里老，是指由官府選任，負有「聽訟」「剖決事務」等職責的里中老人。關於這一點，幾乎所有明人記載都是明確的。

「里老」制的前身是「耆宿」制。明太祖初定天下，亟需各種管理人員，大量選用「年高德劭」的老人進入各級政府，遂成一大社會現象。[1] 耆宿制即在這一背景之下產生。《明太祖實錄》載：

> 洪武二十一年（1388）九月壬子，罷府州縣耆宿。初令天下郡縣選民間年高有德行者，里置一人，謂之「耆宿」，俾質正里中是非，歲久更代。至是，戶部郎中劉九皐言耆宿頗非其人，因而蠹蝕鄉里，民反被其害。遂命罷之。[2]

可見，這裏所說的「耆宿」並非單個的耆宿，而是「里置一人」的耆宿，即是由政府選任或廢罷因而具有特殊身份，同時又負有「質正里中是非」

1 其著名者，如洪武十三年九月即廢中書省後不久，即召王本、杜祐、龔斆等鄉村老儒為「四輔官」。（《明太祖實錄》卷 133，洪武十三年九月丙午。）洪武二十三年，更「命吏部選天下耆民有才德知典故者，授以官，凡四百五十二人。」（《明太祖實錄》卷 202，洪武二十三年六月庚寅。）

2 《明太祖實錄》卷 193，洪武二十一年八月壬子。《明會典》亦載：「設耆宿，以其年高有德，諳知土俗、習聞典故，凡民之疾苦、事之易難，皆可訪問。但中間多有年紀雖高，德行實缺，買求耆宿名色，交結官府，或蔽自己差徭或說他人方便，蠹政害民。故到任之初，必先知其賢否，明註姓名，則善者知所勸，惡者知所戒。自不敢作前弊矣。」（卷 10《吏部．授職到任須知．耆宿》，另見卷 11《吏部．新官到任各房供報須知式樣》、卷 15《吏部．事例》）

這一特殊使命的耆宿。從目前的材料中還無法斷定耆宿始置於何時，按常理應該是實施有年，才可能發現弊病而予以革除。[1] 但明太祖的辦事不按常規、洪武時政策的朝令夕改是事實，解縉曾直陳：「無幾時不變之法，無一日無過之人。」其實，耆宿的置廢並不十分重要，重要的是時隔不久，洪武二十七年（1394），耆宿制以里老制的形式重新出現，並持久地存在，成為明代國家權力在基層的重要表現方式。《明太祖實錄》載：

> 洪武二十七年四月壬午，命民間高年老人理其鄉之詞訟。先是，州郡小民多因小忿，輒興獄訟，越訴於京。及逮問，多不實。上於是嚴越訴之禁，命有司擇民間耆民公正可任事者，俾聽其鄉訴訟。若戶婚、田宅、鬥毆者，則會里胥決之，事涉重者始白於官，且給教民榜，使守而行之。[2]

雖然沒有「里老」的字樣，但里老制正是根據這一法令而產生的。里老的設置其實就是耆宿的恢復，被選為里老者，應該有三個條件：年事較高、品德優秀、知情達理，也正是耆宿的選擇條件，可能只是恐引起誤解而改稱「耆民」而已。里老的職責是聽其鄉之「詞訟」，也就是「質正里中是非」，但可操作性應該更強。這道詔令同時規定：凡涉及戶婚、田宅、鬥毆等被《大明律》視為「細事」因而不得「擾官」者，均由里老會同里胥即里中書手等仲裁，不得報官，否則即為「越訴」，將受到懲罰。只有「事涉重者」，如發生人命重案或謀反、妖言等危害政權穩定者，方可告官處置。

其實，鄉間詞訟由里老處分，早在洪武二十七年以前就有明令。洪武

1　正德《明會典》卷 19《戶部．事例》記：「洪武十八年，令災傷去處有司不奏，許本處耆宿連名申訴，有司極刑不饒。」這裏的「耆宿」，似乎可以理解為「里置一人」的耆宿。如果是這樣，則「耆宿」制的發生當在洪武十八年之前。

2　《明太祖實錄》卷 232，洪武二十七年四月壬午。

二十一年三月十九日，戶部奉聖旨發佈榜文：

> 自古人君代天理物，建立有司，分理庶務，以安生民……奈何所任之官，多出民間，一時賢否難知。儒非真儒，吏皆猾吏，往往貪贓壞法，倒持仁義，殃害良善，致令民間詞訟，皆赴京來。如是連年不已。今出令昭示天下，民間戶婚、田土、鬥毆、相爭，一切小事，須要經由本里老人、里甲斷決。若係姦盜詐偽、人命重事，方許赴官陳告。是令出後，官吏敢有紊亂者處以極刑，民人敢有紊亂者，家遷外化。前已條例昭示，爾戶部再行申明。[1]

是里老處分鄉間詞訟作為法律制度，有其特殊的背景。這個背景就是，當時的明太祖既嚴厲制裁江西等地的好訟「刁民」，也重刑懲治貪官污吏。他認定，地方官吏大多貪贓枉法、殃害百姓，民間詞訟赴京越訴，乃是迫不得已。因此，他希望通過宗族或親情的作用，將社會矛盾解決於底層，以減輕越訴對政府造成的壓力。

里老行使職責的依據，主要是「教民榜文」。

按明代法律包括律、令、誥、榜等主要形式。律為主體，令為補充，誥是「法外用刑，以案釋律」，榜文則是「揭榜示以昭大法」。明初，律令條法尚不健全，而榜文既能及時迅速傳達最高統治者的旨意，又能有針對性地指明調整對象和治理重點，所以，明初法律的運行實際上是「以榜文為主、律為輔」。[2] 試以專門針對當時經濟文化最為發達的浙江、江西及蘇州、松江等府發佈的榜文為例：

---

1 張鹵：《皇明制書》卷 9《教民榜文》。

2 參見傅衣凌：《明史新編》，北京：人民出版社，1993 年，第 43 頁；黃彰健：《明洪武永樂朝的榜文峻令》，見韓延龍主編：《法律史論集》第 2 卷，北京：法律出版社，1999 年，第 542 頁。

> 兩浙江西等處人民，好詞訟者多，雖細微事務，不能含忍，徑直赴京告狀。設若法司得人，審理明白，隨即發落，往往亦要盤纏。如法司囚人數多，一時發落不及，或審理不明，淹禁月久，死者亦廣。其干連之人，無罪而死者不少。詳其所以，皆由平日不能互相勸誡，不忍小仇，動輒經由官府，以致身亡家破。如此者連年不已，曾無警省。今後老人，須要將本里人民懇切告誡，凡有戶婚、田土、鬥毆、相爭等項細微事務，互相含忍。設若被人凌辱太甚，情理難容，亦須赴老人處告訴，理事輕重，剖斷責罰，亦得伸其抑鬱，免致官府繫累。若頑民不遵榜諭，不聽老人告誡，輒赴官府告狀，或徑赴京越訴，許老人擒拿問罪。[1]

從這一條及上文所引榜文，可以看出榜文的基本風格，即文白意明、就事論事、措辭嚴厲。第二條榜文則直接與「老人」即里老相關。里老的責任有三：一是對「本里人民」進行勸諭告誡，息爭止訟；二是處理本里發生的各種爭執，並有「責罰」的權力；三是將不遵榜諭、不聽勸諭、不受裁處的「頑民」「擒拿問罪」。如果按照這個榜文，則里老成了國家在基層的執法者。但事實上並沒有到這個地步，而且隨着基層社會關係的變化，里老的地位也隨之變化。

洪武三十年，《大明律誥》編成並頒行天下。為了統一法典，明太祖宣佈：「朕有天下，仿古為治。明禮以導民，定律以繩頑。刊著為令，行之已久。然而犯者猶衆，故於聽政之暇，作《大誥》昭示民間，使知趨吉避凶之道。古人謂刑為祥刑，豈非欲民並生於天地間哉。然法在有司，民不周知，故命刑官取《大誥》條目，撮其要略，附載於律。凡榜文、禁例悉除之。」[2] 根據這道諭旨，律、誥之外，榜文、禁例「悉除之」，里老的存在也就失去了依據。但就在第二年，洪武三十一年，明太祖又將被認為仍然

1　張鹵：《皇明制書》卷 9《教民榜文》。

2　《明太祖實錄》卷 253，洪武三十年五月甲寅。

行之有效的 41 條「教民榜文」彙編成冊，頒佈天下。

這些「榜文」涉及基層社會的方方面面，如理訟、教化、治安、興學等，但核心內容是確立以里老為主體的鄉村社會管理制度。它對里老制度的設置及里老的職責範圍、人員選擇以及理訟原則、程序、處罰方式等，都作出了詳盡的規定，可以說是中國歷史上極具特色的鄉村民事訴訟法集成。根據「教民榜文」，我們可以歸納出制度層面里老的基本職能[1]：

第一，理斷民訟、仲裁是非。這是里老最基本的職能。里老理斷民訟一般在申明亭進行，與里胥「依齒論坐」，理斷的範圍是：戶婚、田土、鬥毆、爭佔、失火、竊盜、罵詈、錢債、賭博、擅食田園瓜果等、私宰耕牛、棄毀器物稼穡等、畜產咬殺人、卑幼私擅用財、褻瀆神明、子孫違犯教令、師巫邪術、六畜踐食禾稼、均分水利等十九項，大致可以囊括鄉村社會所發生的一般性爭執。（第二條）而且，即使奸盜、詐偽、人命等本來應由州、縣官受理的案件，如果不是十惡、強盜、殺人等重案，如果「本鄉本里內自能含忍省事不願告官」，亦可由里老決斷，而且里老必須「聽其所以，不許推調不理」。（第十一條）可見，里老理訟的範圍又不僅限於戶婚、田土等「細故」，即使是刑名案件，只要鄉民含忍作罷，里老也可以調理其中，進行「私了」。

第二，引導風俗，勸民為善。理訟是為了少訟、息訟，里老也不得無事生非或挑起事端。榜文十三條明確地說，爭執雙方如果「本人自能含忍，不願告訴，若里甲老人風聞尋赴勾引生事者，杖六十」。由此可見，里老還應該處事穩健。而里老的選擇標準正是年長且德行好、有威望，目的就是利用這些品行端正的老人引導社會風尚、教化鄉民。榜文第十五條說：「老人里甲不但與民果決是非，務要勸民為善，其本鄉本里人民務要見丁着業。凡有出入互相周知，《大誥》內已有條款要申明遵守，違者

1　張鹵：《皇明制書》卷 9 為《教民榜文》，收錄洪武三十一年所頒佈的榜文共四十一條。以下的分析中榜文條目的順序即依此本。正德《明會典》則錄有榜文六條，分載第 19、22、78 卷。

論罪。」第二十四條又說：「老人須要將本里人民懇切告誡，凡有戶婚、田土、鬥毆、相爭等項細微事務，互相含忍。設若被人淩辱太甚，情理難容，亦須赴老人處告訴，量事輕生，剖斷責罰，亦得伸其押驄，免致官府繫累。若頑民不遵榜諭、不聽老人告誡，擒拿問罪。」

第三，勸課農桑、興修水利。中國是傳統農業國家，歷朝歷代的統治者對農業都十分重視。明太祖出身農家，對民以食為天的道理更有體會，所以從起兵之日起，就在與羣雄相爭的間隙講論農桑，他的部隊也是當時最早進行屯田的軍隊。榜文要求里老必須以勸課農桑、興修水利、為民興利除害為己任。榜文第二十三條明令，河南、山東農民有懶惰不肯務農者，里老須督責其從事生理。如仍有衣食不給、犯罪到官，而里老又失於督責者，里老也得受罰。而榜文第二十九條則對里老維護地方水利建設做了相應的規定。

第四，維持秩序、安定地方。捕盜原本並非里老的職責，但因為涉及地方的穩定，所以里老被要求協同里長、巡檢等追捕、緝盜。榜文第十四條規定，里中「若有強劫、盜賊、逃軍、逃囚及生事惡人，一人不能緝捕，里甲、老人即須會集多人擒拿赴官，違者以罪罪之」。

第五，上情下達、下情上達。榜文第二十條規定：「本里有遞年犯法官吏人等，或工役、或充軍逃回者、有別處逃來者，老人須要家至戶到，叮嚀告誡里內人民，毋得隱藏，將此等軍囚送赴官司起解，免致連年勾擾，鄰里親戚受害。設若隱藏在鄉，事發必然被其連累。」另外，里老為了積極引導鄉民從善，還需將本里諸如孝子順孫、烈女貞婦，幾世同堂之類的「善跡」一一上達。（第十六條）此外，對於當地官員的不法行徑，里老可以徑自告知監察御史或按察司等，甚至還可將不法官員吏員等綁赴京城。（第十七、二十一條）

其實，只要是鄉里發生的事情，里老都有責任參與處置。如前述「鄉飲酒禮」，主席者便是里長或里老，而為賓的「年齡最高且有德者」，也多曾為「里老」。又如前述申明、旌善亭，在其中起主要作用的也是里老。海瑞甚至認為，申明亭就是為里老旌善簡惡而設。

聖制老人之設，一鄉之事皆老人之事也，於民最親，於耳目最近，誰善誰惡，洞悉之矣。尤擇一醇謹端亮者為之，以年則老、識則老，而諳練時務，則又老。有渠人，因構一亭，書之曰「申明亭」，朔望登之，以從事焉。是不計仇、非不避親，毋任口雌黃、不憑臆曲直，善則旌之，惡則簡之。此亦轉移風俗之大機括，而鄉落無夜舞之鰍鱔矣。[1]

葉春及則記載了惠安縣里老理訟的狀況：

凡老人里甲於申明亭議決坐，先老人、次里長、次甲首，論齒序坐。如里長長於老人，坐於老人之上。事干別里，須會該里老人里甲；本里有難決事，或親戚子弟有犯，須會東西南北四鄰里分老人里甲公同議決。許用竹篦荊條量情決打，不許拘集。自來陳告，方許辨理。聞風勾引者杖六十，有贓者以贓論。[2]

里老理訟，應該說有其極大的合理性。這種合理性就在於里老對鄉里的熟悉，即海瑞所云：「於民最親，於耳目最近，誰善誰惡，洞悉之矣。」葉春及則進一步闡釋「高皇帝為民之心至矣」：

蓋耆老里甲，於鄉里人室廬相近，田土相鄰，周知其平日是非善惡。長吏自遠方來至，一旦坐政事堂，求情於尺牘之間，智偽千變，極意揣摩，似評往史，安能悉中？重以隸卒呵於其旁，桎楚羅於其前，視其長吏猶鬼神之不可睨，十語九忘，口未出而汗交頤，何如反覆於鄉里之間，若子弟於父兄然，得以盡其詞說？又況不肖之吏，恣為暴虐，自以解官，挺身去耳，無有顧慮。耆老、里甲，

1　海瑞：《備忘集》卷 6《附錄．老人參評》。

2　葉春及：《石洞集》卷 7《惠安政書九．鄉約篇》。

其鄉里長久人也，即有不平，何敢相遠？且一被逮，往復歲時，它無論，道途飲食，費已不貲萬一，觸忤樸擊交下，孰與保家產、全膚體、爭於陌頭、釋於閈尾者哉？是以知縣欽遵聖制，一切小事付諸耆老。愚民訾訾，或動浮言，微察耆老常有惕然之意，豈法可行於昔而不可行於今乎？抑誠之未至也。凡我父老，尚共勉旃。[1]

但平心而論，里老的難處也是顯而易見的。雖然受政府的選任、以國家權力代言人的身份宣傳國家法令、處理鄉里事務，但如何保證里老在鄉民面前具有權威性？誰進行財力上的支持？這就使得任里老者必須要有背景，或者自己是大戶或強宗，或者是大戶或強宗的代言人。而里老的權威一旦樹立，又如何對其進行監督，使其不濫用職權、不危害鄉里？從現有的記載看，更多的倒不是里老如何形同虛設，而是濫用職權、魚肉鄉里。

洪熙元年（1425）七月，巡按四川監察御史何文淵上疏專論里老：

太祖高皇帝令天下州縣設立老人，必選年高有德、眾所信服者，使勸民為善，鄉閭爭訟，亦使理斷。下有益於民事，上有助於官司。此誠良法。比年所用，多非其人，或出自僕隸，或規避差科，縣官不究年德如何，輒令充役，使得憑藉官府，肆虐閭閻。或因民訟大肆貪饕，或假公文橫加騷擾，妄張威福，顛倒是非。或遇上司官按臨，巧進讒言，易置（賢）愚，變亂白黑、挾制官府。比有犯者，謹以按問如律。切慮天下州縣，類有此等，請加禁約。

此時上距洪武不過二三十年，問題已如此嚴重。當時宣宗剛即位，諭行在戶部：「必申明洪武舊制，選年高有德者充。違者並有司皆置諸法。」[2] 顧炎

1　葉春及：《石洞集》卷 7《惠安政書九．鄉約篇》。

2　《明宣宗實錄》卷 4，洪熙元年七月丙申。

武《日知錄》斷言，這件事之後，「里老之選輕而權亦替矣」[1]。其實不然。宣德七年（1432），右都御史，顧佐上疏論及在考察中所發現的問題：「布政司按察二司暨巡按監察御史，往往偏信鄉都里老、甲長、學校生員等之言，定為去留。」[2] 景泰三年（1452），太僕寺少卿黃仕俊也指出，「各處巡撫官考察州縣官吏多憑里老呈說可否，以為去留。是與除稂莠而保嘉禾，去泥滓而潔泉源者同意也。」但其後果，可能形成「里老乃有權之有司，而官員乃受制之里老」的局面。[3] 又《皇明條法事類纂》載：

> 成化二十一年十二月二十六日，禮部等衙門題為建言民情事……各處每里設一老人，其役至微，其責至重，必推年高有德、平昔公直、人所敬服、舉措得宜者，方稱斯役。近年以來，多有不遵舊制，往往故違，將行止不端、平昔在鄉教唆詞訟、出入衙門、說事過錢，或曾充隸卒，或犯罪決斷之奸邪小人，與該年里長相親朋友，意圖日後結為朋黨，一概混舉。以致不知風俗之美惡，不顧人民之疾苦。理詞訟，則顛倒是非；勘事情，則朦朧結報。惟知騙取財物，求索雞酒，通同官吏剝削小民。農桑不能勸課，禮儀不相勉勵。或有某水可以灌溉田苗，故令子姪攔截；某水為害，可以堤防，縱令刁徒不行用工；某河壅塞，可以疏通，卻令子姪填塞為田；某道路應該修理，又將木料石板拆毀入已；甚至舉放私債，則違禁取利；或准折人家子女為妻妾婦婢，拆毀房屋，致使香火無處安頓；催徵糧料，則通同里長多收；攢造黃冊，扶同里書作弊。此等所為，安能誨訓子弟，勸善懲惡？實為民害。[4]

1　顧炎武：《日知錄》卷 8《鄉亭之職》。

2　《明宣宗實錄》卷 94，宣德七年八月壬子。

3　《明英宗實錄》卷 222，景泰三年十月庚戌。

4　戴金等：《皇明條法事類纂》卷 12《禁革主保里長》。

昔日「年高有德、平昔公直、人所敬服、舉措得宜」的里老，至此蛻變成行止不端、教唆詞訟、出入衙門的「奸邪小人」。而理斷詞訟、勘報事情、勸課農桑、勸導民俗等方面的職能，也走向另外一個極端，給社會帶來了嚴重的破壞。但是，里老的角色並未改變。直至隆慶時期，葉春及為福建惠安知縣時，仍將里老作為國家權力在基層的代理人。《惠安政書》也將「教民榜文」中所列的里老理訟十九項重新開列（見上文）並重申：「人命重事，方許赴官陳告。戶婚田土一切小事務，由本管里甲老人理斷。不由者不問虛實，皆杖六十發回。官吏不即杖斷，稽留作弊詐取財物，處以重罪。里甲老人不能決斷、致令赴官紊煩者，亦杖六十⋯⋯已經老人里甲處置停當，頑民不服，展轉告官捏詞誣陷，正身處以極刑，家遷化外。官吏不察所以，一概受理，一體罪之。」[1]

可以看出，儘管弊病甚多，但地方官府一直在保護和支持里老在鄉里的地位。同時也可以看出，一旦有了國家權力的支持，里老很容易在鄉村事務中處於核心地位。

第三節　宗族與生員

一、宗族勢力與國家權力

家族聚居、個體經營，可以說是中國鄉村社會的基本組織形式和生產形式。每個家族不但以血緣關係為紐帶，嚴格遵循尊卑長幼的等級倫理秩序，而且通過建祠修譜、購置義莊族田等措施，結成具有共同利益的經濟關係。一個大的家族，就是一個縮微的國家。所謂「修身、齊家、治國、平天下」理念，正是基於這個事實而形成的。因此，利用宗族組織對鄉村社會或基層社會進行管理，在某種意義上比單純依靠強制性建立基層行政

1　葉春及：《石洞集》卷 7《惠安政書九・鄉約篇》。

組織更為有效，而且更節約成本。事實上，在廣大的中國農村，各家族自行制定的族規對本族子弟的約束力在某種程度上比國家法律更有效。清人馮桂芬在論及宗族制度作用時就認為：「牧令所不能治者，宗子能治之，牧令遠而宗子近也。父兄所不能教者，宗子能教之，父兄多從寬而宗子可以從嚴也。宗法實能彌乎牧令父兄之隙者也。」[1] 同治《吉安府志》的作者也認為：「家範肅於刑律，鄉評嚴於斧鉞。」[2] 中國歷代政權，無一不對家族勢力實行既支持又控制的政策。明代在推行里甲制、保甲制、里老制的同時，也在法律上承認宗族制度的合法性，並將其與里甲、保甲、里老制度相結合，實行對基層社會的控制。從這一意義來説，真正具有永久性質的基層社會組織及基層政權組織應是宗族制度，但前提是，宗族制度必須遵守國家法律。

其實在明代，宗族勢力一度受到打擊。雖然明太祖多次聲稱民富才能國富，並反覆表示對富民的尊敬，但基於自己幼年的生活經歷，以及建立起大一統帝國的願望，始終對包括強宗大族在內的一切有可能阻礙國家權力貫徹的社會力量保持警惕。洪武三年（1370）明太祖與戶部官的一段對話以及對浙西富民的訓示，可以看出其對富民的真正態度：

> 上問戶部：「天下民孰富、產孰優？」戶部臣對曰：「以田稅之多寡較之，惟浙西多富民巨室。以蘇州一府計之，民歲輸糧一百石以上至四百石者四百九十戶，五百石至千石者五十六戶，千石至二千石者六戶，二千石至三千八百石者二戶。計五百五十四戶，歲輸糧十五萬一百八十四石。」上曰：「富民多豪強，故元時此輩欺凌小民，武斷鄉曲，人受其害。宜召之來，朕將勉諭之。」至是諸郡富民至入見。上諭之曰：「汝等居田里安享富稅者，汝知之乎？古人有言：『民生有欲，無主乃亂。』使天下一日無主，則強凌弱、眾

---

1 馮桂芬：《校邠廬抗議》卷下。

2 萬曆《吉安府志》卷 11《風土志》。

暴寡，富者不得自安、貧者不能自存矣。今朕為爾主，立法定制，使富者得以保其富，貧者得以全其生。爾等當循分守法，能守法則能保身矣。毋凌弱、毋吞貧、毋虐小、毋欺老，孝敬父兄、和睦親族、周給貧乏、遜順鄉里，如此則為良民。若效昔之所為，非良民矣。」[1]

其實，早在吳元年（1367）十月，也就是這次訓話的前四年，明太祖剿滅張士誠勢力之後不久，已「徙蘇州富民實濠州」。[2] 洪武二十四年，明太祖諭工部臣曰：「昔漢高祖徙天下豪富於關中，朕初不取。今思之京師天下根本，乃知事有當然，不得不爾。」有了這個歷史依據和現實需要，明太祖又徙「天下富民」五千三百戶至南京及其附近地區。[3] 遷徙過程，其實就是對強宗大族進行打擊和制裁的過程。方孝孺在建文時發表評論說：「太祖高皇帝以神武雄斷治海內，疾兼併之俗，在位三十年間，大家富民多以逾制失道亡其宗。」[4] 不僅如此，成祖遷都，又於永樂元年（1403）八月遷南直隸蘇州等十府及浙江、江西等九布政司「富民」實北京[5]，從而造成了上百年的「富民」和「逃戶」問題。直至成化時期，仍在「勾補」。[6]

當時對強宗大族的打擊也可以從另一個角度得以證實。清人陳田《明詩紀事》稱頌明初詩風之盛：

1　《明太祖實錄》卷 49，洪武三年二月庚午。

2　《明太祖實錄》卷 26，吳元年十月乙巳。

3　《明太祖實錄》卷 210，洪武二十四年七月庚子。

4　方孝孺：《遜志齋集》卷 22《碑表志．故中順大夫福建布政司左參議鄭公墓表》。

5　《明太宗實錄》卷 22，永樂元年八月甲戌：「簡直隸蘇州等十郡，浙江等九布政司富民實北京。」

6　正德《明會典》卷 21《戶部．事例》：成化十四年，令順天府查勘在逃富戶應清勾者，造冊送部，發各該司府州縣拘解補役。十六年，令各府委官清理原造富戶籍冊，不得違例僉補勾丁，及以應放免者重役。其富戶為事抵充在廂病故者，免勾補，逃亡病故者，仍勾一丁，終身除豁。

凡論明詩者，莫不謂盛於弘、正，極於嘉、隆，衰於公安、竟陵，余謂莫盛明初。若犁眉（劉基）、海叟（袁凱）、子高（劉崧）、翠屏（張以寧）、朝宗（汪廣洋）、一山（李延興）、吳四傑（高啟、楊基、張羽、徐賁）、粵五子（孫蕡、黃哲、王佐、李德、趙介）、閩十子（林鴻、王恭、王偁、高廷禮、陳亮、鄭定、王褒、唐泰、周玄、黃玄）、會稽二肅（唐肅、謝肅）、崇安二藍（藍仁、藍智），以及草閣（李曄）、南村（陶宗儀）、子英（袁華）、子宜（張適）、虛白（胡奎）、子憲（劉紹）之流，以視弘、正、嘉、隆時，孰多孰少也？且明初詩家各抒心得，雋旨名篇，自在流出，無前後七子相矜相軋之習，溫柔敦厚，詩教固如是也。[1]

近人趙尊嶽《明詞彙刊》則說：

明代開國時，詞人特盛，且詞亦多佳作。如劉基、高啟、楊基、陶安、林鴻諸作，均多可取。雖諸家多生於元季，尚沐趙宋聲黨之遺風。然劉、高諸詞，竟可磨兩宋之壁壘，而姑蘇七子等，要亦多能問者，不可不謂為開國時風氣使然也。[2]

陳田和趙尊嶽都想指出一個長期被人們忽略的基本事實：明初曾經是詩詞創作十分繁榮的時期。但洪武時期又是一個摧殘詩人的時代，王世貞對這一點看得十分清楚：

當是時，詩名家者，無過劉誠意伯溫、高太史季迪、袁侍御可師。劉雖以籌策佐命，然為讒邪所間，主恩幾不終，又中胡惟庸之毒以死。高太史辭還命歸，教授諸生，以草魏守觀《上梁文》腰斬。

1　陳田：《明詩紀事．序》。

2　趙尊嶽：《明詞彙刊．惜陰堂匯刻明詞記略》。

> 袁可師為御史，以解懿文太子忤旨，偽為風癲，備極艱苦，數年而後得老死。文名家者，無過宋學士景濂、王侍制子充。景濂致仕後，以孫慎詿誤，一子一孫大辟，流竄蜀道而死。子充出使雲南，為元孽所殺，歸骨無地。嗚呼，士生於斯，亦不幸哉。[1]

「士生於斯，亦不幸哉。」這才是當時文人的真正感受。悲劇不只發生在劉、高、袁、宋、王數人身上。上引陳田《明詩紀事序》所列的 35 人中，曾被徵辟為官的有 32 人。而在這 32 人中，竟有九人被殺或被害致死，他們是劉基、汪廣洋、高啟、張羽、徐賁、謝肅、孫蕡、黃哲、王偁；因事得罪的有三位，他們是楊基、唐肅、劉崧。也就是說，在明初被政府起用的著名文人中，將近一半被殺、被罷，其中包括地位最高、名氣最大的劉基、汪廣洋和高啟。而「吳中四傑」或「明初四傑」高啟、楊基、張羽、徐賁，也無一倖免，且其中三位被殺。而王世貞列舉的以詩名家者劉基、高啟、袁凱，以文名家者宋濂、王褘，五人之中，劉基被毒致死、高啟被腰斬、宋濂放逐而死且一子一孫被殺，袁凱靠裝瘋勉強逃過一死，王褘之出使雲南也被時人認為是明太祖的借刀殺人。而上述所有的著名文人或學者，大多出身於當地大族。

通過這一系列打擊，宋元以來形成的江南巨族或消亡或沉寂。業師鄭克晟教授所論明代江南大戶懷念元朝，與此當有密切關係。[2] 明代前期國家法令在基層社會的高效實施，也與此有密切關係，故里長、甲首、糧長，特別是里老也得以由「良民」充當。

但是，隨着農村社會經濟的恢復與發展，宗族勢力的重新復甦也在情理之中。事實上，儘管強宗大族受到打擊，鄉村宗族的基本結構卻是摧毀不了的。民間的修譜祭祖活動也在上層得到反映，嘉靖十五年（1536）

1　王世貞：《藝苑卮言》卷 6。

2　鄭克晟：《明清史探實》，北京：中國社會科學出版社，2001 年。

十二月，世宗採納禮部尚書夏言的提議，詔天下臣民得祀始祖。[1] 世宗君臣的本意，當是為其一系列的改制尋求社會輿論的支持，卻由此推動了民間建祠修廟、祭祖強宗的熱潮。宗族在基層社會中的勢力迅速壯大，形成了由族人、族長、族譜、祠堂、族田、族規等要素組合而成的宗族組織，成為國家權力之外的強有力的基層社會權力。

宗族勢力一旦重新崛起，則必然在鄉村社會產生重要的影響。無論是里長還是里老，其在鄉村社會的核心地位，不僅需要國家權力的認可或維護，還必須得到當地強宗大族的支持和配合。而上文所說的里老的作用和弊端，還是這兩個方面力量共同作用的結果。也就是說，里老在作為國家權力代表的同時也成了強宗大族的代表。事實上，不僅里老，包括鄉約、家規，申明旌善亭，鄉飲酒禮，以及里甲、保甲制度，還有在部分地區一度實行的糧長制度，如果沒有當地強宗大族的支持和配合，都是無法推行的。因為許多鄉約或家規本身就是家族的族規，鄉飲酒禮在某種程度上也以家族為主體進行。因改朝換代而發生周期性變化的國家權力，與持續在鄉村社會起着主導作用或者說持續作為基層社會組織形式的家族勢力，二者在明代的結合，正是由上述方式表現出來的。

但正如前文反覆強調的，無論是鄉約還是家訓、族規，都必須在國家法律允許的範圍內對本鄉、本族進行規範，因此在某種意義上說，宗族管理也是國家管理的一種體現。家族勢力一旦與國家權力部門對抗，則必然受到懲處。江西永豐縣梁氏家族就因此而受到打擊。

黃宗羲《明儒學案》說：

> 陽明先生之學，有泰州、龍溪而風行天下，亦因泰州、龍溪而漸失其傳。……泰州之後，其人多能赤手以搏龍蛇。傳至顏山農、何心隱一派，遂復非名教之所能羈絡矣。……諸公掀翻天地，前不

1 谷應泰：《明史紀事本末》卷 51《更定祀典》。

見有古人、後不見有來者。[1]

這「赤手以搏龍蛇」「復非名教之所能羈絡」的羣體中，有一人是被黃宗羲稱為「掀翻天地，前不見有古人、後不見有來者」的顏山農，即顏鈞，江西永新縣人；另一人是何心隱，原名梁汝元，江西永豐縣人，為顏鈞的弟子。

何心隱繼承了泰州學派關於百姓欲望即為天理的思想，公開主張「育欲」，主張滿足人們對於味、色、聲及安逸等方面的欲望。與同時代其他學者不同，何心隱不但宣傳自己的學說，而且希望將自己的學說提供給社會，為百姓營造出能夠安居樂業、同享太平的樂土。王學對於儒家經典首推《大學》，而《大學》要求修身、齊家、治國、平天下。何心隱自認為學術已足修身，遂從齊家開始實踐。但他所「齊」的家並非自己的五口小家，而是全族這個大家。他建造了「萃和堂」，也稱「聚和堂」，以聚結全族，並用白話連續寫了《聚和率教諭族俚語》《聚和率養諭族俚語》《聚和老老文》三篇文章，從思想教化和生活所需兩個方面對全族提出要求，以共同遵守。何心隱自己身理一族之政，全族不分貧富貴賤，喪葬嫁娶，均統一操辦，賦稅傜役，全族共同負擔。全族人過起了有飯同吃、有衣同穿的「大同」生活。今日的學者們喜用「烏托邦」來形容何心隱們的理想，未免過於輕率。因為何心隱並非只停留在構想上，而是親身實踐，據載還「行之有成」。《永豐縣志》對何心隱的大同實踐給予了高度評價：

> 梁汝元字夫山，永豐人，少負異才。聞王心齋講學，慨然以道自任。率同族建聚和堂，立率教、率養、輔教、輔養之人，各董其事。延師禮賢，以訓鄉族子弟，計畝收租，以贍公家糧稅。復捐千金創義田、儲公廩，以待冠婚喪祭鰥寡孤獨之用。數年間，一方之人，幾於三代。[2]

1　黃宗羲：《明儒學案》卷 32《泰州學案》。

2　雍正《江西通志》卷 79《人物・吉安府》。

但這種「幾於三代」的日子並沒有維持太長的時間。何心隱領着全族所過的大同生活，很大程度上靠的是他個人的智慧、學術和人格力量，特別是祖上經商積累起來的家產作為後盾。一旦家產不足以支撐，聚和堂也就難以維持下去。幾年後，永豐知縣下令徵「皇木銀兩」。這是額外之賦，何心隱寫信進行譏諷，知縣大怒，報告上司，定了罪名，將其下入獄中，聚和堂的大同社會也隨之土崩瓦解。

這是一個看似偶然實則必然的事件。皇木銀兩之類的額外稅收無時不有。正德五年（1510），王學的創始人王守仁為廬陵知縣時，上任伊始遇上的就是這類事情。當時的鎮守中官姚某行文江西布政司，凡生產葛布的縣份，必須在葛布上市時抓緊採辦上貢，不生產葛布的縣份，也要根據原先田賦的多少，攤派買布銀兩。可以設想，在何心隱領着全族過大同生活的那段日子，攤派已不在少數。但有兩個因素使得何心隱不能不提出異議。一、既然自己有理想並力圖將其變為現實，就必然要和各種不同的思想和行為進行交鋒。而何心隱那自負的個性，則決定了他的交鋒方式是冷嘲熱諷。二、何心隱的聚和堂是以家產及族產為後盾的，但家產及族產畢竟有限，既要對家族內部的貧困成員進行補助，又要應付官府的種種正賦雜稅及各種攤派，不免捉襟見肘、坐吃山空。何心隱僅僅為了維繫聚和堂的經濟來源，也必然要和官府發生衝突。更何況，這種全族大同的生活方式，不僅與當時個體農戶的生產方式不相適應，還與以小農經濟、個體經營為基礎的國家制度格格不入。張岱《快園道古》記載了一個關於明太祖朱元璋和浦江鄭氏家族鄭濟的流傳甚廣也耐人尋味的故事：

> 太祖召浦江鄭濟至京，嘉歎其家法，厚賜遣還。高后曰：「聞鄭氏千餘人，老幼一心，為所欲為，何事不可？宜設法防之。」太祖又復召問：「汝家十世同居，何以得此？」濟對曰：「只是不聽婦人言耳。」太祖大笑，許即歸里。[1]

1 張岱：《快園道古》卷 4《言語部》。

十世同居、千人一心，便使最高統治者產生警戒之心，而全族共產、貧富同心，豈能讓地方官員安枕？

二、生員與地方事務

在討論國家權力結構時將生員單獨列出，看似大可不必，因為所有的生員，以及同一階層的監生、舉人等，都分別屬於各自的家族和鄉里。他們的活動既代表個人，也代表各自的家族或鄉里。但是，在明代中後期的基層社會，無法排除作為一個社會階層或勢力而出現的生員羣體。在里甲、保甲、鄉約或宗族中，往往是他們在發揮作用，甚至里長、保長、里老、約長、族長等，也多由他們或他們的親屬出任。當然，或許是由生員而提升家庭、家族的地位，或者是因家族或家庭的勢力而得以為生員。此外，一些學者所關注的所謂基層「精英」鄉紳等，也多出身於生員或監生。所以，當我們在討論生員以及與其身份相類似的監生、舉人等的時候，其實可以將其看成是一個階層，即地方的知識階層。

洪武時雖然多有國子監監生乃至學校生員受命丈量土地乃至直接授官的記載，但總體上是受到限制的。洪武十五年（1382）八月，頒學校禁例十二條，第一條即「生員是非干己之大者，毋輕訴於官」；第三條為「軍國政事，生員毋出位妄言」。[1] 根據這個禁例，地方事務是禁止生員干預的。這個條例同樣針對與生員身份相同的監生、儒士等。但這個禁例至遲從宣德時開始，就已經缺乏實效，生員、監生、儒士及其他身份的鄉紳人等已經在地方事務中發揮重要作用。

宣德七年（1432）八月，行在都察院右都御史顧佐上言：

> 考課之法、黜陟之典……臣比聞布政、按察二司暨巡按監察御史往往偏信鄉都里老、甲長、學校生員等之言，定為去留，殊不知

1　俞汝楫：《禮部志稿》卷 70《學校備考．儒學．頒鐫學校臥碑》。

> 有等小人，即假公濟私，以圖報恩復仇，於剛正公平不受請託者誣毀，以為非；昏懦貪婪同流合污者妄譽，以為是。以致是非顛倒。[1]

生員與里老、甲首的意見，是布、按二司及巡按監察御史考察當地官員的重要依據。生員、里老中的某些「小人」正是利用這一時機「假公濟私」「報恩復仇」，這在當時已經不是個別現象。但當士風尚正之時，生員等在基層社會的積極作用也是不可否認的。

正德十二年（1517）至十四年，王守仁為南贛巡撫，漳南報捷後增設福建平和縣，橫水報捷後增設江西崇義縣，浰頭報捷後增設廣東和平縣。在諸縣的建置過程中，可以看出當時是哪些人羣在基層社會公開發揮作用。

王守仁《添設平和縣治疏》及《再議平和縣治疏》稱，首先提出在漳州府添設縣治的是「南靖縣儒學生員張浩然等」，繼而提出同樣建議的是「南靖縣義民、鄉老曾敦立、林大俊等」，而相度地形，測量距離的是福建按察司漳南道兵備僉事胡璉、漳州知府鍾湘關、南靖縣知縣施祥及「耆民曾敦立」「山人洪欽順」等。呈報程序則是：生員張浩然等經南靖縣呈知府鍾湘關，鍾湘關呈兵備僉事胡璉，胡璉再呈南贛汀漳巡撫王守仁，最後由王守仁疏請朝廷。[2]

《立崇義縣治疏》稱，首先提出添設崇義縣治的是「致仕、省祭義官、監生楊仲貴等」。呈報程序為：監生楊仲貴等經南康縣呈南安知府季斆，季斆呈江西按察司分巡嶺北道兵備副使楊璋、江西布政司分守嶺北道左參

1 《明宣宗實錄》卷 94，宣德七年八月壬子。

2 王守仁：《王文成公全書》卷 9《別錄一・奏疏一・添設平和縣治疏（十二年五月二十八日）》、卷 11《別錄三・奏疏三・再議平和縣治疏（正德十三年十月十五日）》。按：上海古籍版《王陽明全書》卷 9《別錄一・奏疏一》為《添設清平縣治疏》，今依《四庫全書》本《王文成公全書》，以下數條均依此本。

議黃宏，楊璋、黃宏呈南贛汀漳巡撫王守仁，王守仁疏請朝廷。[1]

《添設和平縣治疏》稱，首先提出添設和平縣治的是「廣東惠州龍川、河源等縣省祭監生、生員、耆老陳震、余世美、黃宸等」，江西「龍南縣太平等保里老賴本立等」，參加會勘的有江西按察司分巡嶺北道兵備副使楊璋、廣東按察司分巡嶺東道兵備僉事朱昂、江西贛州府廣東惠州府及龍川、河源二縣掌印官，以及龍川縣署縣事主簿陳甫、河源縣署縣事縣丞朱節、龍川縣全縣及河源縣惠化都里老沙海、鍾秀山、原呈監生陳震等。呈報程序為：監生陳震等分別由龍南縣呈贛州知府邢珣、龍川及河源縣呈惠州知府陳祥，邢珣、陳祥呈兵備副使楊璋、兵備僉事朱昂，楊璋、朱昂「呈總督、總鎮、巡按衙門，公同計議」，最後由王守仁疏請朝廷。[2]

在鎮壓江西、廣東、福建邊境地區流民動亂的過程中，也有不少社會力量在發揮作用。《浰頭捷音疏》說，正德十二年九月往「剿」橫水、桶崗時，為防浰頭流民乘虛而入，王守仁命「報效生員黃表、義民周祥等」往諭浰頭「各賊」，各賜銀布，致使「賊黨亦多感動」，於是順利剿滅橫水、桶崗「各賊」。當正德十三年四月往「剿」浰頭時，王守仁又讓黃表及「聽選官雷濟」往諭浰頭「賊首」池仲容，使勿以此自疑，同時「密購其所親信，陰説之使自來投訴」，從而襲破浰頭，而當「餘黨」二百餘人請求歸降時，又命這位生員黃表「往驗虛實」。[3]

以上在地方建制及平定動盪中起作用的非官方人員，主要是儒學生員，包括廩膳生員、增廣生員及附學生員，如被派往浰頭「勸諭」並行離間計的黃表，以及領頭建議添設縣治的張浩然等；其次是里老，如南靖曾敦立、龍南賴本立、龍川沙海、河源鍾秀山等；再有義官，義民，山人及致仕、省祭的官員，監生等，如南康楊仲貴、龍川陳震、南靖洪欽順等。

1　王守仁：《王文成公全書》卷 10《別錄二・奏疏二・立崇義縣治疏（十二年閏十二月初五日）》。

2　王守仁：《王文成公全書》卷 11《別錄三・奏疏三・添設和平縣治疏（十三年五月初一日）》。

3　王守仁：《王文成公全書》卷 11《別錄三・奏疏三・浰頭捷音疏（十三年四月二十日）》。

王守仁甚至專為南康縣生員張雲霖發出「公移」:「看得張雲霖原係本院檄召起兵從征人，數立有功，次已經核實造報，皆本院所親知。後因忌功之徒搜求羅織，遂令此生屈抑至此，言之誠為痛憤。」[1]

此外，弘治時林俊代韓邦問巡撫江西，根據「南昌府寧縣儒學廩增生員戴邦哲等、該縣里老陳准等」的連名具呈，疏請恢復州的建制，以便加強對江西、湖南邊境地區的控制，經明廷批准，「寧縣」復為「寧州」。而戴邦哲等人的具呈，也是經由縣、府轉呈布、按二司分守、分巡南昌道右參政王綸、僉事王純呈送的。[2]

弘治、正德時期，楊一清先後以右副都御史巡撫陝西、以都御史提督陝西三邊，在奏疏中述及:「平涼縣里老耆民魏慶、蒙釗等，平涼府縣廩增附學生員李文縉、謝經等，及致仕、省祭等官，連名告保本府同知任守德剛介自守不為勢利所怵，欲將本官奏請，升任知府，小民得安等情。臣因詢問本官民情邊務，隨事應答，俱有條理。」[3]

何孟春在正德時以右副都御史巡撫雲南，言及當地頭面人物沐昆襲祖爵鎮守事，聯名的有「雲南左等六衛指揮千百戶鎮撫等官申鎧等、雲南府昆明縣儒學生員紀崇儒等、軍民舍餘里老董曦等」[4]。

潘季馴萬曆初巡撫江西，有瑞州府「儒學廩增附生員劉子立等」為致仕禮部尚書吳山事具呈。吳山致仕後家居病故，劉子立等人為其乞賜恤典。經高安縣申文至瑞州府，再由布政司呈經巡按江西監察御史批，由潘季馴上疏題請。又經布政司分守南昌道左參政鄭一龍、高安縣掌印官諮詢本縣「西南廂四圖里老劉龍、吳曰湖等」，最後給予恤典。[5] 又潘季馴以都御史兼工部侍郎治黃淮，訪求治河方略的主要對象也是生員、里老:「竊

1 王守仁:《王文成公全書》卷18《別錄三．公移三．批南康縣生員張雲霖復學詞》。

2 林俊:《見素集．奏議》卷2《奏議十七篇．復州治疏》。

3 楊一清:《關中奏議》卷11《提督類》。

4 何孟春:《何文簡疏議》卷4《保襲祖爵疏》。

5 潘季馴:《潘司空奏疏》卷6《督撫江西奏疏．請致仕吳尚書恤典疏》。

照臣與前任漕撫都御史江一麟未至之時，稱淮水為害之大、高堰當復之由者，不知其幾千萬人；而形之撫按之奏牘、台省之條陳者，又不知其幾千萬言也。然臣亦不敢輕率舉事，到任之後，親詣泗州，會集生員、里老人等，備詢泗州水患。」[1]

以上都不是有意識地「選用」材料，而是隨意性地「抽取」材料。從所列材料中可以看出，在明代中後期地方社會事務中經常性公開露面的，是生員、里老、歸省監生、致仕官員等。與明前期相比，生員的作用更在里老之上。這也是明代基層社會權力結構的一個明顯但並未引起研究者關注的變化。而這個變化，在某種意義上正反映出國家權力與宗族勢力在基層社會影響力的消長。正如前文所說，本來是自由身份的「年高德劭」的老人，一旦被州縣選為「里老」，雖然仍屬於各個家族，但其在鄉里主要是代表國家權力；而作為「官學生」的生員，當突破國家的禁令在基層社會發生影響和作用時，更多地代表民間並在一定程度上代表家族的利益。但正如前文所指出的那樣，由於國家利益和家族利益在大的方面是統一的，因此生員所代表的利益可以既是家族的利益，又是國家的利益。以上諸例均可作如是觀。

沈德符認為，明朝士風「浸淫於正統，而糜潰於成化……（至正德）而朝士之體澌滅盡矣」[2]。沈德符顯然是從社會風氣的角度發出這番感慨的，但每個人對事物的認識也不盡相同。據范濂對松江府的認識，「士風之弊」大抵開始於萬曆十五年（1587），其所舉事例，也只是意氣用事、聲氣相投，對官員進行抑揚褒貶而已。雖然單個的生員時時受大戶豪強及官府的欺凌，但結成羣體的生員顯現出極大的社會影響力，形成與地方官府相抗衡的力量：「蘇州同心而仇淩尚書，嘉興同心而許萬通判，長洲則同心而抗江大尹，鎮江則同心而辱高同知，松江則同心而留李知府。」而其特點，則是「一時蜂起、不約而同」，其聲勢幾乎可以左右官員的前途。當然從

1　潘季馴：《河防一覽》卷 9《高堰請勘疏》。

2　沈德符：《萬曆野獲編》卷 21《佞幸・士人無賴》。

表面上看，生員的這些行為是在與代表着國家權力的地方官府作對，但從本質上說，則在幫助國家權力褒揚善類、清除異己。所以范濂認為，生員們雖然行為不免過激，卻無「窮凶極惡」者。[1]

但是，任何事情一旦超出底線，就必然走向其反面。海瑞對生員的地位及普遍表現作了這樣的描述：

> 我國家羣士黌宮，導之師儒，優之廩祿，復其身及其宗族，待之不為不厚矣。至求士之可以潤澤生民、還報天子者，則鮮其人焉。何上之人意在得賢，而士之所希在榮利也⋯⋯今人不以行義視君子之仕，以榮身及親當之，意向一差，是以百端施用，無一而可。昔人謂士非不修之家也，至應舉入官，耽利祿、慕榮途，患得患失，靡所不至，不能不壞焉⋯⋯試舉一二。今上人之鼓舞諸士子者盡聲勢也，細推論之，多不協義，士子遂羣然而曰：「是能作與我輩人也，是待士之厚人也。」然則入官之後，其聲勢更有大焉，將無慕之乎？上而朝廷待士之恩，下而有司義起之典，如補增廩、如優免、如途費，非士子所宜與也。今越分而求且紛紛焉，比之墦間之乞，相去何如？然則入官之後，其為利更有大焉，將無乞之乎？⋯⋯而今凡事有與，於秀才者不論是非可否，輒羣起而曰「護我類焉」。習戰國背公死黨之風，更不知孔門不比不同之義。小人學道則易使，秀才學道，今人顧以惟難管目之。然則入官之後，其徇私、其植黨，更有利焉，將無胥朋比以壞國事乎？⋯⋯議者比秀才為閨女，孟子「人有不為，後可有為」意也。今之秀才不為處女而為淫婦亦多矣。以若所為，求若所欲，負天地生人之義，孤朝廷作養之恩，非生員也。[2]

1 范濂：《雲間據目抄》卷 2《記風俗》。

2 海瑞：《備忘集》卷 6《附錄．生員參評》。

這是海瑞對嘉、萬時期生員的總體評價，以及導致士風日下的社會因素的分析。商品經濟的發展必然導致社會風氣的轉變，而當社會財富可以官得、可以勢得時，人們行事之風格也必然發生變化。官場之風日趨腐敗，又怎能要求里老的遵紀守法、怎能指責生員的謀利逐財？但海瑞恰恰又描繪了一股正在形成的勢力，這股勢力就是生員。他們有相同的身份，有相當的數量，有共同的利益，有相似的干預社會事務的方式，竟然被顧炎武稱為「五蠹之一」。

按明制，府、州、縣皆設官學，學員通稱「生員」或「諸生」，有廩膳、增廣、附學三種。廩膳生員為洪武二年十月所定名額內的生員。當時定府學生員為 40 名，州學 30 名，縣學 20 名，應天為京府，故應天府學特定為 60 員。這些生員都由官府「日給廩膳」。洪武二十年，隨着國子監的發展及科舉制的恢復，各地士子求學之風日盛，為適應社會需求，命府、州、縣學均增廣生員，不拘數額。增廣的生員和原額生員一樣，享受優復其家二丁差役的待遇，只是不給錢糧。那些由官府「日給廩膳」的原額生員就稱為「廩膳生員」，而增廣的生員則被稱為「增廣生員」。宣德三年，定增廣生員名額與廩膳生員相等，也就是應天、順天二府各 60 名，府、州、縣學依次為 40、30、20 名。如廩膳生有缺，可在增廣生中選補。正統十二年（1447）三月，禮部採納鳳陽知府的建議，於未入學的童生中增收生員，稱「附學生員」。從此，凡初入學者均為附學生員，附學生通過一定時間的學習，經考試合格者可依次補為增廣生、廩膳生，至於每年向國子監輸送的歲貢，則一般在廩膳生中挑選。[1]

這樣一來，官學生即生員的數量便持久增長，加上身份相似的儒士、監生、舉人，他們形成一個龐大的社會階層。以在校生為例，一個縣即有廩膳生、增廣生 40 名，州、府則分別為 60 名、80 名，應天、順天二府分別為 120 名，加上沒有名額限制的「附學生」，數量就更多了。而早在景泰時期，大學士陳循在奏疏中即提到「臣原籍（吉安府）生員之外，儒

1　萬曆《明會典》卷 78《禮部・學校・儒學》。

士報科舉者，往往一縣至有二三百人」[1]。據《明史・地理志》，明代全國有府 140 個、州 193 個、縣 1138 個，那麼廩膳生和增廣生的員額約有 7 萬人，加上附學生員，在校生不下 10 萬人。另有羈縻府 19 個、州 47 個、縣 6 個，土官宣慰司 11 個、宣撫司 10 個、安撫司 22 個、招討司 1 個、長官司 169 個、蠻夷長官司 5 個，各都司、行都司、留守司所屬軍衛 493 個，衛學生員及各府州縣學中的軍生應不下萬餘人。所以顧炎武估計，明末生員大約有 50 萬人。[2] 再加上身份相當的儒士、監生、舉人，這個社會階層的總人數當在百萬以上。這上百萬的「社會閒散人員」既可以是國家官員的後備軍，也可以成為社會的包袱和危害。

顧炎武說：「今則遐陬下邑，亦有生員百人。即未至擾官害民而已，為遊手之徒，足稱五蠹之一矣。有國者苟知俊士之效賒，而遊手之患切，其有不亟為之所乎？其中之劣惡者，一為諸生，即思把持上官，侵噬百姓，聚黨成羣，投牒呼譟……嗚呼，養士而不精，其效乃至於此。」[3]

生員本來是國家權力執行主體的後備力量，但到明後期，出路十分渺茫。由附學生而增廣生，由增廣生而廩膳生，再經過積累資歷、打點主官而為「歲貢」。即使熬為監生，其出路同樣艱難，於是尋求其他的出路，一部分甚至轉化為國家權力的異己力量。這種轉化其實也發生在其他階層，如里老，如鄉紳，如所有通過自己的行為導致民眾對國家不滿乃至敵視的大小官吏。

王臨亨《粵劍編・志時事》載：

> 嶺南稅事，從來有之。凡舟車所經，貿易所萃，靡不有稅。大者屬公室，如橋稅、番稅是也。小者屬私家，如各埠各墟是也。各埠各墟，屬之宦家則春元退捨，屬之春元則監生、生員退捨，亦有

1 《明英宗實錄》卷 268，景泰七年七月丙申。

2 顧炎武：《顧亭林詩文集》卷 1《生員論上》。

3 顧炎武：《日知錄》卷 17《生員額數》。

小墟遠於貴顯者，即生員可攘而有之。近聞當道者行部，過一村落，見有設公座、陳刑具，儼然南面而抽稅者，問為何如人，則生員之父也。當道一笑而去。

這是南方的情況，當道者「一笑而去」，既是因為出乎意料，也是因為見怪不怪。而在北方，已故日本學者山根幸夫經過研究指出：

鄉紳、豪強等當地地主醵金而設立義集，這並非是出自他們的犧牲精神，而是因為由於鄉集的繁榮，他們自身也能獲得巨大利益的緣故……在現象上、表面上所顯露的是所謂「奸牙」，而在他們背後，則通常存在着當地的豪強地主，從幕後操縱他們……他們與其說是鄉紳這類大地主，還不如說多是生員、監生層這類人物。[1]

各地生員、監生由於對仕途缺乏信心，都幹起了自謀生路的行當。各地鄉紳也都加入這個行列之中。顧炎武遊歷遍天下，不無感歎：「自萬曆以後，天下水利、碾磑、場渡、市集，無不屬之豪紳，相沿以為常事矣。」[2] 這僅僅是在經濟事務中干預地方事務。而隨着國家控制力的下降，生員、鄉紳也開始干預地方政務。萬曆初年曾任禮部尚書的徐世謨記載縉紳們在家乡的權勢：「顯宦居鄉，縣送門，皂吏書承應，比於親臨上司。」[3] 清人顧公燮記明代縉紳的威赫道：「平昔稍有睚眦，即囑撫按訪拿。甚至門下之人，遇有司對簿將刑，豪奴上稟，主人呼喚，立即扶出，有司無可如何，其他細事，雖理曲者亦可以一帖弭之。」[4] 顧炎武描述：「今天下之出入公門以擾官

1　山根幸夫：《明及清初華北的市集與紳士豪民》，載《日本學者研究中國史論著選譯》第 6 卷，北京：中華書局，1993 年。

2　顧炎武：《日知錄》卷 13《貴廉》。

3　徐學謨：《世廟識餘錄》卷 20，書目文獻出版社《北京圖書館古籍珍本叢刊》本。

4　顧公燮：《消夏閒記摘抄》（上）。

府之政者，生員也；倚勢以武斷於鄉里者，生員也；與胥史為緣，甚有身自為胥史者，生員也；官府一拂其意，則羣起而哄者，生員也。⋯⋯上之人欲治之而不可治也，欲鋤之而不可鋤也。小有所加，則曰是殺士也、坑儒也。」[1] 而在凌濛初的《拍案驚奇》中，他們都成了「強盜」：

> 話說世人最怕的是個「強盜」二字，做個罵人惡語。不知這也只見得一邊，若論起來，天下那一處沒有強盜：假如有一等做官的，誤國欺君，侵剝百姓，雖然官高祿厚，難道不是大盜？有一等做公子的，倚靠着父兄勢力，張牙舞爪，詐害鄉民，受投獻，窩贓私，無所不為，百姓不敢聲冤，官司不敢盤問，難道不是大盜？有一等做舉人秀才的，呼朋引類，把持官府，起滅詞訟，每有將良善人家拆得煙飛星散的，難道不是大盜？只論衣冠中，尚且如此，何況做經紀客商、做公門人役？[2]

至明末，大順、大西軍起並迅速摧毀明朝國家權力，以及清軍以摧枯拉朽之勢入主中原，上述「強盜」大多轉化為清朝的「奴才」和「順民」。

可以說，明代國家權力在基層社會的實施有一個由重建到強化到削弱的過程。或者說，對於基層社會，明代經歷了一個由國家直接控制轉向由國家權力和其他社會力量共同控制，再到國家失控的轉變。這個過程或轉變是由三個方面因素的消長而造成的，一是國家統治力的強弱，二是基層其他社會權力的生長，三是外部力量的干預。而在這三個因素中，起決定作用的是國家權力本身的變化。

1 顧炎武：《顧亭林詩文集》卷1《生員論中》。

2 凌濛初：《初刻拍案驚奇》卷8《烏將軍一飯必酬 陳大郎三人重會》。

引用文獻

一、正史、官書

《明太祖實錄》，(台灣)「中研院」史語所校勘本。

《明太祖實訓》，(台灣)「中研院」史語所校勘本。

《明太宗實錄》，(台灣)「中研院」史語所校勘本。

《明太宗寶訓》，(台灣)「中研院」史語所校勘本。

《明宣宗實錄》，(台灣)「中研院」史語所校勘本。

《明英宗實錄》，(台灣)「中研院」史語所校勘本。

《明憲宗實錄》，(台灣)「中研院」史語所校勘本。

《明孝宗實錄》，(台灣)「中研院」史語所校勘本。

《明武宗實錄》，(台灣)「中研院」史語所校勘本。

《明世宗實錄》，(台灣)「中研院」史語所校勘本。

《明穆宗實錄》，(台灣)「中研院」史語所校勘本。

《明神宗實錄》，(台灣)「中研院」史語所校勘本。

《明熹宗實錄》，(台灣)「中研院」史語所校勘本。

《明實錄》(從太祖至神宗)，南京圖書館藏抄本。

《皇明祖訓錄》，北京圖書館藏明抄本。

《清世祖實錄》，中華書局影印本。

《史記》，中華書局標點本。

《漢書》，中華書局標點本。

《三國志》，中華書局標點本。

《隋書》，中華書局標點本。

《新唐書》，中華書局標點本。

《宋史》，中華書局標點本。

《元史》，中華書局標點本。

《明史》，中華書局標點本。

[宋] 司馬光：《資治通鑒》，中華書局標點本。

[元] 馬端臨：《文獻通考》，《四庫全書》本。

《大明集禮》，《四庫全書》本。

正德《明會典》，上海古籍出版社影印文淵閣《四庫全書》本。

萬曆《明會典》，商務印書館《萬有文庫》本。

《嘉靖新例》，江西師範大學圖書館藏清刊本。

[明] 朱元璋：《御製文集》，《御製大誥》《大誥續編》《大誥三編》，《御製皇明祖訓》，均見張德信、毛佩琦主編：《洪武御製全書》，黃山書社 1995 年版。

[明] 戴金等：《皇明條法事類纂》，劉海年、楊一凡主編《中國珍稀法律典籍集成》本，乙編第四、五、六冊，科學出版社 1994 年版。明抄本藏日本東京大學附屬圖書館，日本古典研究會於昭和四十一年（1966）影印。

[明] 陳子龍等：《明經世文編》，中華書局 1962 年影印本。

[清] 傅恆等：《御批歷代通鑒輯覽》，《四庫全書》本。

[清] 敕修《續文獻通考》，中華書局影印本。

[清] 敕修《歷代職官表》，《四部備要》本。

[清] 薛允升：《唐明律合編》，《萬有文庫》本。

二、文集、筆記及其他文獻

《周禮》，《十三經註疏》本。

《左傳》，《十三經註疏》本。

《孟子》，《十三經註疏》本。

《墨子》，中華書局《叢書集成初編》本。

《戰國策》，中華書局《叢書集成初編》本。

《荀子》，荀況著、王天海校釋：《荀子校釋》，上海古籍出版社。

《韓非子》，中華書局標點本。

《國語》，中華書局標點本。

[漢]劉向：《說苑》，上海古籍出版社影印本。

[宋]黃履翁：《古今源流至論·別集》，《四庫全書》本。

[元]王惲：《秋澗集》，《四庫全書》本。

[明]陳洪謨：《治世餘聞》，中華書局標點本。

[明]陳洪謨：《繼世紀聞》，中華書局標點本。

[明]陳九德：《皇明名臣經濟錄》，北京出版社《四庫禁毀書叢刊》本。

[明]董其昌：《神廟留中奏疏匯要》，上海古籍出版社《續修四庫全書》本。

[明]方孝孺：《遜志齋集》，《四庫全書》本。

[明]范濂：《雲間據目抄》，《筆記小說大觀》本，廣陵古籍刻印社 1983 年版。

[明]馮夢龍：《明清民歌時調集》，上海古籍出版社 1987 年版。

[明]高拱：《病榻遺言》，《勝朝遺事初編》本。

[明]高拱：《本語》，《四庫全書》本。

[明]黃佐：《翰林記》，《四庫全書》本。

[明]黃淮：《省衍集》，《四庫全書》本。

[明]何良俊：《四友齋叢說》，中華書局標點本。

[明]何孟春：《何文簡疏議》，《四庫全書》本。

[明]海瑞：《備忘集》，《四庫全書》本。

[明]金幼孜：《金文靖集》，《四庫全書》本。

[明]焦竑：《國朝獻徵錄》，上海書店影印萬曆刻本。

[明]劉基：《誠意伯文集》，《四庫全書》本。

[明]劉若愚：《酌中志》，《叢書集成初編》本。

[明]劉辰：《國初事跡》，北京大學出版社《國朝典故》本。

[明]李賢：《天順日錄》，北京大學出版社《國朝典故》本。

[明]李詡：《戒庵老人漫筆》，中華書局標點本。

[明] 李錡：《寓圃雜記》，中華書局標點本。

[明] 李贄：《焚書》，中華書局標點本。

[明] 林俊：《見素集》，《四庫全書》本。

[明] 陸深：《玉堂漫筆摘抄》，中華書局《叢書集成初編》本。

[明] 陸容：《蓬軒類記》，北京大學出版社《國朝典故》本。

[明] 陸容：《菽園雜記》，中華書局標點本。

[明] 羅倫：《一峰文集》，《四庫全書》本。

[明] 淩濛初：《初刻拍案驚奇》，上海古籍出版社影印本。

[明] 馬文升：《馬端肅奏議》，《四庫全書》本。

[明] 彭時：《彭文憲公筆記》，影印《紀錄彙編》本。

[明] 潘檉章：《國史考異》，中華書局《叢書集成初編》本。

[明] 潘季馴：《潘司空奏疏》，《四庫全書》本。

[明] 潘季馴：《河防一覽》，《四庫全書》本。

[明] 丘濬：《大學衍義補》，《四庫全書》本。

[明] 沈德符：《萬曆野獲編》，中華書局標點本。

[明] 宋濂：《洪武聖政記》，北京大學出版社《國朝典故》本。

[明] 田藝蘅：《留青日札》，《紀錄彙編》本。

[明] 王直：《抑庵文集》，《四庫全書》本。

[明] 王世貞：《弇山堂別集》，《四庫全書》本。

[明] 王世貞：《弇州四部稿》，《四庫全書》本。

[明] 王世貞：《嘉靖以來首輔傳》，《四庫全書》本。

[明] 王世貞：《藝苑卮言》，中華書局《歷代詩話續編》本。

[明] 王鏊：《守溪筆記》，《紀錄彙編》本。

[明] 王鏊：《震澤長語》，《紀錄彙編》本。

[明] 王恕：《王端毅奏議》，《四庫全書》本。

[明] 王守仁：《王陽明全書》，上海古籍出版社標點本。

[明] 王守仁：《王文成公全書》，《四庫全書》本。

[明] 解縉：《文毅集》，《四庫全書》本。

[明] 謝肇淛：《五雜俎》，《國學珍本文庫》本。

[明] 徐渭：《南詞敘錄》，中國戲劇出版社《中國古典戲曲論著集成》本。

[明] 徐學謨：《世廟識餘錄》，書目文獻出版社《北京圖書館古籍珍本叢刊》本。

[明] 嚴從簡：《殊域周諮錄》，影印國家圖書館藏萬曆刻本。

[明] 楊士奇：《御書閣頌有序》《三朝聖諭錄》，北京大學出版社《國朝典故》本。

[明] 楊士奇：《東里集》，《四庫全書》本。

[明] 楊榮：《楊文敏集》，《四庫全書》本。

[明] 楊一清：《關中奏議》，《四庫全書》本。

[明] 尹直：《謇齋瑣綴錄》，北京大學出版社《國朝典故》本。

[明] 于慎行：《穀山筆麈》，中華書局標點本。

[明] 余繼登：《典故紀聞》，中華書局標點本。

[明] 葉春及：《石洞集》，《四庫全書》本。

[明] 俞汝楫：《禮部志稿》，《四庫全書》本。

[明] 朱國禎：《涌幢小品》，中華書局點校本。

[明] 章懋：《楓山集》，《四庫全書》本。

[明] 張鹵：《皇明制書》，《續修四庫全書》本。

[明] 張璁：《諭對錄》，《勝朝遺事初編》本。

[明] 張萱：《西園聞見錄》，《續修四庫全書》本。

[明] 張岱：《快園道古》，浙江古籍出版社 1986 年標點本。

[明] 張瀚：《松窗夢語》，中華書局點校本。

[明] 鄭曉：《今言》，中華書局標點本。

[明] 鄭曉：《吾學編餘》，《叢書集成初編》本。

[明] 鄒元標：《願學集》，《四庫全書》本。

[清] 陳田：《明詩紀事》，上海古籍出版社 1993 年版。

[清] 傅維鱗：《明書》，《叢書集成初編》本。

[清] 顧炎武：《顧亭林詩文集》，中華書局 1959 年版。

[清]顧炎武：《日知錄》，上海古籍出版社《日知錄集釋》影印本。

[清]顧祖禹：《讀史方輿紀要》，中華書局 2005 年版。

[清]顧公燮：《消夏閒記摘抄》，台灣商務印書館《涵芬樓祕笈》本。

[清]谷應泰：《明史紀事本末》，中華書局標點本。

[清]黃宗羲：《明夷待訪錄》，中華書局《四部備要》本。

[清]赫舒德等：《資治通鑒綱目三編》，清刊本。

[清]紀昀等：《四庫全書總目提要》，中華書局影印本。

[清]計六奇：《明季北略》，中華書局標點本。

[清]孫承澤：《天府廣記》，北京書店標點本。

[清]孫承澤：《春明夢餘錄》，中華書局標點本。

[清]龍文彬：《明會要》，中華書局 1956 年版。

[清]談遷：《國榷》，中華書局標點本。

[清]王鴻緒：《明史稿》，清康熙間敬慎堂刊本。

[清]王士禛：《古夫于亭雜錄》，中華書局標點本。

[清]夏燮：《明通鑒》，中華書局點校本。

[清]趙翼：《陔餘叢考》，河北人民出版社標點本。

[清]趙翼：《廿二史札記》，中華書局點校本。

[清]查繼佐：《罪惟錄》，浙江古籍出版社標點本。

[清]歐陽成：《吉水先哲碑傳集》，江西師範大學圖書館藏清刊本。

[明]王鏊：《姑蘇志》，《四庫全書》本。

[明]康海：《武功縣志》，《四庫全書》本。

雍正《陝西通志》，《四庫全書》本。

雍正《江南通志》，《四庫全書》本。

雍正《山西通志》，《四庫全書》本。

雍正《廣東通志》，《四庫全書》本。

雍正《浙江通志》，《四庫全書》本。

雍正《福建通志》，《四庫全書》本。

雍正《江西通志》，《四庫全書》本。

同治《贛州府志》，（台灣）成文出版社《中國地方志叢書》本。

同治《吉安府志》，（台灣）成文出版社《中國地方志叢書》本。

光緒《泰和縣志》，（台灣）成文出版社《中國地方志叢書》本。

光緒《浙江通志》，商務印書館影印本。

今（近）人論著

柏樺：《明代州縣政治體制研究》，中國社會科學出版社 2003 年版。

陳寶良：《明代儒學生員與地方社會》，中國社會科學出版社 2005 年版。

陳支平：《近 500 年來福建的家族社會與文化》，上海三聯書店 1991 年版。

常建華：《明代宗族研究》，上海人民出版社 2005 年版。

丁易：《明代特務政治》，羣眾出版社 1983 年版。

杜乃濟：《明代內閣制度》，台灣商務印書館 1967 年版。

杜婉言、方志遠：《中國政治制度通史．明代卷》，人民出版社 1996 年版。

方志遠：《（明）成化皇帝大傳》，遼寧教育出版社 1994 年版。

方志遠《明代城市與市民文學》，中華書局 2004 年版。

傅衣淩主編，楊國楨、陳支平著：《明史新編》，人民出版社 1993 年版。

高壽仙：《明代農業經濟與農村社會》，黃山書社 2006 年版。

關文發、顏廣文：《明代政治制度研究》，中國社會科學出版社 1995 年版。

賀凱：《明代中國的監察制度》，斯坦福大學出版社 1966 年版。

黃雲眉：《明史考證》，中華書局 1979—1986 年版。

黃仁宇：《萬曆十五年》，中華書局 1982 年版。

黃彰健：《明清史研究叢稿》，台灣商務印書館 1977 年版。

侯外廬等主編：《宋明理學史》，人民出版社 1987 年版。

韓延龍主編：《法律史論集》（第 2 集），法律出版社 1999 年版。

靳潤成：《明朝總督巡撫轄區研究》，天津古籍出版社 1996 年版。

李渡：《明代皇權政治研究》，中國社會科學出版社 2004 年版。

梁方仲：《明代糧長制度》，上海人民出版社 1957 年版。

柳詒徵：《中國文化史》，上海古籍出版社 2001 年版。

劉俊文等：《日本學者研究中國史論著選譯》（第 6 卷），中華書局 1993 年版。

劉俊文等：《日本學者研究中國史論著選譯》（第 8 卷），中華書局 1993 年版。

劉志偉：《在國家與社會之間：明清廣東里甲賦役制度研究》，中山大學出版社 1997 年版。

欒成顯：《明代黃冊制度新探》，中國社會科學出版社 2000 年版。

孟森：《明清史講義》，中華書局 1981 年版。

苗棣：《魏忠賢專權研究》，中國社會科學出版社 1994 年版。

聶崇岐：《宋史叢考》，中華書局 1980 年版。

譚天星：《明代內閣政治》，中國社會科學出版社 1996 年版。

唐克軍：《不平衡的治理：明代政府運行研究》，武漢出版社 2004 年版。

陶希聖、沈任遠：《明清政治制度》，台灣商務印書館 1967 年版。

王其榘：《明代內閣制度史》，中華書局 1989 年版。

王春瑜、杜婉言:《明代宦官與經濟史料初探》，中國社會科學出版社 1986 年版。

王春瑜、杜婉言：《明朝宦官》，紫禁城出版社 1989 年版。

王天有：《明代國家機構研究》，北京大學出版社 1992 年版。

王興亞：《明代行政管理制度》，中州古籍出版社 1999 年版。

韋慶遠：《明代黃冊制度》，中華書局 1961 年版。

吳晗：《朱元璋傳》，三聯書店 1965 年版。

吳晗：《讀史札記》，三聯書店 1956 年版。

吳晗：《明史講座》，北京師院學報叢書本。

吳廷燮：《明督撫年表》，中華書局 1982 年版。

徐連達等編：《中國通史》，復旦大學出版社 1986 年版。

楊樹藩：《明代中央政治制度》，台灣商務印書館 1978 年版。

張德信：《明朝典制》，吉林文史出版社 1996 年版。

張哲郎：《明代巡撫研究》，文史哲出版社 1995 年版。

張顯清、林金樹:《明代政治史》,廣西師範大學出版社 2003 年版。

趙世瑜:《吏與中國傳統社會》,浙江人民出版社 1994 年版。

趙尊嶽:《明詞彙刊》,上海古籍出版社 1992 年版。

鄭克晟:《明代政爭探源》,天津古籍出版社 1988 年版。

鄭克晟:《明清史探實》,中國社會科學出版社 2001 年版。

鄭振滿:《明清福建家族組織與社會變遷》,湖南教育出版社 1992 年版。

朱保炯、謝沛霖:《明清進士題名碑錄索引》附《明清進士題名碑錄》,上海古籍出版社 1980 年版。

朱東潤:《張居正大傳》,湖北人民出版社 1957 年版。

朱紹侯主編:《中國古代史》,福建人民出版社 1982 年版。

[法] 魏丕信:《18 世紀中國的官僚制度與荒政》,江蘇人民出版社 2003 年版。

[德] 馬克思:《摩爾根〈古代社會〉一書摘要》,人民出版社 1965 年版。

[美] 摩爾根:《古代社會》,商務印書館 1977 年版。

[美] 牟復禮、[英] 崔瑞德編:《劍橋中國明代史》,中國社會科學出版社 1992 年版。

《明清史國際學術討論會論文集》,天津人民出版社 1982 年版。

論文

柏樺:《試論明代州縣官吏》,《史學集刊》1992 年第 2 期。

柏樺:《明代知縣的關係網》,《史學集刊》1993 年第 3 期。

柏樺:《明代州縣衙署的建制與州縣政治體制》,《史學集刊》1995 年第 4 期。

柏樺:《明代州縣官的施政及障礙》,《東北師大學報》1998 年第 1 期。

柏樺:《社會環境的變化對明代州縣官施政的影響》,《明史研究》2001 年 7 輯。

陳梧桐:《論朱元璋強化封建專制中央集權的統治》,《中央民族學院學報》1980 年第 2 期。

陳尚勝:《論明代市舶司制度的演變》,《文史哲》1986 年第 2 期。

陳寶良:《明代的社與會》,《歷史研究》1991 年第 5 期。

陳寶良：《明代的保甲與火甲》，《明史研究》1993 年第 3 期。

陳柯雲：《明清徽州宗族對鄉村統治的加強》，《中國史研究》1995 年第 3 期。

曹國慶：《明代鄉約發展的階段性考察》，《江西社會科學》1993 年第 8 期。

曹國慶：《王守仁與南贛鄉約》，《明史研究》1993 年第 3 輯。

曹國慶：《明代鄉約推行的特點》，《中國文化研究》1997 年第 1 期。

曹國慶：《明代鄉約研究》，《文史》總第 46 輯，中華書局 1999 年版。

曹永和：《試論明太祖的海洋交通政策》，台北「中研院」史語所《中國海洋發展史論文集》（第一輯）。

杜婉言：《論明代內閣制度的特點》，《中國史研究》1992 年第 4 期。

段自成：《明清鄉約的司法職能及其產生原因》，《史學集刊》1999 年第 2 期。

傅衣淩：《中國傳統社會：多元的結構》，《中國社會經濟史研究》1988 年第 3 期。

方志遠：《明代的巡撫制度》，《中國史研究》1988 年第 3 期。

方志遠：《明代內閣的票擬制度》，《江西師範大學學報（哲學社會科學版）》1987 年第 4 期。

方志遠：《論明代宦官的知識化問題》，《江西師範大學學報（哲學社會科學版）》1989 年第 3 期。

方志遠：《略論西漢初期的分封與削藩》，《南昌職業技術師範學院學報》1989 年第 3 期。

方志遠：《論明代內閣制度的形成》，《文史》總第 33 輯，中華書局 1990 年版。

方志遠：《明代的鎮守中官制度》，《文史》總第 40 輯，中華書局 1994 年版。

方志遠：《明代的御馬監》，《中國史研究》1997 年第 2 期。

方志遠、李曉方：《明代蘇松江浙人「毋得任戶部」考》，《歷史研究》2004 年第 6 期。

方志遠：《「傳奉官」與明成化時代》，《歷史研究》2007 年第 1 期。

范中義：《明代海防述略》，《歷史研究》1990 年第 3 期。

范玉春：《明代督撫的職權及其性質》，《廣西師範大學學報》1989 年第 4 期。

郭厚安：《關於明代專制主義中央集權高度強化的問題》，《西北師大學報》1983 年第 4 期。

郭培貴、牛明鐸：《〈明史·職官志四〉兵備道補正》，《文史》總第 68 輯，中華書局 2004 年版。

關文發：《試論明朝內閣制度的形成和發展》，《明清史國際學術討論會論文集》，天津人民出版社 1982 年版。

關文發：《試論明代督撫》，《武漢大學學報》1989 年第 6 期。

高春平：《試論明代的巡按制度》，《山西大學學報》1990 年第 1 期。

洪煥椿：《明清封建專制政權對資本主義萌芽的阻礙》，《歷史研究》1981 年第 5 期。

懷效鋒：《明代中葉的宦官與司法》，《中國社會科學》1985 年第 6 期。

黃志繁：《鄉約與保甲：以明代贛南為中心的分析》，《中國社會經濟史研究》2002 年第 2 期。

黃忠懷：《明代縣以下區劃的層級結構及其功能》，《史學月刊》2003 年第 4 期。

李天祐：《論明清的封建專制》，《學術月刊》1980 年第 1 期。

李天祐：《明代的內閣》，《明清史國際學術討論會論文集》，天津人民出版社 1982 年版。

李熊：《明代巡按御史》，《史學月刊》1988 年第 4 期。

李文治：《明代宗族制的體現形式及其基層政權作用——論封建所有制是宗法宗族制發展變化的最終根源》，《中國經濟史研究》1988 年第 1 期。

李渡：《明代皇權與宦官關係論略》，《中國史研究》1995 年第 3 期。

梁希哲：《明代內閣與明代的官僚政治》，《史學集刊》1992 年第 2 期。

梁紹傑：《明代宦官教育機構的名稱和初設時間新證》，《史學集刊》1996 年第 3 期。

欒成顯：《洪武時期宦官考略》，《明史研究論叢》1983 年第 2 輯。

欒成顯：《明代里甲編制原則與圖保劃分》，《史學集刊》1997 年第 4 期。

冷東：《明代宦官監軍制度述略》，《汕頭大學學報》1994 年第 3 期。

冷東：《葉向高與宦官關係略論》，《汕頭大學學報》1995 年第 2 期。

林乾：《論明代的總督巡撫制度》，《社會科學輯刊》1988 年第 2 期。

林紹明：《略論明代的內閣》，《華東師大學報》1982 年第 3 期。

林紹明：《略論明代御史制度之利弊》，《歷史教學問題》1985 年第 5 期。

羅輝映：《明代都察院和監察制度》，《四川大學學報叢刊》1987 年第 34 期。

羅冬陽：《明代的督撫制度》，《東北師大學報》1988 年第 4 期。

廖心一：《劉瑾「變亂舊制」考略》，《明史研究論叢》1985 年第 3 輯。

劉秀生：《論明代的督撫》，《中國社會科學院研究生院學報》1991 年第 2 期。

劉曉東：《監閣共理與相權游移：明代監閣體制探賾》，《東北師大學報》1998 年第 4 期。

孟昭信：《試論張居正的「考成法」》，《吉林大學學報》1993 年第 5 期。

南炳文：《明初軍制初探》，《南開史學》1983 第 1、2 期。

歐陽琛：《明代的司禮監》，《江西師院學報（哲學社會科學版）》1983 年第 4 期。

歐陽琛：《論明代閣權的演變》，《江西師範大學學報（哲學社會科學版）》1987 年第 4 期。

歐陽琛：《明內府內書堂考略——兼論明司禮監和內閣共理朝政》，《江西師範大學學報（哲學社會科學版）》1990 年第 2 期。

商傳：《試論明初專制主義中央集權的社會基礎》，《明史研究論叢》1983 年第 2 輯。

田澍：《明代內閣的政治功能及其轉化》，《西北師大學報》1994 年第 1 期。

杜婉言：《明代宦官與明代經濟》，《中國史研究》1982 年第 2 期。

王躍生：《關於明清督撫制度的幾個問題》，《歷史教學》1987 年第 9 期。

王天有、陳稼禾：《試論明代的科道官》，《北京大學學報》1989 年第 2 期。

王世華：《略論明代御史巡按制度》，《歷史研究》1990 年第 6 期。

王昊：《明代鄉、都、圖、里及其關係考辨》，《史學集刊》1991 年第 2 期。

王昊：《明代鄉里組織初探》，《明史研究》1991 年第 1 輯。

王興亞：《明代實施老人制度的利與弊》，《鄭州大學學報》1993 年第 2 期。

王日根：《明清基層社會管理組織系統論綱》，《清史研究》1997 年第 2 期。

王日根：《論明清鄉約屬性與職能的變遷》，《廈門大學學報》2003 年第 2 期。

汪毅夫：《試論明清時期的閩台鄉約》，《中國史研究》2002 年第 1 期。

余興安：《明代里老制度考述》，《社會科學輯刊》1988 年第 2 期。

余興安：《明代巡按御史制度研究》，《中國史研究》1992 年第 1 期。

鄭天挺：《明代的中央集權》，《天津社會科學》1982 年第 2 期。

張德信：《明代中書省、四輔官、殿閣學士廢立述略》，《史學集刊》1988 年第 1 期。

趙軼峰：《票擬制度與明代政治》，《東北師大學報》1989 年第 2 期。

趙世瑜：《明代吏典制度簡説》，《北京師範大學學報》1988 年第 2 期。

趙世瑜：《明清時期華北廟會研究》，《歷史研究》1992 年第 5 期。

趙世瑜：《廟會與明清以來的城鄉關係》，《清史研究》1997 年第 4 期。

趙世瑜、張宏豔：《黑山會的故事：明清宦官政治與民間社會》，《歷史研究》2000 年第 4 期。

趙中男：《試論明代的「老人」制度》，《東北師大學報》1987 年第 3 期。

周紹泉：《退契與元明的鄉村裁判》，《中國史研究》2002 年第 2 期。

鄭振滿：《明清福建的里甲戶籍與家族組織》，《中國社會經濟史研究》1989 年第 2 期。

朱亞非：《明朝督撫制度淺議》，《山東師大學報》1991 年增刊。

附錄一

明代國家權力結構演進簡表

中央一　洪武十三年以前

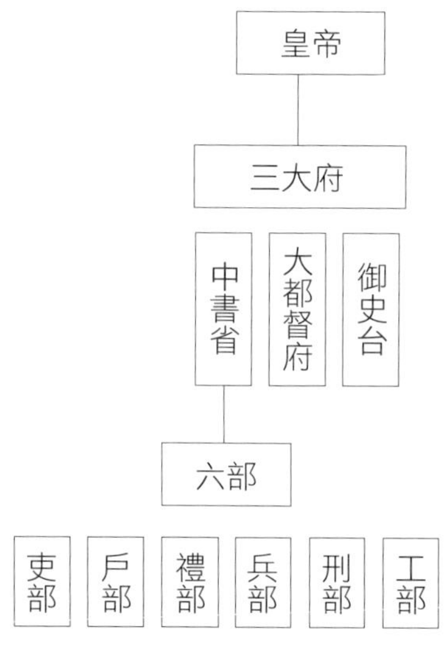

中央二　洪武十三年以後

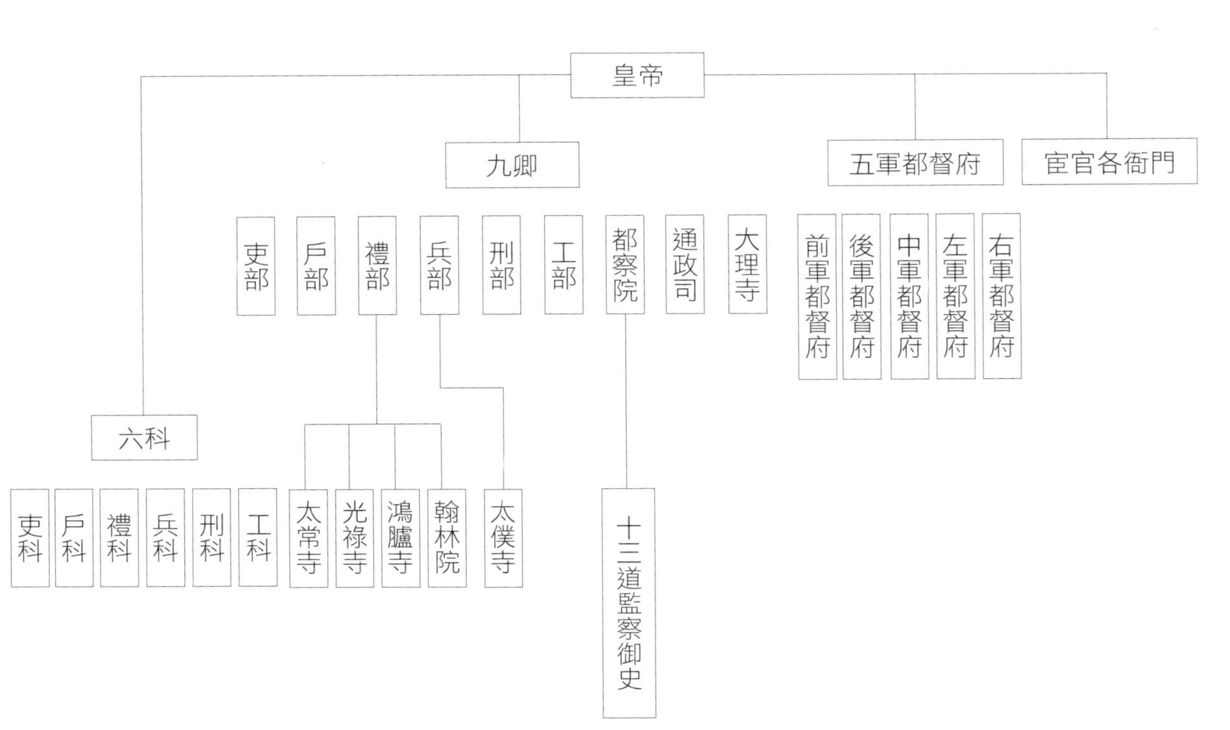

皇帝
六科
九卿
五軍都督府
宦官各衙門
吏部
戶部
禮部
兵部
刑部
工部
都察院
通政司
大理寺
前軍都督府
後軍都督府
中軍都督府
左軍都督府
右軍都督府
吏科
戶科
禮科
兵科
刑科
工科
太常寺
光祿寺
鴻臚寺
翰林院
太僕寺
十三道監察御史

中央三　永樂以後

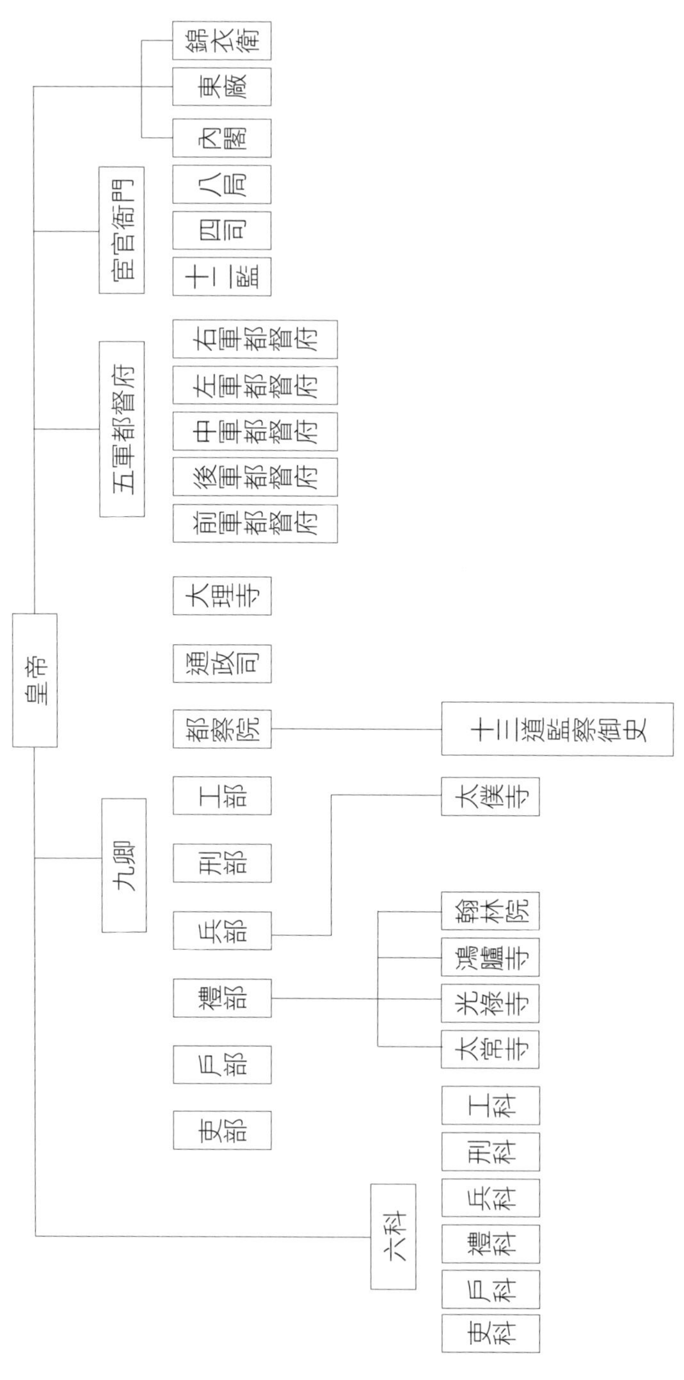

皇帝
六科
吏科
戶科
禮科
兵科
刑科
工科
九卿
吏部
戶部
禮部
太常寺
光祿寺
鴻臚寺
翰林院
兵部
太僕寺
刑部
工部
都察院
十三道監察御史
通政司
大理寺
五軍都督府
前軍都督府
後軍都督府
中軍都督府
左軍都督府
右軍都督府
宦官衙門
十二監
四司
八局
內閣
東廠
錦衣衛

中央四　成化、弘治以後

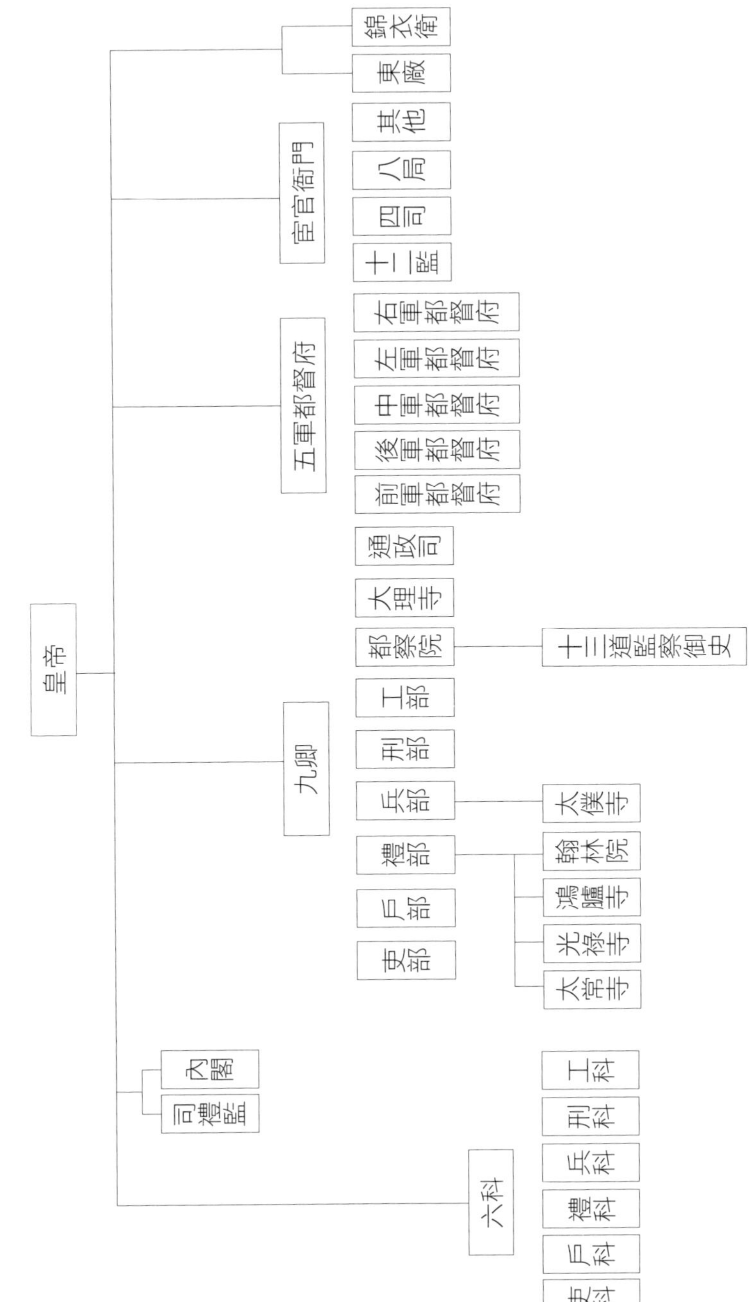

皇帝
錦衣衛
東廠
宦官衙門
十二監
四司
八局
其他
五軍都督府
前軍都督府
後軍都督府
中軍都督府
左軍都督府
右軍都督府
通政司
大理寺
都察院
十三道監察御史
九卿
吏部
戶部
禮部
兵部
刑部
工部
太常寺
光祿寺
鴻臚寺
翰林院
太僕寺
內閣
司禮監
六科
吏科
戶科
禮科
兵科
刑科
工科

地方一　洪武時期

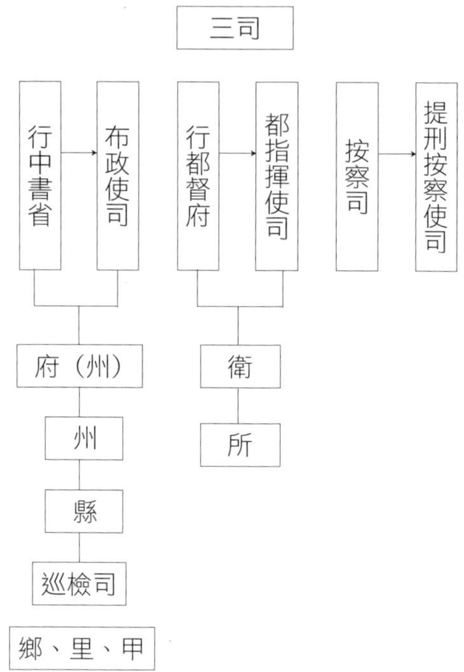

地方二　永樂以後

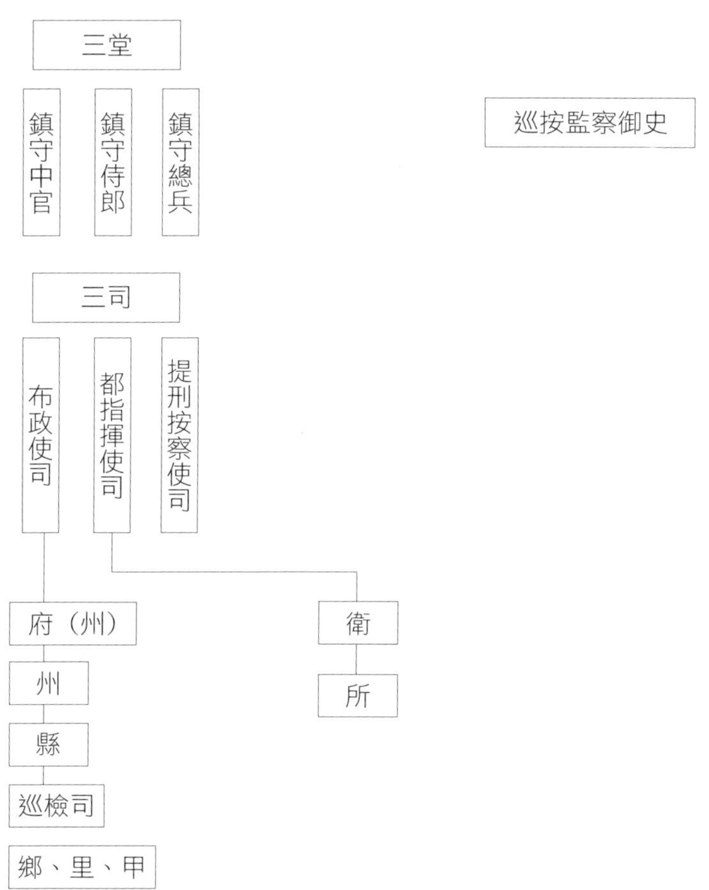

地方三　成化、弘治以後

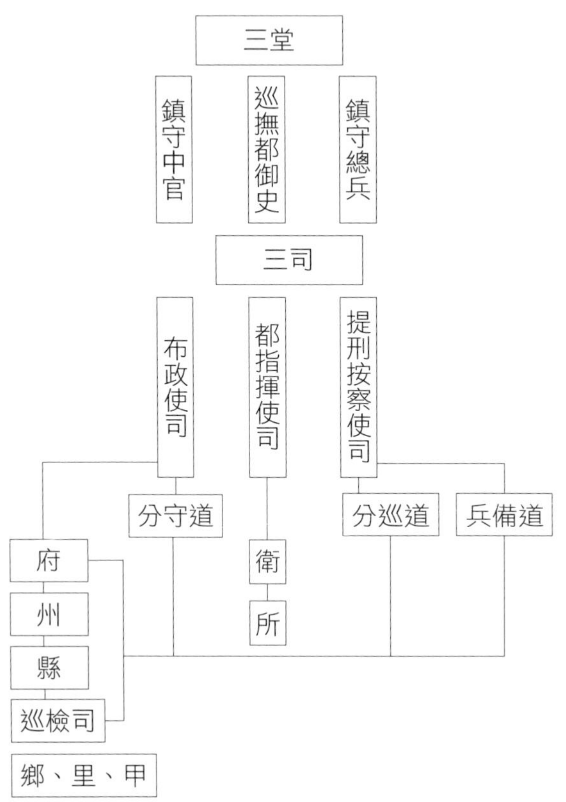

三堂
鎮守中官
巡撫都御史
鎮守總兵
巡按監察御史
三司
布政使司
都指揮使司
提刑按察使司
分守道
分巡道
兵備道
府
州
縣
巡檢司
衛
所
鄉、里、甲

地方四　嘉靖以後

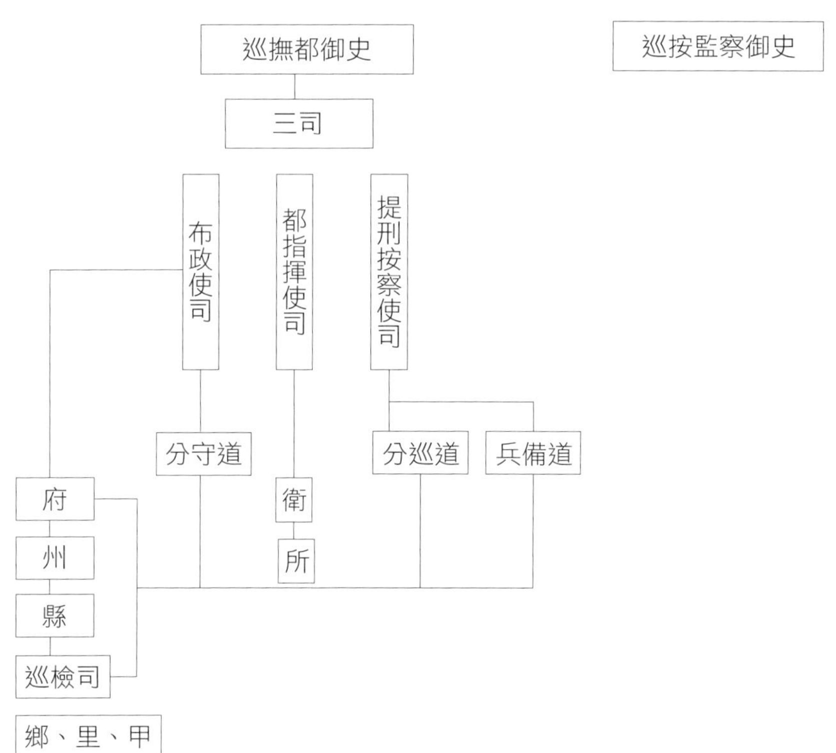

附錄二

明代地方官制簡表

一、地方官制

<table>
<tr><th>區別</th><th colspan="2">官稱</th><th>品秩</th><th>職掌</th><th>官屬與説明</th></tr>
<tr><td rowspan="4">兩京</td><td rowspan="2">北京</td><td>順天府尹</td><td>正三品</td><td>掌京府政令</td><td>有丞，治中，通判，推官，儒學教授，訓導；經歷司，照磨所；轄大興、宛平二縣、知縣秩正六品</td></tr>
<tr><td>五城兵馬司指揮（各一人）</td><td>正六品</td><td>掌巡捕盜賊，疏理街渠</td><td>有副指揮及吏目</td></tr>
<tr><td rowspan="2">南京</td><td>應天府尹</td><td>正三品</td><td>掌應天府的政令</td><td>官屬如順天府。轄上元、江寧二縣，知縣秩正六品</td></tr>
<tr><td>五城兵馬司指揮（各一人）</td><td>正六品</td><td>掌巡捕盜賊，疏理街渠</td><td>有副指揮及吏目</td></tr>
<tr><td>督撫</td><td colspan="2">總督
巡撫</td><td></td><td>掌節制軍務，管理糧餉、河道，撫綏地方</td><td>自永樂十九年（公元 1421 年）遣尚書蹇義諸人巡行天下，安撫軍民，名為巡撫，事畢停遣；後定為都御史出使之職。兼軍務者加提督，有總兵者加贊理，事重者加總督，又有經略、總理、整飭、撫治諸銜</td></tr>
<tr><td rowspan="3">司道</td><td colspan="2">左右布政司</td><td>從一品</td><td>掌一省之政</td><td>有經歷司，照磨所，理問所，司獄司，庫、倉、雜造局、軍器局、寶泉局、織染局各大使</td></tr>
<tr><td colspan="2">按察使</td><td>正三品</td><td>掌一省刑名按劾</td><td>有經歷司，照磨所，司獄司</td></tr>
<tr><td colspan="2">布政司副使
布政司參議</td><td>從三品
從四品</td><td>分司諸道，掌督糧、督冊、分守</td><td>永樂年間置</td></tr>
</table>

續表

<table>
<tr><th>區別</th><th colspan="2">官稱</th><th>品秩</th><th>職掌</th><th>官屬與說明</th></tr>
<tr><td rowspan="5">司道</td><td colspan="2">按察司副使
按察司僉事</td><td>正四品
正五品</td><td>分司諸道，掌督學、清軍、驛傳、分巡、整飭兵備</td><td></td></tr>
<tr><td colspan="2">都轉運使
同知
副使</td><td>從三品
從四品
從五品</td><td>掌鹽政</td><td>有經歷司經歷、知事，庫大使、副使；領各鹽場，各鹽倉，各批驗所，遞運所</td></tr>
<tr><td colspan="2">鹽課提舉司提舉</td><td>從五品</td><td>同上</td><td>有同提舉，副提舉，吏目，庫大使、副使；領各鹽倉，各場，各井鹽課司</td></tr>
<tr><td colspan="2">市舶提舉司提舉</td><td>從五品</td><td>掌海外諸蕃朝貢市易之事</td><td></td></tr>
<tr><td colspan="2">茶馬司大使</td><td>正九品</td><td>掌市馬之事</td><td>有副使</td></tr>
<tr><td rowspan="3">府州縣</td><td colspan="2">知府
同知</td><td>正四品
正五品</td><td>掌一府之政令</td><td>有通判，推官，經歷司經歷，主事，照磨所照磨、檢校、司獄司司獄</td></tr>
<tr><td colspan="2">知州
同知</td><td>正五品
從六品</td><td>掌一州之政令</td><td>分二等，直隸州相當於府，屬州相當於縣，而品秩則同。有判官及吏目</td></tr>
<tr><td colspan="2">知縣</td><td>正七品</td><td>掌一縣之政</td><td>有丞，主簿，典史。縣以下每百戶置里長，每十戶置甲長；明末改里甲為保甲，每十戶為牌，置牌頭，每十牌為甲，置甲長，每十甲為保，置保長</td></tr>
<tr><td rowspan="5">府州縣所屬機構</td><td>儒學</td><td>教授
學正
教諭</td><td>從九品</td><td>掌教誨所屬生員</td><td>府置教授，州置學正，縣置教諭；其下均有訓導</td></tr>
<tr><td>巡檢司</td><td>巡檢
副巡檢</td><td>從九品
同上</td><td>主緝捕盜賊，盤詰奸偽</td><td>於各府州縣關津要害處設之</td></tr>
<tr><td colspan="2">驛丞</td><td></td><td>典郵傳迎送之事</td><td>各府州縣有無多寡不同</td></tr>
<tr><td>稅課司</td><td>大使</td><td>從九品</td><td>典稅事</td><td>明初，改在京官店為宣課司，府州縣官店為通課司，後改通課司為稅課司、局。在府為司，在縣為局</td></tr>
<tr><td colspan="2">倉大使</td><td>從九品</td><td>掌倉儲</td><td>府倉大使為從九品。州縣倉大使為未入流。有副使</td></tr>
</table>

續表

區別	官稱		品秩	職掌	官屬與說明
府州縣所屬機構	庫大使			掌庫藏	州縣設
	織染雜造局	大使	從九品	掌織染	有副使。州織染局未入流
	河泊所官			掌收魚稅	
	閘官 壩官			掌啓閉蓄泄	
	批驗所	大使		掌驗茶鹽引	有副使
	遞運所	大使		掌運遞糧物	有副使
	鐵冶所	大使		掌鐵冶之事	有副使
	醫學	正科 典科 訓科	從九品	掌教醫學	在府為正科，在州為典科，在縣為訓科
	陰陽學	正術 典術 訓術	從九品	掌教陰陽之術	在府為正術，在州為典術，在縣為訓術
	僧綱司	都綱 副都綱	從九品	掌管佛教徒	府置。在州為僧正司，置僧正；在縣為僧會司，置僧會
	道紀司	都紀 副都紀	從九品	掌管道教徒	府置。在州為道正司，置道正；在縣為道會司，置道會
軍官	總兵 副總兵			總鎮一方者為鎮守，獨鎮一路者為分守，各守一城一堡者為守備，與主將同守一城者為協守	有參將，遊擊，守備，千總，把總
	留守司	正留守 副留守	正二品 正三品	掌中都、興都守禦防護之事	有指揮同知，經歷司經歷、都事，斷事司斷事、副斷事、吏目
	都指揮使司	都指揮使 都指揮同知 都指揮僉事	正二品 從二品 正三品	掌軍事	有經歷司經歷、都事，斷事司斷事、副斷事、吏目，司獄司司獄，倉庫、草場大使、副使。行指揮使司設官與都指揮使司同

續表

區別	官稱		品秩	職掌	官屬與說明
軍官	衛指揮使司	指揮使 指揮同知 指揮僉事	正三品 從三品 正四品	同上	有鎮撫司，經歷司，領千戶所
	千戶所	正千戶 副千戶	正五品 從五品	同上	有鎮撫，吏目，下轄百戶所十
土官	宣慰司	宣慰使 同知 副使	從三品 正四品 從四品	掌土司事務	有僉事，經歷，都事
	宣撫司	宣撫使 同知 副使	從四品 正五品 從五品	同上	有僉事，經歷，知事，照磨
	安撫司	安撫使 同知 副使	從五品 正六品 從六品	同上	有僉事，吏目
	招討司	招討使 副招討	從五品 正六品	同上	有吏目
	長官司	長官 副長官	正六品 從七品	同上	有吏目
	蠻夷長官司	長官 副長官	正六品 從七品	同上	又有蠻夷官，苗民官及千夫長、副千夫長等官
	軍民府	知府		同上	設官如府、州、縣
	土州	知州		同上	
	土縣	知縣		同上	
王府官	王府長史司	左右長史	正五品	掌理王府	其屬有典簿，轄審理所，典膳所，奉祠所，典寶所，紀善所，良醫所，典儀所，工正所；並有伴讀，教授，引禮舍人，倉大使，庫大使
	王府護衛指揮使司	指揮使	正三品	掌王府護衛	設官如京衛
	王府儀衛司	儀衛正	正五品	掌侍衛儀仗	有儀衛副，典仗，儀衛

二、從地方行政角度看都司衛所對疆域的管轄

明代軍事系統的都司（行都司）、衛、所在絕大多數的情況下也是一種地理區域，統轄不屬於行政系統管轄的疆土，其情況如下：

區別	官署	管轄地域
沿邊地區	奴爾干都司	其轄境包括整個黑龍江流域、庫頁島和今吉林省等地方
	遼東都司	治所在今遼寧省遼陽市，轄境相當今遼寧省大部分地區
	大寧都司	治所在今內蒙古自治區赤峰市寧城縣，所轄除漢族軍士及家庭組成的衛所外，還管轄兀良哈三衛（泰寧、朵顏、福餘），大寧都司後來遷至保定一帶，其轄地歸兀良哈三衛管轄
	萬全都司	其轄境相當今河北省張家口地區
	山西行都司	治所在大同，轄境相當於今山西省北部和相鄰的內蒙古自治區部分地方
	陝西都司	與陝西布政使司同駐西安，所轄的一部分衛所與府州縣犬牙交錯，大部分則屬沿邊衛所，其所轄五衛（寧夏前後屯，寧夏左、右屯，中屯），轄境相當今寧夏回族自治區
	陝西行都司	轄境相當今甘肅省的大部分，新疆、青海、西藏及四川西部少數地方
	雲南都司	雲南除設雲南布政使司之外，也有漢族軍士及其家屬組成的大批衛所，築城開屯，構成一種軍事性質的地理區域，而且還把本應歸布政使司管轄的少數州縣劃歸衛軍民指揮使司管轄
	貴州都司	貴州雖設貴州布政使司，但主要是為了節制貴州部分土司而設立的。府下不設縣，而貴州的官軍家屬等漢民居住區和大部分土司仍然隸屬於貴州都司所屬的各衛所
沿海地區	各衛所	沿海衛所，主要設在人口稠密的東南沿海，其管轄的區域和人口一般比相鄰的州縣少。中葉以後，由於海盜侵擾等原因，一般府州縣的衙署遷入衛城，衛所所轄土地與人口也有地方化的趨勢，不過許多沿海衛所仍作為地理區域保留到清代，如山東省的威海衛、鰲山衛、靈山衛、安東衛、尋山所、寧津所、海陽所、石臼所，直隸省的天津衛、江蘇省的金山衛（今屬上海市），福建省的永寧衛（其下的中、左、右千戶所即今福建省廈門市）
內地	各衛所	內地衛所亦處於人口密度較高的州縣之中，往往與府州縣同治所，其轄地較小而且分散。多數衛所的轄地和人口相當於一個小縣
在內	北京各衛所 南京各衛所	在內衛所設於北京與南京。兩京在內衛所數和軍額的密度比在外衛所要大得多，朝廷為充分利用地力，促進在內衛所自食其力，也從京畿地區撥給為數不多的屯田，供在內衛所的軍士耕種，其屯田大都在順天府和應天府境內。衛所的屯田與丁口不歸州縣管轄

初版後記

感謝王天有、商傳二位教授的推薦，感謝華夏英才基金的立項，使我能夠就自己三十年來對明代國家權力問題的思考作個小結。

1977 年高考的恢復，使我們這批所謂的「老三屆」有了重新回到課堂的機會。在當時，學什麼專業、進什麼學校，並不是十分重要的事情（儘管後來的事實證明還是很重要），重要的是可以上學。1979 年 9 月，憑着年輕人不安於現狀的銳氣，我在讀了一年大學專科之後，考入江西師範學院（今江西師範大學）歷史系，從先師歐陽琛教授伯瑜先生，攻讀中國古代史專業明清史方向研究生。平心而論，當時只有一張初中畢業證書（即使這張證書也已經作廢，因為上面的照片被揭下來貼在了當年的招工表上）的我並不知道歷史研究是何物，也不知研究生該怎樣讀。而一年「大專」的經歷，也主要是在自學外語，準備應付研究生的入學考試。至於此後的研究方向，或者説靠什麼在學術界安身立命，根本沒有想過。入學後，先師進行的第一輪教誨便是「板凳要坐十年冷」，「可以有年輕的藝術家、科學家，但不要指望有年輕的歷史學家」。給的任務則是讀書，從《明通鑒》開始，然後是《明史》《清史稿》《明會典》《清會典》。同時開具的書目還有《馬克思恩格斯選集》，特別是第四卷中馬、恩關於歷史唯物主義的通信。這些書都要求「倒本讀」，做讀書筆記、摘錄卡片。先生一個星期檢查一次。一年下來，筆記作了好幾本，卡片也摘了近萬張，滿腦子是明清時期的人物、明清時期的政治、明清時期的制度。因此第二年開始寫畢業論文，自然也是政治，是制度。當然，要寫就要寫主要的，核心的，具有全局性的，於是選擇了明代內閣。仍然是老辦法，像過去倒本讀《明史》《清史稿》一樣，倒本讀《明實錄》。

説起來很有意思，正如我在本書《導論》中所説的那樣：「隨着學術的推進和時勢的發展，某些歷史問題往往會在一個特定的時期同時引起眾多學者的關注。」在我選擇內閣作為畢業論文題不久，天津召開了明清史國際學術會。從後來出版的論文集看，至少有兩篇關於明代內閣的文章提交到了大會。一篇是武漢大學關文發先生的《試論明朝內閣制度的形成和發展》，另一篇是華東師範大學李天祐先生的《明代的內閣》。從學術背景看，關、李二先生都是前輩學者。但事隔多年後突發奇想，僅就明代國家制度的研究而言，大家其實都處於起步階段。導致我產生這一想法的原因有兩個。其一，經過三年的「社教」和十年的「文化大革命」，大陸學術從總體上說基本中斷。如果不是一直在思考學術問題，1963 年和 1979 年的起點差不了多少。其間的差別，是學術背景。其二，大凡研究明代內閣，一般應該是一個學者研究明代國家制度的開端。任何一個「科班」的或「正統」的明代史研究者，沒有不首先關注政治及制度的；關注明代政治及制度，首先必然是內閣。在尚未見到相關的成熟學術成果前，將其作為研究對象便是符合邏輯的選擇。隨着學術的推進，在杜乃濟《明代內閣制度》（台灣商務印書館 1967 年版，但 80 年代初大陸看不到）的基礎上，在大陸學者研究內閣的基礎上，王其矩的《明代內閣制度史》1989 年由中華書局出版，譚天星的《明代內閣政治》1996 年由中國社會科學出版社出版。除非是發現了新的帶有顛覆性的材料，明智的學者是不會回過頭來研究內閣的。

1981 年春節前，先師已經得到了關、李二先生的大會論文稿，但並沒有給我看，而是要求我在不受外界干擾的情況下，按自己的思路繼續完成論文。這和今天的論文寫作先釐清「學術史」不同。因為在先師看來，撰寫畢業論文的目的不是為着發表而是為着訓練，為着訓練純粹的「讀書得間」「論從史出」的獨立研究能力。春節後，論文初稿寫完，先師出示那兩篇論文，讓我自己進行比較。最大的發現是，關文的材料依據主要是《明通鑒》，李文的材料依據主要是《明史》，而我的畢業論文主要材料依據是《明實錄》，於是有了信心。但先師告誡：會議論文大多是急就篇，不能體現學者的真實研究水平，這與研究生畢業論文可以花一兩年的時間收集資料、反覆打磨並有導師指導和修改不同。

應該說，研究明代內閣是我從事明代史研究特別是從事明代國家問題研究的起點。而在研究內閣的過程中，僅《明史・職官志》的一句話，「內閣之票擬，不得不決於內監之批紅」，便會將研究者帶向內監特別是司禮監，接着便是內府和外廷的關係。這是橫向問題。而縱向，自然是巡撫、巡按、司道、府縣、里甲。這是我當時準備系統研究明代國家權力問題的基本思路，也是本書的基本結構。

但在隨後的時間裏，我並沒有真正沿着這條路走太遠。

其一是沒有必要。因為不久即發現，有不少學者也在走同一條路。大家在路上碰上了，於是各走一段，形成了沒有計劃卻有默契的分工合作、羣體研究。有研究巡按御史的，有研究兵備道的，有研究州縣的，有研究里甲基層的，也有研究宦官的。而且每一段路都有不少學者在走。比如在研究巡撫的路上就遇上了老朋友羅東陽、王躍生、劉秀生，還有張哲郎老師、關文發老師等；在研究宦官的路上，則遇上了新朋友梁紹傑、冷東、田澍等，而且王春瑜、杜婉言先生早就在路上等着。一旦踏上州縣及基層的路，則有更多的朋友，趙世瑜、柏樺、唐力行、常建華、陳支平、鄭振滿、陳春聲、劉志偉、周紹泉、欒成顯、梁洪生、曹國慶、陳寶良、卞利等，已在前面揮手，有的甚至接近地平線了。所以，現在的這個著作雖然主要是我個人的研究心得，但也充分借鑒了這些新老朋友的成果。

其二是我在專業「背景」方面補了一些課，讀了一批明人的文集、筆記，以及清人研究明代史的著作；也讀了一批專史如政治史、法律史、經濟史、史學史等方面的著作，以及漸次進入大陸的港台、日本及西方學者的歷史學、社會學、人類學等方面的著作。給歷史系本科生開中國古代史及明清史課，是另外一種補課。因為在備課的過程中，需要在「通史」和「專史」的兩個方面強化基礎。更為集中的補課則是到南開大學明清史研究室進修，師從鄭克晟教授，專攻明史。同時得到劉澤華、馮爾康、南炳文、謝代剛諸先生及時任南開大學校長的滕維藻先生（儘管沒有謀過面）和先師早年的一個學生劉仁智先生的幫助。在「補課」的過程中，學術興趣也發生了某些轉移。

回想起來，先師一手促成我去南開進修（當時屬「計劃外」），或許也是在實現他自己的一個夙願。先師當年在西南聯大讀研究生，導師是邵循正先生，畢業論文的答辯主席則是鄭天挺先生。先師對鄭老先生心儀久之，隨着鄭老先生東赴南開，先師的情結也轉到了南開。

伯瑜先生和克晟先生都是根柢深厚的傳統型學者，講究勤讀史料，講究讀書得間，治學方法則是在讀書的過程中摘錄卡片、寫讀書札記，當積累到一定心得時，才動手撰寫論文。所以，他們的論文都不是為了發表「寫」出來的，而是通過讀書「悟」出來的。但到了我們這一輩人，情況發生變化，職稱評定、年度考核，文章大多是被「逼」出來的。數量可能不少，但真正經得起檢驗、經得起「把玩」的卻不多。所幸多年來受二位先生「悟」功的影響，在被「逼」的同時也一直在「悟」。後來寫巡撫、寫御馬監、寫鎮守中官、寫知識宦官、寫江右商與江西訟風、寫傳奉官與成化時代，也自認為「悟」的成分比「逼」的成分更多些。而且，隨着中國學術的向縱深發展，「悟」的成分自信也越來越多。故最近在接受一家學術報紙的記者採訪時，我斗膽說了一句：「越是近期發表的作品，感覺越是好些。」因為中國學術在進步，自己也應該有所進步。

在我的學習歷程中，谷霽光先生對我的影響是巨大的。谷老是具有博大氣度的學者，得以在他人生的最後幾年時間裏時時過從、聽取教誨，是我一生中的幸事。谷老關於「廣博」「專精」「融通」相結合的學術理念，關於從生產生活、從時局大勢、從人物活動、從偶然因素綜合分析歷史發展進程、揭示政治走向、理解古人行為的思維方式，對我來說可謂受用無窮。也使我對歷史唯物主義和辯證唯物主義、對黑格爾關於「存在即合理」的命題有了更深刻的認識。

在揚州大學師從王小盾教授讀中國古代文學的博士研究生，曾被同行朋友戲稱為「自墜身份」。因為王小盾教授是我大學的同班同學而非前輩學者，揚州大學又並非「名校」，我自己也已經是「教授」。但在我們這一個年齡段的學者中，乃至在至今還在職的學者中，綜括文、史、哲三大傳統學科，王小盾教授所達到的學術層次和學術境界，我不作第二人觀（至少在大陸學界如此)。否則，就是我孤陋寡聞。三年揚州並非夢，它既讓我扎扎實實地讀了一批書，同時也儘可能地嘗試像小盾師那樣，從大文化的視野和多學科的角度去思考歷史問題。因為歷史本身就是多層面的、紛繁複雜的。

猶如歷史的進程一樣，人生的道路也往往由一些偶然因素所決定(當然不排除其中的必然性)。如果不是「文化大革命」和「唯成分論」，我一直相信自己應該研究數學或天文學。而明代史研究者的行列中有我，很大程度上是出於杜婉言老師和汪聖鐸老師的「挽留」。20 世紀 80 年代大學教師的日子是拮据的，收入低、住房緊、壓力大。為了解決家庭的生計問題，我從 1981 年底即研究生剛畢業時就開始在「電大」兼課，並在當地的成人學員中闖下了比較響亮的名頭。後來，這些學員中的不少人考了律師證，成了律師，經濟收入可觀。在他們的鼓動下，我也準備參加考試，改行幹律師。如果成功(當然沒有不成功的道理，因為迄今為止，凡是參加過的考試，還沒有不成功的先例，這大概也是我至今「狂」性不改的重要原因)，至少當地會有一位名律師出現。但就在準備考試的那一年，1987 年，我同時給《中國史研究》和《文史》投了稿，不久即收到用稿通知。後來知道，是杜婉言老師和汪聖鐸老師代表各自「編輯部」給我寫了修改意見。這兩篇稿子的題目是《明代的巡撫制度》和《論明代內閣制度的形成》(1981 年畢業論文的修改稿)，分別發表在《中國史研究》1988 年第 3 期和《文史》第 33 輯。這兩篇論文可以說是我研究明代國家制度的基礎。而在當時的地方院校，初出道的學者沒有人推薦能在這裏發表文章是難以想像的事情。所以當時就有朋友打聽：你在那兩個地方有熟人？但杜老師和汪老師我當時並不認識，也沒有任何人打招呼。由於有他們代表這兩個刊物的挽留，於是我死心塌地搞歷史，轉眼又是二十年。如果在今後的人生中不發生戲劇性變化，此生可能也不會改行做其他事情了。

現在呈獻給讀者的這部著作，對於動態地揭示明代國家權力的內部結構和運行法則，對於客觀地認識中國古代社會國家制度的一些本質特徵，我認為是有貢獻的。也算是對自己的一個交代。但我自己對它並不滿意。

倒不是說書中討論的有些問題還沒有搞透，事實上我們所做的事情只是在接近歷史真相而不可能窮極真相。而是因為涉及的面太寬，需要關照的問題太多，而大凡「課題」，又都有時限，這就造成「悟」得不夠通達透徹，綜合分析及文化層面的揭示更顯不足。

我曾經承諾過一家出版社的朋友，爭取寫出一本自己「悟」出來的、學究氣息少些、啟示性多些，因而可能受到讀者更多歡迎的歷史著作。我想，我會實踐這個承諾的。

在本書寫作及最後校稿過程中，謝宏維博士及汪紅亮、陳剛俊二君付出了辛勤的勞動，在此謹致謝意。

方志遠

2008 年春節

江西師大北區寓所

再版後記

《明代國家權力結構及運行機制》在 2008 年出版之後，得到不少朋友的鼓勵，我也自認為它對明代國家制度、權力結構及運行機制的研究做出了一定貢獻。當然，也有諸多不滿意處，所以一度希望能夠通過「修訂」以後再版，彌補其中的一些遺憾。剛一着手，便打消了這個念頭，原因有三：

第一，本書是對明代國家制度和權力結構的整體性研究和描述，而不是對某個環節的專題討論，如果修訂，工程浩大，而且未必能夠修補得更好。

第二，本書代表我當年的認知水平，其中不少內容是和同行學者討論的成果，如果修訂，場景便發生了變化，對自己、對他人都是不負責任。

第三，進入本世紀後，我的學術研究的旨趣和方法發生了一些變化，更多地站在社會進程的角度思考明朝、思考明代的問題，這些思考，集中在幾篇論文之中。這些論文被有些朋友稱為「新政治史」研究，正在考慮一些朋友的建議，打算編成一個集子，以《走進明朝：從嚴峻冷酷到自由放任》的書名出版，以彌補本書的某些缺憾。從這個角度看，《走進明朝》實為續篇。回過頭來再度審視明朝國家制度和權力結構，認為即使在今日，本書的整體認識仍然是到位的，所以，最終放棄了「修訂」的打算，只是對明顯的錯字、誤用的標點及個別文獻進行了修正。

學生俞翊、施睿哲、汪浩東等在校讀的過程中，付出了艱辛的勞動，發現多處過去「抄卡片」時留下的問題。

在沒有電腦、沒有網絡、沒有數據庫的時代，所有歷史學者的資料和信息，幾乎都是通過查找紙質文獻、抄錄卡片積累的。這種方法一直延續到 1990 年代中期。後來雖然用了電腦，電腦仍然是作為輸入資料和寫作的工具，就像那個時候手機只是用來通話一樣。本書的大部分資料，就是這樣積累起來的。抄錄卡片時，只會註明作者、書名、卷帙及細目，編年史則標明年、月、日，這在當年已經是十分規範了。隨着「和國際接軌」、隨着學術的「規範化」，大概從 2005、2006 年開始，一些刊物開始要求論文的註釋精確到文獻的頁碼，極大程度消除引用文獻的錯誤，但對著作，當時還沒有這種要求。這次再版本書，本想補上頁碼，但因工作量太大而放棄。所以，儘管責任編輯和校對投入了大量的勞動，恐怕還是無法完全消除錯誤，不能不說是一個遺憾。但坦率地說，要求對所有古籍標註頁碼，我還是有一些牴觸。同時也認為，人文社會科學著作在這方面留下個別無妨大旨的缺憾、留下少許不影響整體品質的錯誤，也沒有什麼不好。突發奇想，留下少許錯誤，還便於發現個別轉引文獻不註明來源的作者。因為你的引文錯了，他也跟着錯，從我的論文和著作中犯這種轉引錯誤的，不小心發現了兩三起。從另外一個角度說，史料頁碼標得如此明白，是否也為轉引史料提供了方便？

遺憾的是，當年向華夏英才基金推薦本書的王天有、商傳二位教授，已先後駕鶴仙去。本書的再版，也是對他們的懷念。

方志遠
2023 年 2 月 18 日
廣東惠州富力灣寓所